案说知识产权法丛书

案说
计算机软件保护条例

主编／邹忭　孙彦

知识产权出版社
全国百佳图书出版单位

《案说知识产权法丛书》编委会

编写说明

当今世界，随着经济全球化进程的加快和科学技术的迅猛发展，国家核心竞争力日益表现为对智力资源和智慧成果的培育、配置和调控能力，表现为对知识产权的创造和运用能力，知识产权制度在国家经济社会发展中的地位和作用日益突出。2016 年 12 月 5 日，中央全面深化改革领导小组第三十次会议审议通过了《关于开展知识产权综合管理改革试点总体方案》。会议强调，开展知识产权综合管理改革试点，要紧扣创新发展需求，发挥专利、商标、版权等知识产权的引领作用，打通知识产权创造、运用、保护、管理、服务全链条，建立高效的知识产权综合管理体制，构建便民利民的知识产权公共服务体系，探索支撑创新发展的知识产权运行机制，推动形成权界清晰、分工合理、责权一致、运转高效的体制机制。这是中央对深化知识产权领域改革作出的重要战略部署，为探索突破知识产权体制机制障碍、更好发挥知识产权制度激励创新的保障作用提供了行动指南。2016 年 12 月 30 日，国务院发布《“十三五”国家知识产权保护和运用规划》，知识产权规划首次被列入国家重点专项规划。“十三五”时期是我国由知识产权大国向知识产权强国迈进的战略机遇期，《“十三五”国家知识产权保护和运用规划》是落实《国务院关于新形势下加快知识产权强国建设的若干意见》和《国家知识产权战略纲要》的重要抓手和支撑，有助于更好地发挥知识产权制度对于激励创新的基本保障作用，为加快建设知识产权强国提供了有力保障。

我国建立知识产权制度虽然只有 30 多年的历史，但发展速度较快，在某些领域走过了发达国家百余年的发展历程，在知识产权立法和执法方面取得了举世瞩目的成绩，对我国经济发展发挥了重要作用。加入世界贸易组织后，我国知识产权事业进入了快速发展阶段，迎来了良好的发展机遇。但是，由于我国知识产权制度起步较晚，经验不足，还存在着诸多与经济社会发展不相适应的问题，尤其是公民知识产权意识淡薄、企业运用知识产权制度的能力不强等问题还相当突出。因此，在全社会有计划地开展普遍的、生动的知识产权宣传教育，向公众普及知识产权法律知识，既是建设创新型国家和实施国家知识产权战略的迫切需要，也是我国走向世界并在国际竞争中立于不败之地的战略举措。

2017 年 8 月 17 日，国务院知识产权战略实施工作部际联席会议办公室印发了《“十三五”国家知识产权保护和运用规划重点任务分工方案》的通知，根据《“十三五”国家知识产权保护和运用规划》中涉及的各相关部门职责，对各项重点任务作了分工，将知识产权内容全面纳入国家普法教育和全民科学素养提升工作，加强知识产权相关法律法规、典型案例的宣传。为推动知识产权宣传普及工作的多方位、多层次、深入广泛开展，在国家知识产权局人事司的组织指导下，知识产权出版社出版的《案说知识产权法丛书》，根据最新法律法规、司法解释及相关规定，结合近年来实践中的突出问题，精选具有代表性和典型性的案例，进行深入浅出地分析点评，使知识产权法律知识以更加生动、形象、具体的面貌呈现出来，更易为社会公众所理解和掌握。相信这套图书的出版，对推进我国知识产权普法工作、弘扬知识产权文化将发挥积极的作用，为建设创新型国家、实施国家知识产权战略创造良好的法律氛围。

本丛书包括以下六个分册：《案说著作权法》主编刘春田，《案说专利法》主编黎淑兰、刘军华，《案说商标法》主编张学军，《案说计算机软件保护条例》《案说信息网络传播权保护条例》主编邹忭、孙彦，《案说反不正当竞争法》主编邵建东、方小敏。

目录

contents

第一章　总　　则

第一条　【立法宗旨及立法依据】

为了保护计算机软件著作权人的权益，调整计算机软件在开发、传播和使用中发生的利益关系，鼓励计算机软件的开发与应用，促进软件产业和国民经济信息化的发展，根据《中华人民共和国著作权法》，制定本条例。

◆ 相关法律规定

《中华人民共和国著作权法》(2010 年修正)①

第五十九条　计算机软件、信息网络传播权的保护办法由国务院另行规定。

◆ 知识精要

作为《计算机软件保护条例》的第 1 条，本条阐明了条例的立法宗旨及立法依据。

软件产业是国民经济和社会信息化的基础性和战略性产业。当今社会已经步入信息时代，计算机软件可以说是无处不在。大到金融行业、交通行业的信息系统，小到百姓使用的电视、手机、冰箱等家用电器，哪样都少不了

---

① 《中华人民共和国著作权法》2010 年进行了修正，增加了第 26 条，“以著作权出质的，由出质人和质权人向国务院著作权行政管理部门办理出质登记”。原《中华人民共和国著作权法》根据本次修改并对条款顺序作调整后重新公布。因此，本书中，相关的司法解释和判决文书引用的著作权法条文序号均是当时的著作权法条文序号，而其他部分的条文序号则是 2010 年修正后的著作权法条文序号。

计算机软件。计算机软件技术及其产业早已超越了技术和产业的范围，对整个国民经济乃至科技文化、国防等多个方面都发挥着极其重要的作用。因此，促进软件产业和国民经济信息化的发展是包括我国在内的世界各国的必然选择，也是本条例的立法宗旨。

与传统的农牧产品和工业产品不同，计算机软件是一个典型的高度凝聚研究开发者和相关创新者智力劳动成果的产品。计算机软件从研究、开发、传播到使用都要投入大量人力、物力以及巨额资金的支持。而且，计算机软件被成功地、有效地使用将给使用者带来十分明显的好处，产生直接或间接的效益。同时，计算机软件又是一个典型的信息形态的产品，它十分容易被复制并且复制成本极低，这就决定了难以按照传统工业产品、农牧产品的模式来体现计算机软件的价值，难以规范、平衡计算机软件在开发、传播和使用整个产业链中发生的各种利益。

计算机软件的固有特点决定了其应该通过知识产权来体现计算机软件的价值，调整其产品链中发生的利益关系，使计算机软件的开发和应用形成一个良性循环，使以软件的开发创新为核心的软件产业以及国民经济信息化得以不断发展，并且进一步促进国民经济持续、健康、快速发展。

知识产权法律制度包括专利、著作权（版权）和商标等各个领域。本条明确条例规定了软件著作权的保护，条例的立法依据是《中华人民共和国著作权法》（以下简称《著作权法》）。根据《著作权法》第3条第8项的规定，计算机软件是著作权法保护的作品之一。另根据《著作权法》第59条规定，本条例属于著作权法配套的法规。采取这样的法律形式是考虑到条例可以在遵循著作权法的基本原则和基本规定的基础上根据计算机软件的特点，进行了适当的调整，有利于法律的贯彻执行，也便于今后针对技术的发展不断修改。实践证明，我国法律体系的这种做法既符合国际普遍规则，又比较切合我国国情。

本条例规定的是计算机软件最基本和最普遍的著作权保护制度。它并不排斥计算机软件也可以依照专利、商标、商业秘密等其他知识产权保护。而且，多种法律保护相互是不冲突的，他们各自保护计算机软件的各个方面。例如，专利保护的是有关计算机软件中的发明，商标保护的是计算机软件的商标，商业秘密保护的是计算机软件内含的有关技术信息和经营信息。

◆ **经典案例 1**

恒生电子股份有限公司与天津文化艺术品交易所股份有限公司著作权权属纠纷上诉案

【案情简介】

原告天津文化艺术品交易所股份有限公司（以下简称交易所）与被告恒生电子股份有限公司（以下简称恒生公司）于 2010 年 2 月 5 日签订了《软件委托开发合同》（合同编号：WJS - HS 第 002 号）。该合同约定，交易所委托恒生公司设计、开发“天津文化艺术品交易所文化艺术品网上交易系统软件”。该系统软件包括属于第三方的软件、属于恒生公司拥有的软件及交易所委托恒生公司开发的软件三部分。该合同还约定：(1) 该系统软件的专利申请权归交易所与恒生公司共同所有。(2) 交易所委托恒生公司开发的软件部分，恒生公司应向交易所提供核心应用系统中业务功能实现部分的技术文档和源代码，交易所、恒生公司共同拥有该部分软件的知识产权，并且交易所拥有独占的使用权；该部分系统软件的专利申请权归交易所和恒生公司双方共同所有。(3) 属于恒生公司所拥有的软件，其专利申请权、知识产权和源代码归恒生公司独家拥有，恒生公司授权交易所永久的无偿使用权，但交易所不得以任何方式转让、复制给第三方。双方确认涉案软件即为“HUNDSUN 份额化撮合交易系统软件 V1.0”，属于交易所委托恒生公司开发的交易撮合系统软件部分。2011 年 7 月 25 日，恒生公司向中华人民共和国国家版权局申请了《计算机软件著作权登记证书》（证书号：软著登字第 0315046 号）。该证书体现的软件名称为“HUNDSUN 份额化撮合交易系统软件 V1.0”，著作权人为恒生公司一方，权利范围为全部权利，开发完成时间为 2010 年 10 月 20 日，登记号为 2011SR051372。

交易所诉称：“HUNDSUN 份额化撮合交易系统软件 V1.0”软件著作权应归属于交易所与恒生公司共有。

【争议焦点】

1. 软件的知识产权是否包括著作权？

2. 交易所是否拥有“HUNDSUN 份额化撮合交易系统软件 V1.0”软件著作权？

【案件分析】

1. 软件的知识产权是否包括著作权？

恒生公司在上诉中认为：《软件委托开发合同》没有约定著作权的转让或者共有，著作权依法应属于恒生公司。涉案作品系恒生公司独立开发，依法享有著作权，自软件开发完成之日起自动取得。《软件委托开发合同》没有约定著作权的转让或者共有。合同第 8 条在行文中表述了“知识产权”，并不能理解为特指著作权。我国国家知识产权局的《专利审查指南》第二部分第九章“涉及计算机程序的发明专利申请审查若干问题”第 2 部分中对计算机软件的专利保护做了具体规定。可见，软件是由著作权和专利权进行双重保护，但保护的侧重点不同。在本案中，恒生公司仅对软件申请了著作权登记保护。《著作权法》第 17 条规定：“受委托创作的作品，著作权的归属由委托人和受托人通过合同约定。合同未作明确约定或者没有订立合同的，著作权属于受托人。”

按照恒生公司的观点，本案审理需要解决的第一个问题就是，软件的知识产权是否包括著作权？

根据《中华人民共和国合同法》（以下简称《合同法》）的有关规定，当事人对合同条款的理解有争议的，应当按照合同所使用的词句、合同的有关条款、合同的目的、交易习惯以及诚实信用原则，确定该条款的真实意思。根据法学理论及《民法通则》的相关规定，知识产权应当包括著作权、专利权及商标权三个主要部分。又根据《计算机软件保护条例》及国家知识产权局颁布的《国家知识产权局专利战略推进工程管理办法》的有关规定，计算机软件在我国是作为著作权及专利权的权利客体予以保护的。故此，在本案《软件委托开发合同》中对于交易所委托恒生公司开发的涉案软件，双方约定由交易所、恒生公司共同拥有该涉案软件的知识产权，该知识产权应作为著作权及专利权来理解。因此，著作权应属知识产权的一类。本案涉诉合同约定的知识产权应当包含交易软件的著作权。

2. 交易所是否拥有“HUNDSUN 份额化撮合交易系统软件 V1.0”软件著作权？

《著作权法》第 17 条规定，受委托创作的作品，著作权的归属由委托人和受托人通过合同约定。《软件委托开发合同》中明确约定，交易所委托恒生公司开发的软件部分，恒生公司应向交易所提供核心应用系统中业务功能实现部分的技术文档和源代码，交易所、恒生公司共同拥有该部分软件的知识产权，并且交易所拥有独占的使用权；该部分系统软件的专利申请权归交易所和恒生公司双方共同所有。根据上述分析，软件的知识产权包括软件的著作权，因此，交易所依据合同约定，拥有“HUNDSUN 份额化撮合交易系统软件 V1.0”软件著作权。

【引以为鉴】

通过本案，我们应当注意：

1. 计算机软件作为作品的一种是受著作权保护的，软件的知识产权包括软件的著作权。

2. 通过委托开发所形成的计算机软件的著作权归属可以由受托人和委托人通过合同约定，如果合同没有约定，则软件的著作权归属于受托人所有。

第二条 【计算机软件的定义】

本条例所称计算机软件（以下简称软件），是指计算机程序及其有关文档。

◆ 相关法律规定

《中华人民共和国著作权法》（2010 年修正）

第三条 本法所称的作品，包括以下列形式创作的文学、艺术和自然科学、社会科学、工程技术等作品：

（一）文字作品；

……

（八）计算机软件；

（九）法律、行政法规规定的其他作品。

◆ **知识精要**

本条定义了计算机软件的概念，明确规定计算机软件包括计算机程序和文档。本条反映了条例的一个颇具特色的规定：条例适用的保护对象不仅是计算机程序，而且还包括相关文档，例如，程序设计说明书、流程图和用户手册。

从国际上多数国家的立法及有关国际条约来看，相关文档作为文字作品或图形作品，本身就是传统著作权的保护对象。所以在将计算机软件纳入著作权法保护时，很多国家只规定了计算机程序的保护，而没有对文档进行特别规定，在法律条文上也仅使用“计算机程序”的概念，而不是“计算机软件”的概念。

《计算机软件保护条例》之所以将保护对象规定为“计算机软件”，主要是考虑到计算机程序及其文档的关系非常密切，而且随着技术的发展，有些文档和程序往往融合在一起，难以区分。如果硬要将他们区分开来，无疑增加了不必要的难度和不确定性。从条例实施二十余年的实践来看，我国的这种做法是成功的，也已经被社会公众乃至国外产业界、法律界广泛接受。

根据《著作权法》第 3 条的规定，作品包括计算机软件。我们可以看到，计算机软件的文档，特别是一些可以脱离计算机程序独立存在和使用的文档，如用户手册，实际上享有双重保护：一是与相应的计算机程序一起构成计算机软件，受到本条例的保护；二是也可以根据著作权法的规定作为文字作品或图形作品得到保护。另外，计算机软件在使用过程中往往与数据库结合在一起。由于数据库的保护在著作权法中是作为汇编作品保护的（《著作权法》第 14 条规定：“汇编若干作品、作品的片段或者不构成作品的数据或者其他材料，对其内容的选择或者编排体现独创性的作品，为汇编作品，其著作权由汇编人享有，但行使著作权时，不得侵犯原作品的著作权”）。因此，数据库不属于本条例保护范围。

◆ **经典案例2**

中国航空工业总公司第六一五研究所诉启东市电子仪器厂计算机软件著作权侵权赔偿纠纷案

【案情简介】

原告中国航空工业总公司第六一五研究所（以下简称六一五所）研制设计的AEDK5198仿真开发机（以下简称AEDK机）是一种计算机（单片机）应用开发工具。该机于1991年12月通过了上海市航空工业公司组织的产品鉴定，并于同日在国内外市场上销售。AEDK机1992年获上海市优秀产品二等奖，1993年获上海科技进步三等奖和国家级重点新产品称号。AEDK机的软件部分未经国家软件登记管理机构核准登记。

1995年，被告启东市电子仪器厂（以下简称启东电子厂）在市场上购买了AEDK机，对AEDK机进行了反向测绘，绘制出AEDK机的产品设计制造图，并解密复制了AEDK机的软件程序，仿制出与AEDK机完全相同的DSG－ICE－8C仿真机（以下简称DSG机）。该厂在1995～1996年加工生产了DSG机150台，并在上海、四川、哈尔滨等地销售。DSG机与AEDK机有下列相同点：（1）硬件，DSG机的电子线路图、元器件排列图及机箱形状大小三视图与AEDK机相同；（2）软件，DSG机的仿真监控软件（EPROM程序）和PC机联机软件（磁盘程序）复制了AEDK机的相同的软件；（3）用户手册，DSG机的用户手册整本抄袭了AEDK机的用户手册（其中包括对软件程序的使用说明及硬件操作的使用说明）。

六一五所诉称：启东电子厂生产、销售的DSG－ICE－8C仿真机，在软件程序、硬件产品设计图（电子线路图、元器件排列图及机箱的形状大小三视图）、文字作品等多项上抄袭了原告产品AEDK机，侵害了原告的著作权，故向法院起诉，要求被告启东市电子仪器厂立即停止生产、销售侵权产品、销毁侵权产品、赔偿原告经济损失人民币40万元，并刊登致歉启事。启东电子厂辩称：被告虽然仿制了原告 AEDK 机，并全文照抄 AEDK 机的用户手册，但原告诉称之软件未经软件登记管理机构核准登记，不享有软件著作权，故无权提起诉讼。另原告诉称之电子线路图、元器件排列图等不受法律保护。

【争议焦点】

1. 原告六一五所对其研制的 AEDK 机的软件（EPROM 程序和磁盘程序）是否享有著作权？

2. 原告六一五所对 AEDK 机的产品设计图是否享有著作权？

3. 原告六一五所对其 AEDK 机的用户手册是否享有著作权法规定的文字作品的权利？

【案件分析】

1. 原告六一五所对其研制的 AEDK 机的软件（EPROM 程序和磁盘程序）享有著作权。

《著作权法》规定，作品不论是否发表，依法享有著作权。虽然国务院颁布的《计算机软件保护条例》规定，向软件登记管理机构办理软件著作权登记，是软件权利纠纷行政处理或者诉讼的前提。但 1993 年最高人民法院《关于深入贯彻执行〈中华人民共和国著作权法〉几个问题的通知》中则明确规定：凡当事人以计算机软件著作权纠纷提起诉讼的，经审查符合《中华人民共和国民事诉讼法》第 108 条规定的，无论其软件是否经过有关部门登记，人民法院均应予以受理。所以，由于软件作品享有著作权项下的各项权利，是否登记不作为人民法院受理该类案件的前提，故原告设计的软件虽未履行软件登记，仍依法享有著作权，依法受保护。

2. 原告六一五所对 AEDK 机的产品设计图享有著作权。

依照《著作权法》的规定，产品设计图是著作权法保护的客体，原告六一五所对其设计的 AEDK 机的硬件产品设计图（电子线路图、元器件排列图、机箱形状大小三视图）享有著作权，被告启东市电子仪器厂通过反向测绘，绘制成 AEDK 机的产品设计图（并用以制成产品），是对原告六一五所产品设计图的著作权的侵害。

3. 原告六一五所对其 AEDK 机的用户手册享有著作权法规定的文字作品的权利。

AEDK 机的用户手册，不仅含有对该机软件程序的说明，而且还包括对该机硬件部分的产品说明，根据《著作权法》的有关规定，产品设计图纸及其说明受《著作权法》的保护。根据《计算机软件保护条例》第 2 条的规定，计算机软件是指计算机程序及其文档。因此，对软件程序进行说明的 AEDK 机的用户手册依据《计算机软件保护条例》的规定也应受到法律保护。故被告整本抄袭了 AEDK 机的用户手册，是对原告六一五所产品说明文字作品和计算机软件的著作权的侵害。

本案最后经人民法院主持调解，原、被告双方以调解方式结案。被告启东市电子仪器厂停止对原告六一五所的 AEDK 机的软件、产品设计图及用户手册的著作权的侵害，销毁侵权产品 DSG 机的印制线路板，并应于 1996 年 12 月 30 日前在《电子技术应用》刊物上刊登启事向原告赔礼道歉，并赔偿原告六一五所经济损失人民币 5 万元。

【引以为鉴】

通过本案，我们应当注意：

1. 计算机软件的文档可单独作为文字作品进行保护。计算机软件作为著作权法保护的对象，既包括计算机程序，也包括与程序有关的文档。软件中的文档包括程序设计说明图、流程图、用户手册等，这些文档具有一般文字作品的特征。《计算机软件保护条例》将软件作为保护对象，故其中的文档部分可不单列为文字作品予以保护，但是如果侵权人仅抄袭了软件中的文档部分，而未涉及程序侵权，软件著作权人可单独就文档部分以文字作品提起诉讼。

2. 本案原告所诉之用户手册，不仅含有文档文字部分，而且还含有对 AEDK 机硬件的使用说明，这一部分的文字说明，应当作为文字作品予以保护。原告对其用户手册仍享有一般文字作品的著作权。

第三条 【相关用语定义】

本条例下列用语的含义：

（一）计算机程序，是指为了得到某种结果而可以由计算机等具有信息处理能力的装置执行的代码化指令序列，或者可以被自动转换成代码化指令序列的符号化指令序列或者符号化语句序列。同一计算机程序的源程序和目标程序为同一作品。

（二）文档，是指用来描述程序的内容、组成、设计、功能规格、开发情况、测试结果及使用方法的文字资料和图表等，如程序设计说明书、流程图、用户手册等。

（三）软件开发者，是指实际组织开发、直接进行开发，并对开发完成的软件承担责任的法人或者其他组织；或者依靠自己具有的条件独立完成软件开发，并对软件承担责任的自然人。

（四）软件著作权人，是指依照本条例的规定，对软件享有著作权的自然人、法人或者其他组织。

◆ **知识精要**

本条对条例所涉及的相关用语进行了定义，明确了计算机程序和文档的含义、软件开发者以及软件著作权人的定义，是集中体现计算机软件特点的一条规定。

本条第 1 项是计算机程序的定义。

计算机程序的主要特点是具有工具性和作品性两重性质。它是通过计算机等具有信息处理能力的装置的执行，实现一定功能的工具，这点与传统的文学与艺术作品不同。同时，由于它是由一系列代码化指令序列或者可以被自动转换成代码化指令的符号化指令序列或符号化语句序列构成，因此，又体现出与传统文学艺术作品类似的作品性。这是它能纳入著作权保护的重要原因。

对本条的理解应注意以下几点：条例中所指的“计算机程序”应该包括系统软件、应用软件、工具软件和中间件等各种类型的软件，不仅仅局限于运行计算机，还包括“其他一切具有信息处理能力的装置”。

现代的计算机程序一般具有源程序（源代码）文本和目标程序（目标代码）文本。本条规定的“代码化指令序列”是指目标程序，它是供机器直接运行的。而“可以被自动转换成代码化指令的符号化指令序列或符号化语句序列”则是指“源程序”，它是开发者“编写的”。通常，源程序不能提供给用户，提供给用户的只是目标程序。

由于源程序通过编译系统或汇编系统“自动生成”目标程序，该过程不存在新的“创作”“开发”，因而源程序文本与目标程序之间的关系类似于音乐中的“五线谱”和“简谱”，实际上是一种“复制”关系。因此，条例规定“同一计算机程序的源程序和目标程序为同一作品”，应受到同等保护。

本条第 2 项是文档的定义。

与计算机程序有关的文档包括与程序开发有关的文档和面向用户使用的文档。例如，可行性研究报告、需求说明、总体设计、详细设计流程图、测试报告、用户使用手册和维护手册。前述已经说过文档本身属于著作权法保护的文字作品或图形作品，同时，文档也可按照本条例受到保护。例如，与计算机程序有关的文档往往与程序密切联系，这些文档的创作者往往是法人单位或其他组织，著作权也大都归属于单位，所以按照条例规范更为有利。

本条第 3 项是软件开发者的定义。

为更准确地反映软件技术和软件行业的客观实际，条例将软件作品的创作过程统一称之为软件的开发，这也是软件行业的管理。所以，条例中提到的软件开发者也就是著作权意义下该软件的作者，也就是说，是他实际创作开发了该软件。由于计算机软件与传统的文字作品不同，大量的软件不是一个人所能开发的，而是由法人单位或其他组织中的一群技术人员共同开发的。软件开发出来以后，主要是供人们使用，还有一系列质量检测、调试、维护、更新、升级等后续服务，所以，软件开发者首先定位于实际组织开发、直接进行开发并对开发完成的软件承担责任的法人或其他组织，其次才是“或者依靠自己具有的条件独立完成软件开发并对软件承担责任的自然人，即不属职务开发的自然人”。这样规定不仅符合软件行业的实际，也有利于相关责任和权利的界定。

本条第 4 项是软件著作权人的定义。

本条第 4 项专门指明谁是软件著作权人，即谁对软件享有著作权应该依照本条例的规定。如果《著作权法》《著作权法实施细则》或其他法律法规与本条例冲突的话，应依照本条例。

◆ **经典案例 3**

美国苹果公司诉弗兰克林公司计算机程序侵权案

对于计算机程序著作权保护的特点和关键问题是在 20 世纪 80 年代由美国一系列司法案例解决的。其中最主要的被称为“里程碑”的是苹果公司诉弗兰克林公司案。该案的一些结论现已被包括我国在内的世界各国所接受。介绍该案会有助于对本条的理解。

【案情简介】

原告苹果公司所开发、生产的 Apple－Ⅱ是市场上极为畅销的个人计算机。该产品仅 1981 年的销售额就达33 500万美元。被告弗兰克林公司制造并销售 ACE－100 型个人计算机，由于 ACE－100 与 Apple－Ⅱ兼容，而且售价低，推出市场后很快就销售出了数千台。苹果公司认为弗兰克林公司的ACE－100 种使用了 Apple－Ⅱ中的 14 个操作系统，于是向美国宾夕法尼亚州东部地方法院起诉，指控弗兰克林公司侵害了该公司所有的 14 个程序的版权、专利权，进行了不正当竞争，盗用了该公司的商业秘密，并要求法院颁发临时禁令，禁止 ACE－100 继续在市场上销售，以阻止弗兰克林公司继续使用、复制、销售苹果公司的程序，防止其继续进行侵权活动。

作为证据，苹果公司指出，ACE－100 的这 14 个程序与 Apple－Ⅱ中的 14 个程序几乎一模一样，两者差别极小。而且弗兰克林公司提供的系统软盘中发现了苹果公司职员的名字和“Applesoft”字样，这是该程序员有意放置在 Apple－Ⅱ系统盘上的。苹果公司估计，在开发这 14 个程序时，共花费了 46 个月的人工，投资共约 74 万美元。弗兰克林公司不否认自己复制 Apple－Ⅱ中的这些操作系统，并将之连同自己的 ACE－100 一起销售。然而，弗兰克林公司认为：（1）程序的目标码不是版权法的保护对象；（2）操作系统不是版权法的保护对象。因此，苹果公司的指控无效。

1982 年 7 月，地方法院宣布拒绝颁发苹果公司要求发布的临时禁令。地方法院认为，操作系统程序能否成为版权保护对象，特别是固化在 ROM 中的操作系统的目标码能否成为版权保护对象，值得怀疑。而且，苹果公司还没有证明，由于弗兰克林公司的行为，该公司已遭受了"无法弥补的损害"。

原告苹果公司对这一决定不服，向美国联邦第三巡回法庭上诉。经审理，第三巡回法庭于 1983 年 8 月作出判决：撤销地方法院 1982 年的决定，发回地方法院重新审理。

地方法院在重新审理中，确认弗兰克林公司已经损害了 Apple－Ⅱ操作系统的版权，并要求弗兰克林公司向苹果公司支付 250 万美元赔偿费。

【争议焦点】

在此案件中，争议焦点主要有三方面，涉及计算机软件保护的根本问题：

1. 程序的目标码是否具有版权?

2. 系统程序是否具有版权?

3. 固化在 ROM 中的程序是否具有版权?

【案件分析】

1. 程序的目标码是否具有版权?

程序的目标码是由一系列二进制数（0 和 1）所组成的编码，这种代码能否算是作品，能否享有版权保护? 对于这个问题曾经发生激烈的争论。认为程序的目标码不应享有版权的理由是：

（1）从表达形式来看，根据传统的观念，作品是指作者的内心思想通过五官可以感知的表达形式，目标码是一系列二进制数，很难被人理解，不能算是作品。

（2）从功能来看，程序的目标码的作用是驱动电子计算机工作，而不是为人们的阅读欣赏设计的，它不是版权保护的对象。

（3）从其产生过程来看，程序的目标码是在计算机和编译/汇编程序配合运行的过程中建立起来的，而不是人工建立的，因而不是作品。

如果这些观点成立，将意味着程序的目标码不受版权法保护，因而任何人都可以复制。

美国联邦第三巡回法庭认为，所谓文字作品，不限于像海明威所写的《战地钟声》之类的小说、诗歌，还包括用数字或其他符号表现的创作。例如，在试卷答案纸上表示问答的符号，通讯使用的暗号密码手册等都是作品。根据美国版权法，取得版权保护的两个必要条件是：（1）具有原创性的作品；（2）已固定在有形物体上。计算机程序的目标代码符合上述条件，因此计算机程序的目标码属于文字作品。

对于应用程序和系统程序存在不同看法。然而，巡回法庭指出，这两种程序是用来指挥计算机工作的。不管他们的指令是让计算机计算所得税，还是管理计算机的各种硬件。因此，即使是一项程序的目标代码，只要具备版权保护的两个必要条件，就能够获得版权保护。是否能够被人阅读，并不是享有版权的必要条件。就像一本用拉丁文写的书籍是有版权的，即使他的含义只有具备拉丁文知识的人才能读懂一样。

巡回法庭认为，版权法保护利用一切能够直接或间接的借助于某种机械设备感知、复制或传播其表现形式所表达的作品，因此，即使使用目标代码表达的形式，即使这种表达形式不宜供人们直接阅读，也不妨碍它享有版权保护。

此外，巡回法庭还认为，目标代码只是源代码的另一种编码形式。美国版权局也认为，一项程序的目标代码和源代码是一项程序作品的两种表现形式，两者应作为同一作品来处理。事实上，一项程序的目标代码并不是独立于该程序的源代码的另一项作品。这两种表现形式之间的转换可以由计算机按照人们规定的要求和步骤来实现，也可以由人工来实现。在转换过程中，计算机的作用并不是决定性的，只是加快了转换过程的速度，减免了人的重复劳动。在转换过程中使用了计算机并不能导致目标代码的作者是计算机这一结论。

2. 系统程序是否具有版权？

所谓系统程序是指操作系统、编译/解释程序、汇编程序等管理计算机内部各部分的工作，并对用户使用应用程序提供支持服务的程序。这种程序直接面对计算机硬件的工作，同计算机硬件在一起组成计算机系统，在计算机硬件与用户之间提供一个友善的界面，为应用程序的使用提供一个方便的运行环境。

对系统程序是否有版权，弗兰克林公司有两个问题：

（1）系统程序属于机器运行的过程、系统或方法，其功能与硬件紧密结合。根据美国版权法，运行的过程、系统或方法不是版权保护的对象。

（2）对于系统程序而言，不存在思想概念和表现形式之间的区别，根据“思想概念—表现同一性”原则，不能对系统程序提供版权保护。

第三巡回上诉法庭驳回了这些观点。

上诉法庭指出：苹果公司并没有对指挥计算机发挥功能的方法寻求版权保护，而只是要求保护描述这种方法的程序本身的版权。我们无法在版权法中找到这种规定，认为一项作品由于其可以供工业使用就不能享有版权保护。计算机程序的表现形式可以用来驱动计算机完成一定工作，但不能因为它具有这项功能就丧失了它作为作品而享有版权的资格。过去和现在的版权司法实践中从来没有过因一项作品的用途而影响其版权的先例。一份成文的游戏规则、一份说明机器如何操作的操作说明都并没有因其具有实用性而失去其作为作品的法律地位。

弗兰克林公司认为系统程序是一种方法或过程，反映出他们（这是应用程序的任务），还是让计算机把一种用高级编程语言写的源代码翻译成二进制数的目标代码（这是系统程序的任务）。在版权性质方面两者并没有什么根本性的不同。因此，并没有理由让系统程序得到的保护比应用程序少。没有法律条款规定，计算机程序的版权性质会因其功能的不同而不同。

对于弗兰克林公司为自己拷贝苹果系统程序的行为辩护的第二个理由是：对于系统程序而言，不存在思想概念和表达之间的区别。由于苹果公司提供了该系统程序的确存在多种可供选用的表现方法的证据，证明确有第三者在重写包括 Autostart ROM 在内的 Apple－Ⅱ上的系统程序。

巡回法庭认为，一般情况下，为某种计算机编写的系统程序可以有多种表现形式，系统程序是否存在“思想概念—表现同一性”，在技术上和法律上都是相当复杂的问题，不能作出一个统一的结论，需要对具体的系统程序逐个地进行分析。因此，还不能认定存在“思想概念—表现同一性”。

3. 固化在ROM中的程序是否具有版权?

苹果诉弗兰克林案中争议的第三个焦点是：固化在半导体只读存储器即ROM中的程序可否享有版权。

主要的不同意见是：只读存储器是一个物理构造，是一个机械设计产品，是技术工程的产物而不是作品。当程序被固化在只读存储器之后，已成为计算机硬件的一个组成部分。因此，被固化在只读存储器中的程序已不适用版权法保护，如要保护，应适用专利法。

第三巡回上诉法庭的判决否定了这种认识，认为应该把只读存储器同固化在其中的程序分开。只读存储器本身确实是一种物理构造，是技术工程的产物，但固化在其中的程序仍然是作品。所要保护的是程序的表现而不只是只读存储器的构造。把一项程序固化在只读存储器中并没有使该程序成为计算机硬件的一个组成部分。一项程序不能由于它被固化在只读存储器中就丧失版权保护。正如对录音带的版权保护那样，所保护的是记录在其上的乐曲，而不是录音带这种物体本身。

作品的版权性质并不受固定的作品形式、方法和载体等影响。无论作品是以书写、印刷、摄影、雕刻、穿孔、磁化或其他稳定的形式，固定在目前已知甚至还未知的任何一种物质载体上，只要作品能够直接或借助于任何已知或未知的机器或设备被人感知、复制或以其他方式传播，他们的版权性质之间并不存在区别。

第四条　【软件获得保护的必要条件】

受本条例保护的软件必须由开发者独立开发，并已固定在某种有形物体上。

◆ **知识精要**

本条是对计算机软件享有著作权基本条件的规定。软件能否获得著作权的两个必要条件也是著作权法要求作品的基本条件。

首先，软件必须是开发者独立开发的，也就是具备所谓的“独创性”或“原创性”。与专利相比，著作权法对作品“创造性”的要求是很低的。它不要求作品的创作水平的高度如何，只要求是作者自己独立创作的即可。大量测试证明，除了极个别的特定情况外，同一个软件由不同人开发的结果是不会相同或相似的。计算机软件只要是由开发者自己独立开发完成而不是抄袭、复制他人开发的软件，它必然具有一些最起码的“创造性”，或者说与众不同的个性。

其次，软件必须已经固定在某种有形物质上。软件是个无形的产品，但如果只是停留在开发者头脑中构思的开发设计思路或内容阶段，尚未表达出来，或者说尚未以一定形式或实际开发出来，是不能获得著作权的。软件只有确确实实开发出来，并被记录（固定）在某种有形物体上，能够被人感知，才能获得著作权保护。当然，记录（固定）软件的有形物体可以是纸张、磁带、磁盘、光盘、芯片等介质和现有的以及将来可能出现的可存储软件的介质。

◆ **经典案例4**

珠海市飞梭电脑中心技术开发部诉中山市
小霸王电子工业公司侵犯软件著作权纠纷案

【案情简介】

珠海市飞梭电脑中心技术开发部（以下简称飞梭电脑部）1992年推出了FS－800、FS－801、FS－802三种电脑学习机产品。产品中配有F－BASIC软件，地址为B000－FFFF，程序长度为20K字节。其中地址为C000－FFFF、长度为16K字节的程序来源于某公司电脑学习机中的F－BASIC软件，但飞梭电脑部为适应其硬件设备的需要对其进行了修改，修改的程序量为32个字节；地址为B000－BFFF、长度为4K的程序是飞梭电脑部自己编写的引导程序，作用在于开机后，屏幕上显示“飞梭 computer copyright FEI SU0 1992. 12”字样，并伴有循环运行的彩色星空画面和“雪绒花”音乐及等待键盘输入等功能。中山市小霸王电子工业公司（以下简称小霸王公司）的SB286、SB486、SB486B电脑学习机的第J部分为F－BASIC，程序地址为8000－FFFF，其中地址为8000－8900程序段在运行时，产生带有小霸王公司版权标记、循环运行的彩色星空画面和"雪绒花"音乐；地址为 B000 - FFFF 的程序复制了飞梭电脑部产品中的地址为 13000 - FFFF 的程序。但小霸王公司为适应其产品软件的需要，在飞梭电脑部修改他人程序的基础上又对 C000 - FFFF 的程序做了 5 处共 10 个字节的修改；B000 - BFFF 的程序，在通常情况下不执行，只有在 F - BASIC 提示符状态下键入 call 48386 命令才予执行，对这一方法，普通消费者并不知悉。

飞梭电脑部以计算机软件著作权侵权为由向北京市第一中级人民法院起诉小霸王公司，要求赔偿损失、赔礼道歉、消除影响。北京市第一中级人民法院判决认定：飞梭电脑部在 FS - 800 系列产品中配有的 F - BASIC 目标代码程序是复制某公司的 F - BASIC 目标代码程序，并非自己独立开发；其对该程序修改的 32 个字节，仅为适应硬件设备的需要，未能形成新的 F - BASIC 软件版本，其 32 个字节本身也不能构成一个完整的独立的软件作品，故飞梭电脑部对配在其系列产品中的 F - BASIC 目标代码程序不能主张著作权。飞梭电脑部在 F - BASIC 软件前，即 13000 - BFFF 地址处加入的 4K 引导程序是飞梭电脑部独立开发的，符合计算机软件作品的构成要件，飞梭电脑部对此享有著作权。小霸王公司未经许可在其 SB286、SB386、SB486 电脑学习机上复制了该 4K 程序并随电脑学习机在市场销售，其行为显属不当，应停止使用该 4K 程序。但小霸王公司的行为没有给飞梭电脑部造成实际的经济损失和商业信誉上的损害，故对飞梭电脑部提出的赔偿损失、赔礼道歉、消除影响的诉讼请求不予支持。判决："一、小霸王公司停止生产、销售带有飞梭电脑部 B000 - BFFF 内容的中英文电脑学习卡；二、驳回飞梭电脑部的其他诉讼请求。"

飞梭电脑部不服一审判决，向北京市高级人民法院提出上诉，理由是：小霸王公司使用的是上诉人修改后的 16K 字节 F - BASIC，即使修改后的 F - BASIC 不受保护，也不应准许小霸王公司使用上诉人的修改成果；小霸王公司的 8000 - 89FF 程序也是抄袭上诉人的 4K 程序而成的，但一审未作调查；2000 - FFFF 段在执行时，有 3 处转到 4K 程序；小霸王公司应按上诉人的经济损失或其发行的数量赔偿上诉人。被上诉人小霸王公司服从一审判决。

北京市高级人民法院认为，飞梭电脑部产品中的 4K 引导程序的内容包括版权标记、彩色星空画面、音乐和等待键盘输入等，并非只是版权标记，具有独创性，符合作品的构成要件，应受著作权法保护；飞梭电脑部也为该4K程序是其开发的事实提供了充分的证据，故一审判决认定该4K程序是作品，著作权归飞梭电脑部是正确的。小霸王公司未经飞梭电脑部的许可，在其产品中复制了该4K引导程序，虽然在通常情况下这4K程序并不执行，但小霸王公司的行为仍然构成对飞梭电脑部著作权的侵犯，应承担相应的民事责任。但小霸王公司的行为并没有给飞梭电脑部造成实际的损失和损害，不存在令小霸王公司承担赔偿损失、赔礼道歉、消除影响的事实依据，故一审判决据此只是责令小霸王公司停止生产、销售该4K引导程序是正确的。

飞梭电脑部产品中地址为C000－FFFF段程序是飞梭电脑部自某公司的F－BASIC软件复制来的，飞梭电脑部并未付出创造性的劳动，其虽然对该程序修改了32个字节，但这种修改仅是为适应硬件设备的需要，是用于应用环境所必需，故飞梭电脑部对该程序依法不能主张著作权；而且，飞梭电脑部不能证明所复制的F－BASIC软件已进入公有领域，所以飞梭电脑部在他人软件的基础上为适应硬件设备需要对该软件进行修改所付出的劳动，不能产生合法的权益，由此也就无权禁止他人使用该程序；故飞梭电脑部关于不应准许小霸王公司使用该程序和小霸王公司应对其为适应硬件设备需要对该软件进行修改所付出的劳动给予经济补偿的主张是不能成立的。

飞梭电脑部提出的小霸王公司产品中的8000－89FF段程序抄袭了他的4K引导程序的主张，是飞梭电脑部在一审法庭辩论结束后提出的新的事实，并非新的证据，属于新增加的诉讼请求，对此新增加的诉讼请求，一审法院不予审理是符合法律规定的，故飞梭电脑部关于一审判决遗漏事实的主张本院不予支持。飞梭电脑部提出的小霸王公司产品中的C000－FFFF段程序使用了他的4K引导程序是在二审诉讼期间提出的，亦属于新的事实、新的诉讼请求。对上述飞梭电脑部提出的新的请求，二审法院曾进行调解，但调解不成。故对上述两个请求，二审法院不予审理，飞梭电脑部可以另行起诉。

北京市高级人民法院最终驳回了飞梭电脑部的上诉，维持了一审判决。

【争议焦点】

在此案件中，争议焦点主要有两个：

1. 飞梭电脑部对修改后的 F－BASIC 目标代码程序（C000－FFFF 段程序）是否享有版权？

2. 飞梭电脑部对自己开发的 4K 引导程序是否享有版权？

【案件分析】

根据《计算机软件保护条例》的规定，受保护的软件必须由开发者独立开发，并已固定在某种有形物体上，否则，法律不予保护。其中有形物体上，不限于我们通常所见到的光盘、磁盘，固定在只读存储器（ROM）中的程序同样属于固定在有形物体上。在本案中，飞梭电脑部主张保护的两个程序，一个是自己独立开发的 4K 引导程序；另一个是对他人的程序进行简单修改后形成的 C000－FFFF 段程序。法院在审理过程中，在查明是否独立开发的情况下，作出了不同的处理，一个予以保护，一个不予以保护。这种处理方式符合《计算机软件保护条例》的规定。

飞梭电脑部产品中的 4K 引导程序的内容包括版权标记、彩色星空画面、音乐和等待键盘输入等，具有独创性，符合作品的构成要件，是飞梭电脑部独立开发的，应受著作权法和计算机软件保护条例的保护；故一审判决认定该 4K 程序是作品，著作权归飞梭电脑部。

飞梭电脑部产品中地址为 C000－FFFF 段程序是飞梭电脑部自某公司的 F－BASIC 软件复制来的，飞梭电脑部并未付出创造性的劳动，其虽然对该程序修改了 32 个字节，但这种修改仅是为适应硬件设备的需要，是用于应用环境所必需，故飞梭电脑部对该程序依法不能主张著作权；而且，飞梭电脑部不能证明所复制的 F－BASIC 软件已进入公有领域，所以飞梭电脑部未经他人许可，擅自在他人软件的基础上为适应硬件设备需要对该软件进行修改所付出的劳动，不能产生合法的权益，由此也就无权禁止他人使用该程序。故飞梭电脑部无权就 C000－FFFF 段程序获取报酬和要求经济损失赔偿。

【引以为鉴】

在软件著作权侵权纠纷诉讼中，原告一定要注意诉讼程序问题，对于所主张的事实和请求一定要在法庭辩论结束前提出，提供的证据也应严格遵守民事诉讼证据规定。

在本案中，飞梭电脑部提出的小霸王公司产品中的8000－89FF段程序抄袭了飞梭电脑部的4K引导程序的主张，由于是飞梭电脑部在一审法庭辩论结束后提出的新的事实，并非新的证据，属于新增加的诉讼请求，对此新增加的诉讼请求，法院会要求另行起诉而不予审理。飞梭电脑部提出的小霸王公司产品中的C000－FFFF段程序使用了他的4K引导程序是在二审诉讼期间提出的，亦属于新的事实、新的诉讼请求。法院以同样的理由进行了处理。这种结果是由于飞梭电脑部未遵守民事诉讼程序造成的，应该是可以避免的。

第五条 【国际保护原则】

中国公民、法人或者其他组织对其所开发的软件，不论是否发表，依照本条例享有著作权。

外国人、无国籍人的软件首先在中国境内发行的，依照本条例享有著作权。

外国人、无国籍人的软件，依照其开发者所属国或者经常居住地国同中国签订的协议或者依照中国参加的国际条约享有的著作权，受本条例保护。

◆ **相关法律规定**

《中华人民共和国著作权法》(2010年修正)

第二条 中国公民、法人或者其他组织的作品，不论是否发表，依照本法享有著作权。

外国人、无国籍人的作品根据其作者所属国或者经常居住地国同中国签订的协议或者共同参加的国际条约享有的著作权，受本法保护。

外国人、无国籍人的作品首先在中国境内出版的，依照本法享有著作权。

未与中国签订协议或者共同参加国际条约的国家的作者以及无国籍人的作品首次在中国参加的国际条约的成员国出版的，或者在成员国和非成员国同时出版的，受本法保护。

《保护文学艺术作品伯尔尼公约》

第三条

一、根据本公约，

a）为本联盟任何一成员国公民的作者，其作品无论是否发表，应受到保护；

b）非为本联盟任何一成员国公民的作者，其作品首次在本联盟一成员国出版或在本联盟一成员国和一非本联盟成员国内同时出版的，应受到保护。

二、非本联盟任何一成员国公民但在一成员国国内有经常居所的作者，在适用本公约时，与该国公民作者同等对待。

◆ 知识精要

本条体现了作品的著作权不论是否发表，而仅仅依据作者的创作自动产生的基本原则，以及软件著作权的国际保护。

如果软件开发者开发完成了一个软件，出于各种原因，例如，还需要调试，还需要等待适当的市场环境，他不愿意立刻拿出来销售（发表的一种形式），这时，并不影响他对该软件享有的著作权。

在当今经济全球化的形势下，特别是互联网蓬勃发展的环境中，软件著作权保护的重要性是不言而喻的。本条是对软件著作权国际保护规定的基本原则。鉴于我国现在不但加入了伯尔尼公约等国际版权条约，与众多国家签订了双边版权保护条约，而且已经成为 WTO 的成员。这些双边和多边国际条约几乎覆盖全世界绝大多数国家，所以，条例将适用于几乎所有的外国软件的开发者，如微软公司、Adobe 公司、欧特克公司，他们的软件在我国获得著作权保护，并且享有“国民待遇”原则。

◆ 经典案例 5

新加坡百灵达控股（私人）有限公司的软件著作权在我国得到保护

【案情简介】

DSP1100P 操作系统 V1.0（以下简称 DSP1100P）软件于 1998 年 10 月 29

日首次发表于德国，新加坡百灵达控股（私人）有限公司［BEHRINGER HOlDINGS（PTE）LTD］（以下简称百灵达公司）受让取得该软件著作权，于2001年11月28日向中国软件登记中心提出登记申请，并于2002年6月10日取得国家版权局颁发的计算机软件著作权登记证书，登记号为：2002SR0008。DSP110操作系统（以下简称DSP110）软件于2001年4月10日首次发表于德国，百灵达公司受让取得该软件著作权，于2001年11月28日向中国软件登记中心提出登记申请，并于2002年6月10日取得国家版权局颁发的计算机软件著作权登记证书，登记号为：2002SR0002。DSP8024操作系统V1.1f（以下简称DSP8024）软件系百灵达公司独立开发完成，于1999年8月23日首次发表于德国。百灵达公司于2002年2月2日向中国软件登记中心提出登记申请，并于2002年7月3日取得国家版权局颁发的计算机软件著作权登记证书，登记号为：2002SR0804。

广州市万力科技发展有限公司（英文名称为DIGISYNTHETIC Co.，Ltd，以下简称万力公司）主要从事音频产品和Hi－Fi产品的研发和生产，Digisynthetic DS212（以下简称DS212）（数字自动反馈抑制器）、Digisynthetic DSP9000（以下简称DSP9000）（综合音频处理器）和Digisynthetic PDAC VI（以下简称PDAC VI）（数字延时器/反馈抑制）是该公司的主要产品。2002年5月15日，百灵达公司的代理人陈伟权在北京北方帝诺音响电器有限公司购买了由万力公司生产的产品DS212、DSP9000和PDAC VI各两台，单价分别为1150元、3500元和1150元。

万力公司未提交其独立开发DS248和PDAC VI软件的证据，其提交了DSP9000的部分源程序，但提出对该证据保密，拒绝进行庭审质证。

百灵达公司自行对其主张著作权的软件与被告万力公司的产品中使用的软件进行了对比。对比的结果为：百灵达公司软件DSP1100P与万力公司产品DS212所含软件、百灵达公司软件DSP8024与万力公司产品DSP9000所含软件、百灵达公司软件DSP110与万力公司产品PDAC VI所含软件的二进制程序文件完全相同。

在案件审理过程中，法院于2002年10月18日组织双方当事人就公证购买的万力公司产品中使用的软件是否与百灵达公司的软件相同或相近似进行了勘验。首先，百灵达公司将其DSP8024软件的源程序编译成目标代码，然后，通过美国NCI公司生产的PC机逻辑分析仪在通电瞬间读取万力公司生产的DSP9000音响设备中的软件EQ模块的目标代码，最后将百灵达公司DSP8024软件的目标代码与万力公司DSP9000中使用的软件的目标代码进行比较。该对比结果显示：除第二和第三字节不同以外，其他代码完全相同；在勘验过程中取得的百灵达公司软件的目标代码以及万力公司产品中使用的软件的目标代码与百灵达公司提交的打印件所载的相应内容一致。在万力公司的要求下，该对比过程重复了三次，对比结果均相同。对于第二和第三字节的不同，百灵达公司提出代码的前六个字节是数据部分，程序是从第七字节开始的。因此，可以确认万力公司产品使用的软件的目标代码与百灵达公司的完全一致。万力公司对对比的对象、对比过程没有异议，认可通过逻辑分析仪取得的目标代码系其使用的软件的目标代码，对对比结果亦表示认可。鉴于万力公司对百灵达公司提交的百灵达公司软件DSP1100P与万力公司产品DS212所含软件的比较结果和百灵达公司软件DSP110与万力公司产品PDAC VI所含软件的比较结果均表示认可，经万力公司同意，法院未再就这两组软件的目标代码进行比较。万力公司曾在勘验过程中对逻辑分析仪的客观性提出了质疑，但在确认三次对比结果均相同，且亲自对逻辑分析仪进行操作实验后，万力公司明确表示对逻辑分析仪的性能表示认可。在随后的庭审过程中，万力公司又提出对逻辑分析仪的客观性表示怀疑。

百灵达公司提出，百灵达公司的实际损失和万力公司的违法所得均无法确定，且万力公司产品售价高、侵权行为恶劣、侵权范围广，故主张以法律规定的最高限额50万元作为赔偿数额。

北京市第一中级人民法院认为：百灵达公司对DSP1100P、DSP110和DSP8024软件享有计算机软件著作权，受我国《计算机软件保护条例》的保护。万力公司DS212、DSP9000和PDAC VI产品中使用的软件的二进制程序分别与百灵达公司主张著作权的DSP1100P、DSP8024和DSP110软件的二进制程序相同，且万力公司未举证证明其软件系独立开发创作完成，因此，万力公司的行为系对百灵达公司软件的复制，构成对百灵达公司软件著作权的侵犯，应当承担相应的法律责任。

万力公司虽然对勘验使用的逻辑分析仪的客观性提出异议，认为目标代码可能通过仿真得到，但未举证证明这一主张，且其对对比结果不持异议，在案件审理过程中数次承认其产品中使用的软件的目标代码与百灵达公司软件的目标代码一致，故其对逻辑分析仪提出的异议不能成立。万力公司还提出，数字音频产品经过多年发展，其算法已形成一个固定的标准。使用同样的芯片，并完成同样的数学运算，其程序二进制代码具有同一性不足以证明软件侵权的构成。由于万力公司未就此主张提供证据，因此对其抗辩理由亦不予支持。

百灵达公司以其实际损失和万力公司的违法所得均无法确定为由，主张以《著作权法》第 48 条第 2 款的规定确定赔偿额，有事实和法律依据，予以支持。具体赔偿数额，将依据万力公司侵权行为的事实和情节予以酌定。

百灵达公司提出的由万力公司承担其因诉讼支付的各项费用的诉讼请求，于法有据，予以支持，但该费用应限于合理的部分。百灵达公司因本案诉讼支出的不合理的费用和与本案诉讼无关的费用，不应由万力公司予以赔偿。

北京市第一中级人民法院依照《计算机软件保护条例》第 5 条第 3 款、第 24 条第 1 项、第 2 项、第 25 条，《著作权法》第 48 条，《最高人民法院关于审理著作权民事纠纷案件适用法律若干问题的解释》第 26 条之规定，判决："（一）万力公司立即停止复制、发行百灵达公司 DSP1100P 操作系统、DSP110 操作系统、DSP8024 操作系统软件的侵权行为；（二）万力公司于本判决生效之日起十日内赔偿百灵达公司经济损失四十五万元；（三）万力公司于本判决生效之日起十日内赔偿百灵达公司为本案支付的合理诉讼支出一十四万七千二百六十三元九角一分；（四）驳回百灵达公司的其他诉讼请求。"

万力公司不服原审判决，向北京市高级人民法院提起上诉，请求撤销原审判决，驳回被上诉人百灵达公司的诉讼请求。其上诉理由是：(1) 原审法院认定侵权所使用的手段缺乏法律和科学依据。原审法院采用的"勘验"方法与民事诉讼法规定的勘验不符，更不是一种鉴定；以被上诉人提供的仪器进行勘验有失客观公正，所使用的检验方法和仪器的科学性、可靠性无法保证；所比较的上诉人的 DSP9000 软件并非全部目标代码，且该部分代码不能独立运行，勘验结果片面、不完整。(2) 被上诉人未举证证明其提交的部分源程序与其登记的程序具有一致性，不能说明其拥有涉诉软件的著作权。(3) 上诉人产品使用的软件为自己独立开发，且在开发时不可能接触到被上诉人的源程序；上诉人涉诉软件所参照的标准及设计要求均为公开资料。(4) 上诉人涉诉软件与被上诉人软件均使用相同的 DSP 处理芯片，两者部分代码相同属于“可供选用的表达方式有限”，不构成侵权。(5) 原审法院认定上诉人拒绝对 DSP 9000 产品的源程序进行质证不符合事实。(6) 原审法院对被上诉人的损失认定畸高。

北京市高级人民法院最终没有支持万力公司的上诉请求，驳回了上诉，维持原判。

【案件分析】

《计算机软件保护条例》第 5 条第 3 款规定：“外国人、无国籍人的软件，依照其开发者所属国或者经常居住地国同中国签订的协议或者依照中国参加的国际条约享有的著作权，受本条例保护。”本案中，百灵达公司所属国新加坡与中国同属《保护文学艺术作品伯尔尼公约》的成员国，故百灵达公司可以依照《计算机软件保护条例》对 DSP1100P 软件、DSP110 软件、DSP8024 软件主张著作权。

在一审期间，万力公司对百灵达公司为证明其著作权而提交的软件著作权登记证书及其被侵权部分的源程序没有提出异议，故可以认定百灵达公司对 DSP1100P 软件、DSP110 软件、DSP8024 软件享有著作权，推定其提交的被侵权部分的源程序是其主张权利的软件。法院对万力公司关于百灵达公司未举证证明其提交的部分源程序与其登记的程序具有一致性、不能说明其拥有涉诉软件的著作权的主张不予支持。

【引以为鉴】

根据民事诉讼证据规则的规定，诉讼过程中，一方当事人对另一方当事人主张的事实明确表示承认的，另一方当事人无须举证。

本案中万力公司认可百灵达公司提交的有关百灵达公司软件与万力公司软件的目标代码以及对双方目标代码进行对比的结果的证据所载的目标代码为其产品的目标代码；亦认可通过逻辑分析仪取得的目标代码系其使用软件

的目标代码，对对比结果亦予以承认。因此，可以认定，万力公司被控侵权软件与百灵达公司主张著作权的软件存在相同之处。万力公司关于原审法院认定侵权所使用的手段缺乏法律和科学依据的主张不能推翻其对事实的承认。

当事人对其主张，应提供证据证明。否则，应承担举证不力的后果。

万力公司提供的证据不足以证明其产品使用的软件为其自己独立开发；万力公司有关在开发时不可能接触到百灵达公司的源程序的主张没有事实依据；万力公司亦没有举出有关其软件与百灵达公司软件部分代码相同属于“可供选用的表达方式有限”的证据。因此，法院认定万力公司没有尽到举证责任，对其主张，法院不予支持。由于万力公司没有证据来证明自己的反驳和上诉理由，因而可以认定百灵达公司的主张成立，万力公司未经许可，复制了百灵达公司享有著作权的软件，侵犯了百灵达公司依法享有的著作权，依法应承担相应的民事责任。

第六条 【保护对象的限制】

本条例对软件著作权的保护不延及开发软件所用的思想、处理过程、操作方法或者数学概念等。

◆ 知识精要

著作权法有一条基本的原则，即著作权保护作品的表达，不保护作品中内涵的思想。本条则是体现著作权法这一条基本原则的具体规定。根据本条规定，开发软件所用的思想、处理过程、操作方法或者数学概念等都属于著作权法中的思想概念范畴，不是著作权法保护的对象，任何人都可以在开发自己的计算机软件中使用。但是，如何对具体的计算机软件中的哪些属于思想概念，哪些属于表达，历来有所争议，这些年来通过一系列中外司法的判例，人们对计算机软件的“思想—表达”的划分界限已逐步形成一些共识，从软件开发的各个阶段来看，计算机软件的需求，即开发一个计算机软件所需要解决的问题，必须遵守现行的规则、事实依据、具体的算法属于思想。而软件开发完成后所形成的文稿、编码，包括源代码、目标代码文本等属于可享受保护的表达。

◆ 经典案例 6

重庆海威康医疗仪器有限公司与重庆名希医疗器械有限公司等侵犯计算机软件著作权纠纷案

【案情简介】

重庆海威康医疗仪器有限公司（以下简称海威康公司）拥有无创颅内压检测与监护计算机软件（软件登记证号为2003SR8568）的著作权。重庆名希医疗器械有限公司（以下简称名希公司）在2003~2004年曾为海威康公司的经销商。后名希公司自行生产了颅内压无创检测分析仪并在市场上销售。2005年12月22日，名希公司与季×作为申请人，向国家专利局申请了颅内压无创检测分析仪实用新型专利。

海威康公司于2009年7月2日向法院提起诉讼称：名希公司生产和销售了侵犯海威康公司享有计算机软件著作权的产品，给海威康公司造成了巨大的经济损失。请求判令：（1）停止侵权，销毁侵权产品及原材料；（2）被告在《光明日报》《科技日报》《健康报》《中华医学杂志》《学位与研究生教育》“中国自然科学基金”网站、“国家食品药品监督管理局”网站、“中华人民共和国知识产权局”网站、“中华人民共和国版权局”网站、“重庆市科学技术委员会”网站、《重庆日报》和《重庆晨报》中缝以外非广告版面上向原告公开赔礼道歉；（3）被告赔偿原告经济损失及为制止侵权支付的合理费用共计45万元；（4）被告承担本案诉讼费用。名希公司答辩称：名希公司的产品及所采用的计算机软件系自主研发，未侵犯海威康公司的计算机软件著作权；赔礼道歉系人身损害的责任承担方式，在本案中不适用。

法院根据海威康公司的申请，委托北京国科知识产权司法鉴定中心（以下简称鉴定中心）对名希公司生产的颅内压无创检测分析仪所采用的计算机软件与海威康公司享有著作权的计算机软件是否相同或实质性相同进行鉴定。2010年1月25日，鉴定中心出具了国科知鉴字〔2010〕第04号《司法鉴定意见书》，其鉴定意见为：（1）海威康公司无创颅内压检测与监护软件源程序与名希公司MICP颅内压无创检测分析系统软件源程序不相同，也非实质相同。（2）名希公司MICP颅内压无创检测分析系统软件源代码能生成与重庆市一中院提交的从查封的名希公司医疗设备中提取的目标代码实质相同的目标代码，两者具有一致性。(3) 海威康公司无创颅内压检测与监护软件目标程序与名希公司 MICP 颅内压无创检测分析系统软件目标程序既不相同，也非实质相同。2010 年 10 月 18 日，鉴定中心再次出具补充鉴定意见即国科知鉴字〔2010〕第 85 号《司法鉴定意见书》，其鉴定意见为：(1) 名希公司计算机软件著作权登记申请表中的“软件用途和技术特点”中的第 1 项、第 4 项与海威康公司计算机软件著作权登记申请表中的“软件用途和技术特点”的相应内容在表达方式上不相同，也不实质性相同。(2) 名希公司计算机软件著作权登记申请表中的“产品使用说明”与海威康公司提交重庆市食品药品监督管理局备案的《无创颅内压检测仪使用说明书》(2003 年 12 月) + 海威康公司的软件可视化说明文本中的界面截图上方的文字部分 + 海威康公司发明专利说明书附图第 3/22 页的框图，在表达方式上不相同，也不实质性相同。(3) 名希公司产品说明书中的功能框图与海威康公司的软件可视化说明文本中的界面截图上方的文字部分 + 海威康公司发明专利说明书附图第 3/22 页的框图在表达方式上不相同，也不实质性相同。(4) 名希公司提交重庆市食品药品监督管理局备案的《MICP 型颅内压无创检测分析仪说明书》(2006 年 4 月 5 日) 与海威康公司提交重庆市食品药品监督管理局备案的《无创颅内压检测仪使用说明书》(2003 年 12 月) 在表达方式上不相同，也不实质性相同。(5) 双方提交重庆市食品药品监督管理局备案的《医疗器械临床试验方案》及《医疗器械临床试验报告》不应视为软件文档，且在表达方式上不相同，也不实质性相同。2010 年 11 月 5 日，鉴定中心针对海威康公司的异议向一审法院复函，称：(1) 本案系计算机软件著作权侵权纠纷案件，故本次补充鉴定针对双方计算机文档作品的表达方式是否相同或实质相同进行对比，不涉及双方计算机文档中所包含的开发软件所用的思想、处理过程、操作方法或者数学概念等；(2) 本次鉴定由具备司法鉴定人资格的相关技术领域鉴定专家所作出，鉴定程序合法，鉴定结论客观公正。

【争议焦点】

本案的争议焦点是功能相同的计算机软件是否构成侵权？对软件著作

权的保护是否延及开发软件所用的思想、处理过程和操作方法或者数学概念等?

【案件分析】

根据鉴定机构的鉴定结论，双方的软件除了部分功能相同外，软件的源程序不相同，也非实质相同。双方软件的目标程序既不相同，也非实质相同。双方软件的文档不相同也不实质性相同。

此外，根据鉴定结论，名希公司 MICP 颅内压无创检测分析系统软件源代码能生成与法院从查封的名希公司医疗设备中提取的目标代码实质相同的目标代码，两者具有一致性。说明 MICP 颅内压无创检测分析系统软件是名希公司独立开发的。

本案是侵犯计算机软件著作权纠纷，著作权本身具备只保护思想（创意）的表达，不保护思想（创意）本身的特点，即著作权保护的是作品的表达形式。《计算机软件保护条例》第 6 条亦明确规定："本条例对软件著作权的保护不延及开发软件所用的思想、处理过程、操作方法或者数学概念等。"因此，鉴定机构针对双方计算机文档作品的表达方式是否相同或实质相同进行对比，不涉及双方计算机文档中所包含的开发软件所用的思想、处理过程、操作方法或者数学概念等，是符合计算机软件作品的法律特征和相关法律规定的。法院最终认定：海威康公司诉名希公司的计算机软件著作权侵权不成立。

【引以为鉴】

对于计算机软件著作权的侵权纠纷，不能从功能上判断两个软件是否侵权，必须对两个软件的程序进行比对，才能确定是否存在侵权。一般情况下，发现存在侵权的软件产品以后，应该首先对软件的目标代码进行分析研究，比对权利人的目标代码，看是否存在相似或者相同之处。如果在侵权软件的目标代码中发现了软件权利人的特征，则可以证明其侵权软件存在抄袭权利人软件的可能性，但是否构成侵权还需进一步比对。如果不通过比对源程序，一般情况下，法院无法最终判定侵权存在。

第七条　【软件著作权登记】

软件著作权人可以向国务院著作权行政管理部门认定的软件登记机构办理登记。软件登记机构发放的登记证明文件是登记事项的初步证明。

办理软件登记应当缴纳费用。软件登记的收费标准由国务院著作权行政管理部门会同国务院价格主管部门规定。

◆ 相关法律规定

《计算机软件著作权登记办法》

第六条　国家版权局主管全国软件著作权登记管理工作。

国家版权局认定中国版权保护中心为软件登记机构。

经国家版权局批准，中国版权保护中心可以在地方设立软件登记办事机构。

◆ 知识精要

本条是关于软件著作权自愿登记制度的规定，即软件著作权人可以依据自愿登记的原则，向软件著作权登记机构办理登记。这是条例2001年修改时的一个重要内容，原先的条例中（第2条）规定，软件著作权登记是软件获得司法和行政保护的前提，实行的是“半强制性”的登记制度。经过多年的实践，特别是适应著作权自动产生和保护的原则，现行条例明确地将强制登记制度改为自愿登记的原则。实践中，很多国外公司的软件（如微软公司的Windows软件）并不在我国进行登记，但是在司法实践中仍然受到保护。

根据本条规定，软件著作权人可以向国务院著作权行政管理部门认定的软件登记机构办理登记。软件登记机构发放的登记证明文件是登记事项的初步证明。订立许可他人专有行使软件著作权的许可合同，或者订立转让软件著作权合同，也可以向国务院著作权行政管理部门认定的软件登记机构登记。

我国采取的是鼓励软件登记并对登记的软件予以重点保护的办法，而不是强制软件登记。软件登记可以分为软件著作权登记、软件著作权专有许可合同和转让合同的登记。软件著作权登记的申请人应当是该软件的著作权人，包括通过条例特殊规定以及继承、受让而取得著作权的自然人、法人或者其他组织。而软件著作权合同登记的申请人，应当是软件著作权专有许可合同和转让合同的当事人。如果未经软件著作权人许可登记其软件，或是将他人软件作为自己的软件登记的，或未经合作者许可将与他人合作开发的软件作为自己的软件单独完成的软件登记，这些行为都属于侵权行为，侵权人要承担法律责任。

我国由国家版权局主管全国软件著作权登记管理工作，指定中国版权保护中心为软件登记机构。中国版权保护中心发放的软件登记文件只是证明申请主体享有软件著作权以及订立软件许可合同、转让合同的重要的书面证据，但软件登记并不是软件著作权产生的依据。因为软件著作权是自软件开发完成之日起产生的，未经登记的软件著作权或软件著作权专有许可合同和转让合同也仍受法律保护。

然而，实践中，众多的软件著作权人，特别是国内软件著作权人都自愿选择了软件著作权登记，因为登记将为软件著作权人以及司法、行政机关带来诸多的好处。

一是，登记后，登记证明文件是登记事项，特别是证明权属关系的初步证明。今后一旦出现纠纷，有据可查。

二是，便于有关管理部门工作。例如，税收部门可将软件登记证明作为落实软件税收优惠政策的文件材料，科技部门可将登记证明作为高新技术企业认证评审和管理的基本材料。

三是，有利于软件贸易。例如，软件登记证明常作为软件著作权质押的文件，作为涉及软件著作权的投资、转让等产权交易中的文件材料。

办理软件登记应当缴纳费用。软件登记的收费标准由国务院著作权行政管理部门会同国务院价格主管部门规定。

◆ 经典案例 7

空运海运进出口业务系统软件著作权侵权案件

【案情简介】

1995 年 7 月 24 日，鞠某与某国际运输有限公司青岛分公司（以下简称青岛分公司）签订了劳动合同，合同期限为十年，鞠某担任微机管理员职务，青岛分公司按照规定每月付给鞠某工资。工作期间，根据某国际运输有限公司青岛分公司的业务，鞠某先后开发了海运出口业务系统、空运进口业务系统和空运出口业务系统计算机管理程序，并由青岛分公司使用。

1997 年 9 月 8 日，鞠某提出辞职，同月 11 日，青岛分公司发现上述系统软件中有自毁功能指令，即以该程序不能破译，一旦触发，公司以损失巨大为由向青岛市公安局报案。青岛市公安局市北分局于 1997 年 9 月 12 日对鞠某予以刑事立案侦查，并派员与鞠某一起于同年 9 月 13 日到鞠某家中。鞠某将载有上述开发的主程序和自毁功能指令的源程序软盘三张交出，又一起到青岛分公司处撤销了自毁功能指令。青岛市公安局市北分局于同年 9 月 14 日前将鞠某交出的上述三张软盘发还给青岛分公司，并撤销了刑事立案。

1998 年 1 月 23 日，鞠某向法院提起行政诉讼，要求撤销青岛市公安局市北分局收缴软盘的行为，并要求判令青岛市公安局市北分局赔偿损失。青岛市市北区人民法院以〔1998〕北行初字第 1 号行政判决：（1）撤销青岛市公安局市北分局 1997 年 9 月 13 日收缴鞠某三张软盘的行为；（2）驳回鞠某的行政赔偿诉讼请求。鞠某不服提出上诉，青岛市中级人民法院于 1998 年 6 月 24 日以〔1998〕青行终字第 39 号行政判决：（1）维持青岛市市北区人民法院〔1998〕北行初字第 1 号行政判决；（2）将青岛市公安局市北分局由鞠某处收缴的三张软盘发还鞠某；（3）驳回鞠某的其他诉讼请求。

1999 年 4 月 28 日，鞠某以著作权侵权纠纷向青岛市中级人民法院起诉了青岛分公司经理宋某个人，并将青岛分公司列为第三人。诉讼请求是：（1）要求被告宋某及第三人赔偿原告经济损失 12 万元；（2）原告提供软件给被告宋某及单位使用，由此产生的收益部分以适当比例归原告所有；（3）负担因前案行政案件原告委托律师费用 2000 元及交通食宿其他费用 500 元；（4）赔偿原告精神与名誉损失两万元；（5）本案诉讼费由被告及第三人承担。

鞠某诉称，原告于 1995 年 7 月进入青岛分公司工作，试用期五个月。在前一个半月内，由于没有计算机设备，原告没有在电脑上做任何工作。之后购进电脑，在两个星期之内，原告将原告的自有软件稍加改造，便投入到海运出口业务中，又利用约两周时间，使空运进口业务使用了电脑，在这么短的时间内是根本不可能独立开发出这样多的系统。1996 年 4～8 月，原告被派往北京工作，回青岛后又用原告的自有源程序，改造出了空运出口系统并投入使用。1997 年 9 月，原告不堪忍受被告宋某的种种责难，被迫辞职。

原告提供了 1999 年 3 月 30 日，国家版权局根据申请人的申报颁发了软著登字第 3192 号《计算机软件著作权登记证书》，登记号为 990226，软件名称是空运海运进出口业务系统 V1.0，著作权人鞠某，该证书载明：根据《计算机软件保护条例》的规定及申请人的申报，经审查，推定该软件的著作权人自 1994 年 10 月 4 日起，在法定的期限内享有该软件的著作权。

被告宋某辩称，原告将宋某列为被告属诉讼主体错误。宋某只是某国际运输有限公司职员，原告在起诉书所谈的纠纷实际上是原告与青岛分公司发生的纠纷，宋某当时只是该分公司的经理，因此原告将宋某列为本案被告没有事实根据。因宋某不是本案被告，所以原告要求本人承担赔偿损失等法律责任无从谈起，没有法律依据。1995 年 7 月，原告与青岛分公司订立 10 年劳动合同，原告被公司聘为微机管理员，在 1997 年原告与青岛分公司发生知识产权争议，同年 9 月 8 日，原告提出辞职，以上事实有青岛市中级人民法院〔1998〕青行终字第 39 号行政判决书予以证明。综上所述，原告在本案中将宋某列为被告既没有事实依据，又没有法律依据，请求驳回原告的诉讼请求。

第三人青岛分公司称，本公司与原告于 1995 年 7 月 24 日签订劳动合同。在原告工作期间内，本公司为原告提供了充足的资金、设备和各种资料，以利于其尽快地搞好程序开发和软件设计。原告在本公司任职期间所进行的软件设计、开发行为是职务行为，其工作成果应由本公司享有。原告认定自己为该程序软件的著作权人于法无据，请求驳回原告诉讼请求。

一审判决结果：一审法院根据《著作权法》第 16 条第 2 款第 1 项、第 2 项，《计算机软件保护条例》第 3 条第 1 项、第 7 条、第 14 条之规定判决："一、第三人青岛分公司于判决生效后十日内在使用的由原告开发的海运出口业务系统、空运进口业务系统和空运出口业务系统上署原告姓名。二、驳回原告鞠某对被告宋某、第三人某国际运输有限公司青岛分公司的其他诉讼请求。"原告未上诉。

【案件分析】

根据《计算机软件保护条例》第 7 条的规定，软件登记机构发放的登记证明文件是登记事项的初步证明。因此，软件登记机构发放的登记证明并不是软件著作权最终归属的证明。如果有相反证明，软件著作权登记证是可以撤销的。

在本案中，原告所主张的开发软件，是原告在青岛分公司担任微机管理员期间根据李某所写的青岛分公司业务要求开发的海运出口业务系统、空运进口业务系统和空运出口业务系统计算机管理程序，并将上述软件系统自愿地交由青岛分公司使用。即该软件系统是针对本职工作中明确指定的开发目标所开发的。根据《著作权法》第 16 条的规定，公民为完成法人或者非法人单位工作任务所创作的作品是职务作品。《计算机软件保护条例》也有类似的规定，因此，该软件的著作权应属于青岛分公司。但根据有关法律规定，原告鞠某享有署名权。

【引以为鉴】

我国目前实行的计算机软件著作权登记制度，是借鉴国外发达国家的经验、结合我国的具体情况，并根据软件产业自身的技术特点在我国依法建立的知识产权保护措施之一，它是由政府实施的一项软件著作权辅助措施。对于这个登记制度的作用和效力，学者和专家认为软件著作权登记证书的功能主要是“帮助、协助、配合、公示”的作用。

帮助作用是指由国家法定的机构帮助软件著作权人固定保存软件著作权的有效证据，确定、理顺、调整软件开发、传播和使用中的关系，软件著作权人依据软件登记证明减轻软件著作权纠纷中的举证责任，从而保护其合法权益。

协助作用是指协助司法机关和版权行政管理机构通过登记证明文件，了解和掌握登记软件法律关系和技术状况等情况，确定诉讼或投诉证据的有效性，以便及时、快捷地审判、处理软件侵权纠纷。

配合作用，是指配合我国有关的政府部门为加强对软件行业和应用情况的宏观管理、调控，建立软件行业发展和应用方面的政策，促进合法的软件产品传播和市场流通。例如，我国对软件产业实行税收优惠政策，税务机关在审批软件产品税收优惠时要求软件企业出具软件著作权登记证书。

公示作用是指为公众提供有关信息服务，一方面可有效避免重复开发、投资；另一方面公众能对软件登记者的权利登记软件进行有效监督。软件著作权登记以后，对于登记提交的材料，任何单位和个人均可到登记机构查询。软件著作权登记机构也会定期向社会公布登记的软件著作权情况。

根据软件登记的帮助、协助和公示作用不难看出，在诉讼中只有审判机关才能确定登记证书的有效性。根据法院查明事实，空运海运进出口业务系统 V1.0 是鞠某针对本职工作中明确指定的开发目标所开发的，根据 1991 年 10 月 1 日施行的《计算机软件保护条例》第 14 条的规定，“公民在单位任职期间所开发的软件，如是执行本职工作的结果，即针对本职工作中明确指定的开发目标所开发的，或者是从事本职工作活动所预见的结果或者自然的结果，则该软件的著作权属于该单位”。[注：2013 年 1 月 30 日修订的《计算机软件保护条例》第 13 条也作出了同样的规定。该条例第 13 条规定：“自然人在法人或者其他组织中任职期间所开发的软件有下列情形之一的，该软件著作权由该法人或者其他组织享有，该法人或者其他组织可以对开发软件的自然人进行奖励：（一）针对本职工作中明确指定的开发目标所开发的软件；（二）开发的软件是从事本职工作活动所预见的结果或者自然的结果；（三）主要使用了法人或者其他组织的资金、专用设备、未公开的专门信息等物质技术条件所开发并由法人或者其他组织承担责任的软件。”] 在法院已经查明真正的著作权人之后，软件著作权登记证书的证明力自然就消失了。

第二章　软件著作权

第八条　【软件著作权权利内容】

软件著作权人享有下列各项权利：

（一）发表权，即决定软件是否公之于众的权利；

（二）署名权，即表明开发者身份，在软件上署名的权利；

（三）修改权，即对软件进行增补、删节，或者改变指令、语句顺序的权利；

（四）复制权，即将软件制作一份或者多份的权利；

（五）发行权，即以出售或者赠与方式向公众提供软件的原件或者复制件的权利；

（六）出租权，即有偿许可他人临时使用软件的权利，但是软件不是出租的主要标的的除外；

（七）信息网络传播权，即以有线或者无线方式向公众提供软件，使公众可以在其个人选定的时间和地点获得软件的权利；

（八）翻译权，即将原软件从一种自然语言文字转换成另一种自然语言文字的权利；

（九）应当由软件著作权人享有的其他权利。

软件著作权人可以许可他人行使其软件著作权，并有权获得报酬。

软件著作权人可以全部或者部分转让其软件著作权，并有权获得报酬。

◆ **相关法律规定**

《中华人民共和国著作权法》（2010 年修正）

第十条　著作权包括下列人身权和财产权：

（一）发表权，即决定作品是否公之于众的权利；

（二）署名权，即表明作者身份，在作品上署名的权利；

（三）修改权，即修改或者授权他人修改作品的权利；

（四）保护作品完整权，即保护作品不受歪曲、篡改的权利；

（五）复制权，即以印刷、复印、拓印、录音、录像、翻录、翻拍等方式将作品制作一份或者多份的权利；

（六）发行权，即以出售或者赠与方式向公众提供作品的原件或者复制件的权利；

（七）出租权，即有偿许可他人临时使用电影作品和以类似摄制电影的方法创作的作品、计算机软件的权利，计算机软件不是出租的主要标的的除外；

（八）展览权，即公开陈列美术作品、摄影作品的原件或者复制件的权利；

（九）表演权，即公开表演作品，以及用各种手段公开播送作品的表演的权利；

（十）放映权，即通过放映机、幻灯机等技术设备公开再现美术、摄影、电影和以类似摄制电影的方法创作的作品等的权利；

（十一）广播权，即以无线方式公开广播或者传播作品，以有线传播或者转播的方式向公众传播广播的作品，以及通过扩音器或者其他传送符号、声音、图像的类似工具向公众传播广播的作品的权利；

（十二）信息网络传播权，即以有线或者无线方式向公众提供作品，使公众可以在其个人选定的时间和地点获得作品的权利；

（十三）摄制权，即以摄制电影或者以类似摄制电影的方法将作品固定在载体上的权利；

（十四）改编权，即改变作品，创作出具有独创性的新作品的权利；

（十五）翻译权，即将作品从一种语言文字转换成另一种语言文字的权利；

（十六）汇编权，即将作品或者作品的片段通过选择或者编排，汇集成新作品的权利；

（十七）应当由著作权人享有的其他权利。

著作权人可以许可他人行使前款第（五）项至第（十七）项规定的权利，并依照约定或者本法有关规定获得报酬。

著作权人可以全部或者部分转让本条第一款第（五）项至第（十七）项规定的权利，并依照约定或者本法有关规定获得报酬。

◆ **知识精要**

软件著作权与其他作品的著作权一样，其权利内容包含多项权利。当我们谈到软件著作权时，常常是指其中的某一项或者某几项权利。

本条详细列举了软件著作权的内容。明确规定的具体权利有八项，分别是发表权、署名权、修改权、复制权、发行权、出租权、信息网络传播权、翻译权。除上述八项权利外，还规定了第九项权利，即应当由软件权利人享有的其他权利。这种表述方式是从保护软件权利人的利益出发，防止漏掉一些权利，体现了立法的严密性。

随着技术的不断进步，软件著作权的表现形式也不断出新。例如，信息网络传播权就是随着互联网的发展而出现的一种新型权利。1991 年颁布的《计算机软件保护条例》就没有规定软件的“信息网络传播权”。2001 年修订《计算机软件保护条例》时增加了“信息网络传播权”。这种增加一方面是考虑符合修订后的《著作权法》的要求，另一方面也是考虑互联网存在大量非法上传和下载未经授权的软件的情况。增加了“信息网络传播权”后，软件著作权人就可以很方便地依据本条规定来维护自己的合法权益。

本条除了规定软件著作权的内容外，还规定了软件著作权人不仅自己享有这些权利，还可以将这些权利进行转让或者授权（许可）其他人行使这些权利。事实上，软件同著作权法保护的其他作品不同，软件开发的目的是解决实际工作和生活中的问题，其对于购买者来说更多地是体现其工具性的一面。因此，为了有效地解决人们希望方便地获得软件或者软件著作权人能够方便快捷地将软件分发到用户手中，法律必须赋予软件权利人一定的权利。因此，法律许可软件著作权人可以许可他人行使其软件著作权，并有权获得报酬。这也是软件产品生产外包、软件销售代理体系存在的法律基础。

一、发表权

软件的发表权，即决定软件是否公之于众的权利。谈到发表权，一个关键的概念是“公之于众”。在著作权理论中，所谓公之于众是指著作权人自行或者许可他人将作品向不特定的人公开，但不以公众知晓为构成条件。

传统的作品发表方式是出版发行，例如文字作品可以通过登报、出版等方式予以发表。随着互联网的普及，网络已经成为一种作品发表的重要渠道，很多人将自己的作品上传到网上或者直接在网上写作（如写博客、微博）予以发表。

当软件作为一种作品进行保护时，其发表权也同样受到法律的保护。软件发表的方式有很多，常见的方式有展览展示、销售或者上传到网上进行公开测试。需要注意的是，对软件进行鉴定或者在特定的范围内进行的测试不构成发表。

发表权作为软件著作权人的一种权利，其包含两种含义：一种是权利人有权决定是否发表；另一种是权利人有权决定以何种方式发表。凡是限制或者代替权利人行使上述权利的，均构成侵犯软件著作权人的发表权。

二、署名权

软件的署名权，即表明软件开发者身份，在软件上署名的权利。在软件上署名既包括在软件开发过程中在源程序中表明开发者身份的行为，也包括在软件产品上标明软件权利人的行为。

我们在很多软件产品的外包装上可以看到“某某公司出品”的字样，我们也可以在很多软件操作界面中某些“帮助”菜单中看到“关于某某软件”的版权信息，点击进入后常常会发现“版权所有，某某公司”的字样。以上均是软件的署名方式。

软件的署名对于确认软件著作权的归属具有重要的意义。一般情况下，只有软件的开发者才能在软件作品上署名，而软件的开发者在多数情况下均是软件的著作权人。因此，一般意义上讲，只有软件的著作权人才有权在软件上进行署名。

因作品署名顺序发生的纠纷，人民法院按照下列原则处理：有约定的按约定确定署名顺序；没有约定的，可以按照创作作品付出的劳动、作品排列、作者姓氏笔画等确定署名顺序。

三、修改权

软件的修改权是指软件权利人享有的对软件进行修改的权利，表现形式为对软件进行增补、删节，或者改变指令、语句顺序的权利，修改的目的多为增加或者删减功能、改变软件的运行环境、适应新的软硬件环境。

软件的修改权属于软件权利人，未经软件权利人许可，任何单位或者个人不得行使上述权利。软件的修改权可以为软件的权利人带来更多的经济利益。众所周知，任何一个软件作品上市后，都需要继续进行完善和升级，而这些完善和升级工作均属于对软件的修改。由于只有软件权利人才有修改权，因此，软件权利人获得了对软件进行升级的权利。这样软件权利人通过不断推出升级版本对产品进行更新换代，进而从用户手中取得软件的升级产品和换代产品的销售收入。例如，美国微软公司开发的 Windows（视窗）操作系统已经从 Windows1.0 版本升级到目前最新的 Windows 10 版本，而这些升级开发均存在对前一个版本软件的修改。

在实践中，很多盗版者为了将别人的软件冒充成自己的软件，常常会对他人的软件进行修改，包括修改软件的名称、操作界面和版权信息，这种行为是未经软件权利人的许可擅自进行的修改行为，因此侵犯了软件权利人的修改权。因此，软件的修改权专属于软件权利人，软件权利人既可以自己行使，也可以授权他人行使。

对于软件的修改权，《计算机软件保护条例》也作出了一定的限制。条例第 16 条规定，为了把软件用于实际的计算机应用环境或者改进其功能、性能，软件的合法复制品所有人有权对其持有的软件进行必要的修改；但是，除合同另有约定外，未经该软件著作权人许可，不得向任何第三方提供修改后的软件。

四、复制权

软件的复制权即将软件制作一份或者多份的权利。所谓复制就是原封不动地拷贝。软件的复制是软件使用和销售必不可少的一种环节。大家知道，如果要使用软件，首先必须将其安装到计算机中，这种安装过程就是一种复制。而软件销售实质就是向社会公众提供软件复制品，因此，销售的前提必须是对软件进行复制。

软件载体的形式很多，其复制的形式也相应繁多。通常包括：硬盘（磁盘）到软盘（U 盘）的复制，硬盘到光盘的复制，光盘到光盘的复制。

复制权属于软件权利人，未经软件权利人的许可进行的非法复制，侵犯了软件权利人的著作权，非法复制形成的复制品，我们称之为“盗版”。因此，只有承认软件权利人的复制权，才有盗版的存在。如果软件权利人的复制权不受法律保护，就不存在盗版行为了。

复制权是软件权利人的一项重要的著作权内容，可以为权利人带来重大的经济利益，是软件权利人行使发行权的前提条件。如果没有复制权，就不会再有发行权了。

五、发行权

软件的发行权是指软件权利人通过各种方式向社会公众提供软件的原件或者复制品的权利。发行的方式包括出售、赠与、网上下载、出口等方式。

软件的发行权属于软件的权利人。软件权利人通过发行方式可以获取重大的经济利益。软件发行的结果是可以让社会公众通过有偿或者无偿的方式取得软件，软件的权利人可以收取软件许可使用费或者获得较多的用户。

软件的发行权可以由软件权利人自己行使，也可以授权他人行使。由于软件的发行权可以由权利人以外的第三方行使，使得软件的开发和销售可以分离。按照专业分工的原则，软件销售的专业代理机构便出现了。例如，微软公司等国外公司在中国市场上的大部分软件产品都是通过分销商进行销售的。

六、出租权

软件的出租权是指软件权利人授权他人临时使用软件的权利。所谓临时使用是指使用者可以在一定的时间段内进行使用，期限结束后，使用者不得再使用。软件租赁与软件销售的根本区别是使用时间的限制。一般情况下，软件用户通过购买的方式取得的软件的使用期限是没有限制的（目前有些游戏软件需要用充值的方式延长使用期限的情况除外），而租赁软件则是有明确的期限，期限到期后应停止使用或删除软件。

对于软件出租权的一种例外情况是，如果软件不是出租的主要标的，则不属于软件出租。例如，一种精密测量仪器中嵌有计算统计软件，如果仪器的拥有者将测量仪器租赁给勘探者进行测量分析，此时由于该计算统计软件仅是仪器的一部分，不是主要的出租标的，因此并不侵犯软件权利人的出租权。

由于软件的出租权属于软件权利人，因而未经软件权利人的许可，任何个人或单位不得擅自行使软件的出租权。如果一个软件的合法持有者未能按照最终用户许可协议的规定使用软件，而擅自将软件进行了出租，软件权利人有权要求最终用户停止侵权。

七、信息网络传播权

软件的信息网络传播权是指通过有线或者无线方式向公众提供软件，使公众可以在其个人选定的时间和地点获得软件的权利。

信息网络传播权是为了在互联网环境下保护作者的权利而增设的一项权利内容。在传统社会下，人们扩散或者传播作品的能力是有限的，其无论是复制手段还是扩散手段都是非常困难的。但是，在互联网环境下，软件作为一种数字化产品，非常容易通过互联网进行传播和扩散，因此，保护软件作品在网络化的传播权利是刻不容缓的。为了适应形势发展的要求，《计算机软件保护条例》在 2001 年修订时增加了信息网络传播权。

为了更好地保护权利人的信息网络传播权，鼓励有益于社会主义精神文明、物质文明建设的作品的创作和传播，根据《著作权法》，2006 年 5 月 10 日国务院第 135 次常务会议通过了《信息网络传播权保护条例》，2006 年 7 月 1 日起施行。

八、翻译权

软件的翻译权是指将原软件从一种自然语言文字转换成另一种自然语言文字的权利。

所谓自然语言文字是指人类日常沟通使用的语言文字。例如，中文、英语和日语。软件的翻译权是指将软件的操作界面或者程序中涉及的自然语言从一种文字翻译成另一种文字。这种翻译不会改变软件编程使用的语言，不会改变软件的功能、结构和界面。例如，我们常说的“汉化”某一软件就是进行软件的翻译，即将软件从其他语言翻译成中文。例如，汉化 Windows 英文版就是将 Windows 英文版中涉及的操作界面的文字、帮助中的文字以及其他文档从英文翻译成中文。

软件的翻译权不涉及软件编程语言的转换。如果将软件中的程序从一种编程语言转换成另一种编程语言，则不属于本条中的翻译，而属于软件移植。

软件翻译权可以自己行使，也可以委托他人行使。如很多国外软件开发商为了能够很好地实现软件汉化，均会委托中国本地的软件公司进行汉化。

◆ **经典案例 8**

中科远望技术公司侵犯微宏软件研究所
计算机软件复制、销售著作权纠纷

【案情简介】

1991 年 10 月，北京市海淀区微宏电脑软件研究所（以下简称原告）开发完成了 unfox 软件，并于 1992 年 6 月 15 日取得计算机软件登记证书，登记号为 920009。登记证书载明：著作权人系原告，推定自 1991 年 10 月 21 日起享有该软件著作权。原告自 1991 年 10 月起向社会销售编有加密程序的 unfox 软件。1992 年 9 月，北京中科远望技术公司（以下简称被告）下属的黑马产品部未经原告许可，将 unfox 软件列入其软件产品目录，在全国计算机产品展销会上向外报价推销，又于 9 月 28 日、11 月 9 日现场复制已经解密的 unfox 软件，并以 380 元、340 元的价格向外销售两盘，销售货款入被告账户，出具的发票加盖了被告公司财务专用章。1992 年 11 月 9 日，原告起诉至北京市海淀区人民法院，认为被告未经其许可，将 unfox 软件列入自己的产品对社会宣传，并且自行销售不加密的 unfox 软件，影响了其销售市场，故请求判令被告停止侵害、公开赔礼道歉、赔偿已发生的销售损失及即将发生的销售损失共计人民币186 057.99元。

被告辩称：我公司与黑马产品部是合作关系，侵犯原告权利的是黑马产品部，应由黑马产品部承担责任。

审理中，海淀区人民法院委托机械电子工业部计算机与微电子发展研究中心对被告销售的 unfox 软件进行技术鉴定，结论为：样本中的两个执行程序除了 10% 左右的目标码之外，无论是程序的名称、执行结论、目标码的大部分、说明文件的名称和内容均与原告 unfox 软件相同。

1993 年 2 月 23 日，海淀区人民法院依照《计算机软件保护条例》第 24 条第 1 款、第 30 条第 6 项、第 8 项之规定。判决：“一、北京中科远望技术公司自判决生效之日起停止复制、销售‘unfox2.1 反编译博士 V2.1’计算机软件；二、北京中科远望技术公司赔偿北京市海淀区微宏电脑软件研究所经济损失费 46 000元，判决生效后十日内付清，逾期支付，按每日万分之三支付滞纳金；三、北京中科远望技术公司于判决生效后三十日内，在《中国计算机报》一版位置，刊登经本院审核的启事，向微宏研究所赔礼道歉。”

一审宣判后，北京市海淀区微宏电脑软件研究所和北京中科远望技术公司均未上诉。

【案件分析】

1990 年颁布的《著作权法》（以下简称 90 年《著作权法》，以区别于目前现行的 2010 年修正的《著作权法》）第 3 条第 8 项规定，计算机软件是著作权法保护的作品之一，它包括计算机程序及其有关文档。根据 90 年《著作权法》第 53 条的规定，国务院 1991 年 5 月 24 日第 83 次常务会议通过了《计算机软件保护条例》（以下简称 91 年《计算机软件保护条例》），同年 10 月 1 日起施行。

根据 91 年《计算机软件保护条例》第 9 条的规定，软件著作权人对其开发的软件享有发表权、开发者身份权、使用权、使用许可权和获得报酬权以及转让权。其中使用许可权是指许可他人以复制、展示、发行、修改、翻译、注释等方式使用其软件的权利。

北京市海淀区微宏电脑软件研究所对其开发并已登记注册的 unfox 软件享有著作权。北京中科远望技术公司未经微宏研究所许可，公开把 unfox 软件列入其软件产品目录向外报价推销，并且采取现场直接复制方法对外销售解密的unfox软件，该行为违反了《计算机软件保护条例》的规定，侵犯了北京市海淀区微宏电脑软件研究所对unfox软件享有的著作权（复制权和发行权），构成91年《计算机软件保护条例》第30条第6项、第7项所指的侵权行为。

【引以为鉴】

在本案中，涉及了对赔偿数额如何确定的问题。对于软件侵权的赔偿数额的计算一直是软件侵权诉讼中的一个难题。软件侵权赔偿属于民事赔偿范畴，根据《民法通则》的规定，民事赔偿采用填平原则，即赔偿应当与损失相等。但又应该如何计算权利人的损失呢？本案中，原告采用公证购买方式获得的证据只有两套，金额720元。如果简单采取填平原则判决赔偿720元的损失显然显失公平。在审理过程中，法院委托北京市中关村审计事务所对微宏软件研究所unfox软件的销售情况进行了审计鉴定，结论为：微宏软件研究所自1991年10月销售unfox软件，以后销量上升至1992年9月最高达33份，10月起销量锐减。至1993年2月22日，全部销量105套。按照上述审计结论，法院认为被告的侵权行为直接造成了原告软件的销量下降。考虑软件生命周期、市场销售风险等因素后，酌情认定为因被告的侵权行为导致销量下降在110余套，乘以软件报价价格后得出4.6万元的损失赔偿额。

本案确定损失赔偿的方法和原则在此后的案件中得到了广泛的借鉴。随着软件案件的审理的增多，最高人民法院不断总结各地的审判实践经验，出台了相关的司法解释。司法实践中确定赔偿额的基本原则为：软件权利人的实际损失，可以根据软件权利人因侵权所造成软件复制品发行减少量或者侵权软件复制品销售量与权利人发行该复制品单位利润乘积计算。发行减少量难以确定的，按照侵权复制品市场销售量确定。

◆ **经典案例9**

翁××、叶××等侵犯福州××电脑公司计算机游戏软件著作权纠纷案

【案情简介】

1996年6月至1997年10月，福州××电脑公司（以下简称电脑公司）

将其开发的《楚汉争霸》《战国群雄》《魔域英雄传》《水浒传》《魔法门》《隋唐演义》《三十六计》《创世纪英雄》《英烈群侠传》《绝代英雄》等十种中文游戏软件（以下简称《楚汉争霸》等十种游戏软件）到国家版权局进行著作权登记。经审查后，国家版权局计算机软件登记管理办公室发给了《计算机软件著作权登记证书》。上述十种游戏软件在全国各地发行。

自1999年1月起，翁××、叶××以振华公司（该公司未注册登记，实际上并不存在）的名义生产、销售上述游戏软件的盗版卡带，并将这些游戏软件更改了名字，《楚汉争霸》更名为《刘邦传记》；《战国群雄》更名为《战国历史志》；《魔域英雄传》更名为《丝绸之路》；《水浒传》更名为《水浒新传》；《魔法门》更名为《凯旋门》；《隋唐演义》更名为《玄武之争》；《三十六计》更名为《财神到》；《创世纪英雄》更名为《快乐英雄》；《英烈群侠传》更名为《三国争霸》；《绝代英雄》更名为《英雄无悔》。这些盗版游戏卡带通过其雇用的王×燕向全国各地销售。

1999年3月9日，王×军在收到王×燕发来的振华公司含有《刘邦传记》等十种涉嫌侵权软件《报价单》的传真后，即与其订货。王×燕以振华公司的名义分别于3月12日和3月27日将上述游戏卡带发货给王×军，并提供叶××的银行账号给王×军作汇款之用。

1999年3月19日，利军商行（甲方）和环球商行（乙方）订立《协议书》约定，甲方给乙方提供《刘邦传记》《凯旋门》《财神到》《快乐英雄》《三国争霸》等五种游戏卡带各3片，每片50元。3月29日，双方又签订了一份《协议书》约定，甲方给乙方提供《刘邦传记》等十种游戏卡带各50片，每片50元。环球商行在收到利军商行发货的这十种游戏卡带后，即在福州地区进行销售。电脑公司在发现上述事实后，将翁××、叶××等起诉到福建省高级人民法院。

福建省高级人民法院在审理过程中，将从利军商行和环球商行查扣的涉嫌侵权的《刘邦传记》等十种游戏卡带与原告提供的《楚汉争霸》等十种相应的游戏卡带，委托福建省版权局进行对比鉴定。《福建省版权局就省高级人民法院委托鉴定10盒涉嫌侵权游戏卡的复函》（闽权〔1999〕7号）的结论是，十种涉嫌盗版游戏软件除开机时将正版游戏软件的制作单位去掉和将游戏名称更改外，游戏里面的程序设计、美术画面及音乐音效与正版卡带完全一样。

福建省高级人民法院认为：原告电脑公司开发的游戏软件经国家有关部门审查发给《计算机软件著作权登记证书》，其合法权益应受到保护。翁××、叶××未经游戏软件著作权人同意，擅自删除、修改、复制电脑公司公开发行的《楚汉争霸》等十种游戏软件，将这些游戏软件更名后，制作成游戏卡带，以振华公司的名义由其雇员在全国各地进行销售，严重侵犯了电脑公司对这十种游戏软件的署名权、修改权、保护作品完整权、使用权、获得报酬权。依据《计算机软件保护条例》第30条第4项、第5项、第6项、第7项的规定应承担相应的侵权责任。翁××、叶××在实施侵权中主观上有共同故意，应共同承担侵权责任。王×燕系翁××、叶××的雇用人员，不应作为侵权主体承担雇主的侵权责任，故电脑公司要求王×燕承担侵权责任的诉讼请求，不予支持。作为电脑公司代理商的利军商行明知以振华公司名义销售的《刘邦传记》等十种游戏软件卡带是侵权产品，仍然进货并转售他人，侵犯了电脑公司对这十种游戏软件的使用权、获得报酬权。依据《计算机软件保护条例》第30条第7项的规定应承担相应的侵权责任。环球商行未经著作权人电脑公司许可，擅自销售《刘邦传记》等十种侵权游戏软件的产品，侵犯了电脑公司对这十种游戏软件的使用权、获得报酬权，依据《计算机软件保护条例》第30条第7项的规定应承担相应的侵权责任。电脑公司认为被告环球商行、利军商行、翁××、叶××侵犯其《楚汉争霸》等十种游戏软件著作权，应承担相应法律责任的诉讼请求有理，应予支持。但翁××和叶××的侵权行为、环球商行的侵权行为、利军商行的侵权行为均为各自独立实施，没有主观上的关联性，不具备承担连带责任的要件，当事人应就其侵权的范围各自承担责任，电脑公司关于被告之间负连带责任的请求，不予支持。同时，电脑公司未就其所诉赔偿数额充分举证，既无法就其因被告侵权所造成的损失数额进行举证，亦无法查清被告因盗版侵权的获利数额，故对电脑公司诉请的赔偿数额，不予全部支持。法院根据被告的侵权事实、情节、后果以及原告因此支出的调查和诉讼费用等因素，酌情确定赔偿数额。

福建省高级人民法院法院根据《计算机软件保护条例》第30条第4项、

第5项、第6项、第7项的规定，判决："一、被告环球商行、利军商行、翁××、叶××应立即停止侵犯电脑公司《楚汉争霸》《战国群雄》《魔域英雄传》《水浒传》《魔法门》《隋唐演义》《三十六计》《创世纪英雄》《英烈群侠传》《绝代英雄》等十种游戏软件著作权的行为，销毁翁××、叶××生产、销售的《刘邦传记》《战国历史志》《丝绸之路》《水浒新传》《凯旋门》《玄武之争》《财神到》《快乐英雄》《三国争霸》《英雄无悔》等十种游戏卡带的侵权产品；二、被告环球商行、利军商行、翁××、叶××应在全国性报刊上刊登道歉声明，向电脑公司公开赔礼道歉（道歉声明内容须经本院审核）；三、被告环球商行应在本判决生效之日起十日内赔偿电脑公司经济损失人民币50 000元；四、被告利军商行应在本判决生效之日起十日内赔偿外星电脑公司经济损失人民币50 000元；五、被告翁××、叶××应在本判决生效之日起十日内共同赔偿电脑公司经济损失人民币400 000元；六、驳回原告电脑公司其他诉讼请求。

被告翁××不服一审判决，向最高人民法院提起上诉称：(1) 关于福建省版权局的鉴定结论。该鉴定结论没有对本案所涉软件的二进制代码组成的指令序列进行对比描述，仅有美术画面、音乐音效及游戏玩法的进入操作程序的对比描述，因此这种对比鉴定不符合《计算机软件保护条例》关于计算机软件著作权保护客体和侵权认定的有关规定，不能作为本案涉嫌侵权软件侵害外星电脑公司软件的有效证据。(2) 关于认定上诉人侵权的证据。一审法院认定上诉人侵权的证据除上述鉴定结论外，主要还有涉嫌侵权游戏软件的外包装印刷品、《报价单》《客户资料》《发货清单》"退坏卡单""IC烧录记录"和文档资料，上述证据均不能作为认定上诉人侵权的有效证据。第一，本案中全部涉嫌侵权游戏卡带没有一件是在上诉人处当场查封取得的，这与原审法院认定涉嫌侵权游戏卡软件由上诉人生产是矛盾的。第二，原审法院在环球商行和利军商行处查封的涉嫌侵权软件，不能排除环球商行和利军商行擅自复制电脑公司软件的可能。况且，利军商行长期以来就是电脑公司的销售代理，这更不能排除利军商行与电脑公司串通陷害上诉人的可能。原审法院对此事实的认定不符合间接证据关于结论只能是"唯一"的使用原则。第三，被控侵权游戏卡带外包装印刷品极易仿制，不能从该印刷品外观相同就直接认定涉嫌侵权软件即为上诉人生产。第四，《报价单》《客户资料》《发货清单》"退坏卡单""IC 烧录记录"和文档资料均属于间接证据，且该文档资料与计算机软件文档的意义相去甚远，更不能说明与电脑公司软件文档有任何相同之处。从这些证据不能得出唯一的结论。第五，上诉人已举证证明其提供给利军商行的游戏卡带是从广州瑞生投资发展有限公司（以下简称广州瑞生公司）合法购进的，上诉人不知道该游戏软件是否侵权，要认定存在侵权的事实，就应当追加广州瑞生公司为本案当事人。(3) 关于赔偿数额。影响计算机软件销售的因素是多方面的，原审法院在上诉人的销售额仅为人民币19 397元的情况下判令上诉人赔偿外星电脑公司经济损失 40 万元没有依据。另外，原审法院在否定外星电脑公司 260 万元赔偿请求中的大部分的同时，却免除电脑公司承担诉讼费用，违反了诉讼费用按过错责任大小分担的原则。综上，请求撤销原判，驳回电脑公司的诉讼请求。

被上诉人电脑公司答辩称：(1) 福建省版权局的鉴定结论足以证明上诉人生产销售的游戏卡带系盗版软件。第一，上诉人在上诉状中对计算机软件作了错误的定义，实质上否定了计算机源程序的存在，其目的在于规避其无法提供其生产销售软件的源程序和目标程序。上诉人不能提供其生产销售游戏卡带中软件的源程序，依法应视为其放弃了抗辩的权利。第二，计算机游戏软件既是计算机软件，同时也是影音视听作品。因此，计算机游戏软件在受到《计算机软件保护条例》保护的同时，也受到《著作权法》对视听、影音作品的保护。(2) 本案认定上诉人侵权的证据确实充分。第一，虽然并未在翁××、叶××处直接查封到盗版软件，但从当场查扣的生产游戏卡的"IC 烧录记录"和文档资料，含有涉嫌侵权产品的《报价单》《客户资料》发货单等证据证实，翁××、叶××不但是盗版软件的销售者，还是生产者。第二，上诉人提出可能存在盗版软件系利军商行和环球商行擅自复制和利军商行与被上诉人串通陷害上诉人两种可能，但未提供证据证明。第三，上诉人认为从环球商行、利军商行处查封的盗版软件的外包装与其自己的外包装不同，是仿制的，也应举证证明。第四，上诉人提供的广州瑞生公司的发票，既无法证实与侵权产品有关，也无法推翻其他侵权证据。且翁××、叶××在一审诉讼过程中，并未申请追加该公司作为本案当事人。(3) 上诉人的侵权行为给答辩人造成了巨大的经济损失。虽然原审法院判赔40万元与被上诉人的诉讼请求相差甚远，但由于继续举证的困难和当前法律规定的难操作性，故未上诉。综上，原判认定事实清楚，适用法律正确，应当予以维持。

二审过程中，上诉人提出补充意见称：本案应发回重审。理由是：（1）被上诉人在二审中改变其原审请求。原审中被上诉人依据《计算机软件保护条例》及其登记取得的《计算机软件著作权登记证书》确认的计算机软件著作权提起诉讼，在二审中改为要求法庭保护其软件在终端机上表现出来的图像，显然已超出了原审范围，是其诉讼请求的变更。故本案依法应发回重审，否则就会形成事实上的一审终审。（2）为查清侵权事实，应追加广州瑞生公司为本案当事人。本案必不可少的关键工作是进行软件的异同对比分析，而进行对比分析的材料之一即涉嫌侵权软件的取得和确认必须有广州瑞生公司的参与。因此，也应把本案发回重审。

原审被告利军商行、环球商行、王×燕未对一审判决提出上诉。在二审审理过程中，经本院依法通知未到庭参加诉讼，也未提交任何陈述意见。

最高人民法院经审理查明：原审查明的事实基本属实。

另查明：原审法院在翁××、叶××住处扣押的“IC烧录记录”中，记载有包括十种被控侵权软件在内的游戏名称、IC名称和每次烧录的数量，形成时间在1999年1月至3月。原审法院在翁××、叶××住处扣押的与生产游戏软件卡带有关的文档资料中，有的标明了“外星科技”和被上诉人产品名称“水浒传”“英烈群侠传”。上诉人在一审中曾主张该“IC烧录记录”是焊接、组装记录，在二审中明确表示认可一审法院对“IC烧录”概念的认定，即承认“IC烧录”是业内人士对游戏IC卡内空白的只读存储器录入游戏软件程序行为的统称，后来上诉人又称这些“IC烧录记录”是广州瑞生公司提供的。经最高人民法院向广州瑞生公司调查证实，上述“IC烧录记录”的填表人非广州瑞生公司职员，该烧录记录并非该公司所制作。

又查明：上诉人虽然在二审中对原审法院将福建省版权局的鉴定结论作为本案定案证据提出异议，但又明确表示不申请重新鉴定，且一直未向法庭提交被控侵权软件的源程序。被上诉人则表示，其不主张重新鉴定，但如果本案需要重新鉴定，则可以至少提供7种软件的源程序（其余因电脑病毒等原因正在查找之中），并愿意承担预交鉴定费用的责任。上诉人在二审过程中提交了双方6种软件产品技术参数对比结果，其中5种产品的不同字节数占控制文件总字节数的92%～98%、占图像文件总字节数的1.2%～1.8%、占整个软件总字节数的46%～49%，另外一种的不同字节数约占控制程序与图像程序的混合文件总字节数的78%。经对该技术参数对比结果进行质证，被上诉人提出该对比方法错误，同时，由于图像文件亦是程序，故图像文件基本相同恰好说明计算机程序是相同的。上诉人称上述对比结果来源于广州瑞生公司，但经本院调查，广州瑞生公司对此予以否认。

还查明：经对比被上诉人软件和被控侵权软件的说明书，除被上诉人的《创世纪英雄》与被控侵权的《快乐英雄》的说明书内容完全不同以外（前者包括“故事简介”“人物介绍”“游戏方法”“摇杆操作”等四项内容，后者是“重点攻略”介绍），其余9个软件说明书中的文字说明部分均相同（只是其中6个被上诉人的说明书是繁体中文，被控侵权软件的说明书为简体中文），且被上诉人的文字印刷错误在被控侵权软件说明书中也相应出现，版式设计亦基本相同，但被上诉人说明书中涉及表格和图片的部分，被控侵权软件说明书中无相应内容。被上诉人说明书的封面上有“电脑科技有限公司出品”字样，被控侵权软件说明书均无制作者的署名。

二审审理中，在本案合议庭主持下，双方诉讼代理人参加，对部分被上诉人软件和相应被控侵权软件进行了现场演示和勘验。以被上诉人的《英烈群侠传》（以下简称A）和被控侵权的《三国争霸》（以下简称B）演示对比为例：当进入游戏程序后，A显示制作者名称为电脑科技有限公司，B无制作者名称；A显示游戏的中文名称为“英烈群侠传”、英文名称为“Heroes legend”，B显示中文名称为“三国争霸”、英文名称亦为“Heroes legend”；A显示“我是外星电脑科技有限公司游戏小组成员苗兵”，B显示“我是金星电脑科技有限公司游戏小组成员天高”；A显示“我们组在完成一部名叫《英烈群侠传》的游戏”，B显示“我们组在完成一部名叫《三国争霸传》的游戏”；A显示“本组游戏总监傅瓒老师，本组游戏美工共三人，陈仲环、余榕青、郝永强”，B显示“本组游戏总监高科老师，本组游戏美工共三人，陈兵兵、余苗苗、郝荣生”；其后，游戏中的场景、人物、音响等完全相同。

现场勘验中对《魔域英雄传》和《丝绸之路》,《楚汉争霸》和《刘邦传记》的演示对比结果也基本如此。经询问，双方当事人均表示无须进行其余游戏软件的演示对比。

二审法院认定的上述事实有被上诉人《楚汉争霸》等十种游戏软件的《计算机软件著作权登记证书》、游戏卡带、说明书，原审法院扣押的《刘邦传记》等十种被控侵权软件的游戏卡带、外包装盒、说明书、“IC 烧录记录”、与生产游戏软件有关的文档资料和振华公司的《报价单》《客户资料》《发货清单》等材料，上诉人提供的技术参数对照表和比较结果，以及对广州瑞生公司的调查笔录、当事人陈述等证据佐证。

最高人民法院最终认定：上诉人的上诉理由缺乏事实和法律依据，其上诉请求应予驳回。原审判决认定事实基本清楚，适用法律正确。最终，最高人民法院根据《民事诉讼法》第 153 条第 1 款第 1 项的规定，判决：驳回上诉，维持原判。

【争议焦点】

1. 在本案中，被告翁××、叶××等人是否侵犯了原告的署名权?

2. 在本案中，被告翁××、叶××等人是否侵犯了原告对《英烈群侠传》等软件享有的修改权?

3. 被告环球商行、利军商行、翁××、叶××等是否侵犯了电脑公司对《英烈群侠传》等软件享有的复制权和发行权?

【案件分析】

电脑公司开发的《楚汉争霸》等十种中文游戏软件，属于《著作权法》保护的作品，经登记获得国家有关部门颁发的《计算机软件著作权登记证书》，电脑公司依法享有对该十种游戏软件的著作权。电脑公司对于上述软件享有的权利具体包括：发表权、署名权、修改权、复制权、发行权、出租权、信息网络传播权、翻译权等。本案中翁××、叶××等人侵犯原告的著作权主要涉及署名权、修改权、复制权和发行权。

1. 在本案中，被告翁××、叶××等人侵犯了原告的署名权。

在二审过程中，法庭主持对双方的软件进行了勘验，以原告的《英烈群侠传》（简称 A）和被控侵权的《三国争霸》（简称 B）演示对比。通过对比，法庭发现，被告翁××、叶××未经权利人许可，将原告在作品上的制作人的署名予以删除，同时将原告名称“外星电脑科技有限公司”改为“金星电脑科技有限公司”，将原告游戏小组中游戏总监、游戏美工等作者的姓名由“傅瓒、陈仲环、余榕青、郝永强”分别更改为“高科、陈兵兵、余苗苗、郝荣生”。被告翁××、叶××的该种行为是典型的侵犯著作权署名权的行为。

2. 在本案中，被告翁××、叶××等人侵犯了原告对《英烈群侠传》等软件享有的修改权。

著作权中的修改权是著作权人享有的权利，未经权利人或者法定许可外，任何单位和个人不得修改他人作品。

在本案中，被告翁××、叶××将原告开发的游戏软件更改了名字，《楚汉争霸》更名为《刘邦传记》、《战国群雄》更名为《战国历史志》、《魔域英雄传》更名为《丝绸之路》、《水浒传》更名为《水浒新传》、《魔法门》更名为《凯旋门》、《隋唐演义》更名为《玄武之争》、《三十六计》更名为《财神到》、《创世纪英雄》更名为《快乐英雄》、《英烈群侠传》更名为《三国争霸》、《绝代英雄》更名为《英雄无悔》。

除软件名称被修改外，被告翁××、叶××还对原告开发的游戏软件的说明书进行了修改。经对比原告软件和被控侵权软件的说明书，除原告的《创世纪英雄》与被控侵权的《快乐英雄》的说明书内容完全不同以外，其余9个软件说明书中的文字说明部分均相同（只是其中6个被上诉人的说明书是繁体中文，被控侵权软件的说明书为简体中文），且原告的文字印刷错误在被控侵权软件说明书中也相应出现，版式设计亦基本相同，但原告说明书中涉及表格和图片的部分，被控侵权软件说明书中无相应内容。原告说明书的封面上有“外星电脑科技有限公司出品”字样，被控侵权软件说明书均无制作者的署名。这种对比结果表明被告对于原告的说明书进行了修改。

《计算机软件保护条例》明确规定，软件包括程序与文档，软件说明书是文档的一种。因此，对于文档的修改也属于对软件进行修改的一种形式。

被告未经原告的许可擅自对文档进行修改，同样侵犯了原告的著作权。

3. 被告环球商行、利军商行、翁××、叶××侵犯了外星电脑公司对《英烈群侠传》等软件享有的复制权和发行权。

软件著作权中的复制权是著作权人享有的独有权利，未经权利人许可，任何单位和个人不得非法复制软件。在本案中，被告翁××、叶××通过“IC烧录”的方式将《英烈群侠传》等软件复制到游戏卡中。“IC烧录”是对游戏IC卡内空白的只读存储器录入游戏软件程序行为的统称，即将游戏软件的程序复制到IC卡内。被告翁××、叶××未经原告的许可，将电脑公司的软件进行复制，构成了侵权。

软件的发行权是指向社会公众提供软件复制品的权利。销售是软件发行权的一种重要形式。在本案中，被告翁××、叶××未经权利人许可，擅自销售《英烈群侠传》等软件的复制品，侵犯了电脑公司对《英烈群侠传》等软件享有的发行权。利军商行、环球商行虽然是从被告翁××、叶××等处购得盗版软件，属于不知情，但是作为专业销售游戏卡的商家，其负有审查其所销售游戏卡合法性的义务，其未尽审查义务销售了侵权的游戏卡带，亦构成侵犯被上诉人游戏软件的发行权。

【引以为鉴】

1. 游戏软件作品双重性的问题。

被上诉人在二审中提出其游戏软件既属于计算机软件，又应当作为影音视听作品，受著作权法保护。因其在一审中以讼争游戏软件著作权人而非视听作品著作权人的身份提起诉讼，而且本案纠纷的实质是计算机软件著作权纠纷，原审法院亦是将本案作为计算机软件著作权纠纷案件进行审理；此外，计算机软件与视听作品属于不同种类的作品，受著作权法保护的客体和内容均不相同，故被上诉人所提出的上述新的主张，不属于本案二审审理范围，应当视为在二审中增加的独立的请求。对此，双方当事人未达成调解协议，故二审法院不予审理是正确的。

2. 如何通过游戏软件的外观感受来判定侵权的问题。

从技术角度看，计算机游戏软件符合计算机软件的一切技术特性。从应用角度看，游戏软件确有其不同于一般计算机软件的特点。游戏软件的主要用途是供人们娱乐，其外观感受主要通过游戏中的场景、人物、音响、音效变化等来实现。这些随着游戏进程而不断变化的场景、人物、音响是游戏软件程序设计的主要目的，是通过计算机程序代码具体实现的。

因此，游戏软件的计算机程序代码是否相同，可以通过其外观感受较明显、直观地体现出来。虽然从技术上讲相同功能的游戏软件包括外观感受可以通过不同的计算机程序实现，但是鉴于游戏软件的特点，两个各自独立开发的计算机游戏软件，其场景、人物、音响等恰巧完全相同的可能性几乎是不存在的，若是刻意模仿，要实现外观感受的完全相同，从技术上讲亦是有难度的。

鉴于本案上诉人在二审中明确表示不申请对双方程序代码进行对比鉴定，亦未提供被控侵权软件的源程序，故根据本案事实，通过被控侵权软件与被上诉人所开发游戏软件在场景、人物、音响等外观感受方面的异同，结合本案其他相关证据，可以认定游戏软件程序代码是否相同。

根据福建省版权局所作的鉴定结论、二审法院对双方游戏软件的现场勘验结果以及对双方游戏软件说明书的对比结果，可以认定：双方游戏软件所体现的场景、人物、音响等外观与感受完全相同；从运行游戏软件后所显示的中英文游戏名称、制作者名称、有关人员姓氏等对比结果看，上诉人的游戏软件留有修改的痕迹；双方游戏软件的说明书等文档也基本相同。上诉人提供的软件技术参数对比结果，本身亦说明至少 5 个游戏软件的目标程序相同率达 50% 以上。同时，重新开发一个与他人游戏软件的场景、人物、音响等完全相同的游戏软件，并不符合上诉人作为游戏软件经营者的经营目的，而且上诉人不能对双方游戏软件外观感受、说明书、目标程序等方面的种种相同或相似作出合理解释。

因此，综合本案事实和证据，足以认定被控侵权软件是对原告游戏软件的复制，被告侵犯了原告《三国争霸》等十种游戏软件的著作权。

第九条　【软件著作权归属】

软件著作权属于软件开发者，本条例另有规定的除外。

如无相反证明，在软件上署名的自然人、法人或者其他组织为开发者。

◆ 相关法律规定

《中华人民共和国著作权法》

第十一条　著作权属于作者，本法另有规定的除外。

创作作品的公民是作者。

由法人或者其他组织主持，代表法人或者其他组织意志创作，并由法人或者其他组织承担责任的作品，法人或者其他组织视为作者。

如无相反证明，在作品上署名的公民、法人或者其他组织为作者。

◆ 知识精要

“作品的原始著作权归属于作者”是著作权归属的基本原则。什么是作者？创作作品的人就是作者。这里的人不仅包括自然人，而且包括法人或者非法人单位。由法人或者非法人单位主持，代表法人或者非法人单位意志创作，并由法人或者非法人单位承担责任的作品，法人或者非法人单位视为作者。

对于软件作品来说，软件的开发者就是软件的“作者”。与一般的作品一样，软件的开发者不仅包括自然人，也包括法人或者其他组织。《计算机软件保护条例》第 3 条第 3 项明确规定：软件开发者，是指实际组织开发、直接进行开发，并对开发完成的软件承担责任的法人或者其他组织；或者依靠自己具有的条件独立完成软件开发，并对软件承担责任的自然人。

本条明确规定了软件著作权归属的一般原则，同时又规定了“本条例另有规定的除外”。这里的“另有规定”主要包括以下四种情形：（1）合作开发软件；（2）委托开发软件；（3）下达任务开发软件；（4）职务开发软件。这四种情况下软件著作权的归属依据《计算机软件保护条例》第 10 条、第 11 条、第 12 条和第 13 条的规定进行处理。

《著作权法》第 11 条规定，如无相反证明，在作品上署名的公民、法人或者其他组织为作者。这一原则确立的基本前提是《著作权法》保护作者的署名权，因为只有作者才有权在作品上署名。这一原则确立的目的是明确作品的署名人依法享有对作品的著作权。当人们看到一件发表的作品时，可以很清楚地知道谁是作品的权利人，如果欲使用该作品时，知道与谁去联系。

对于软件作品来说，《计算机软件保护条例》给出了同样的规定，如无相反证明，在软件上署名的自然人、法人或者其他组织为开发者。按照著作权归属的一般原则，署名的自然人、法人或者其他组织就是软件的著作权人。但是，如果有相反证明，则可以推翻“署名者即为开发者”这一原则。实践中，有些人将他人开发的软件冒充自己开发的软件，将他人的软件署上自己的名字进行销售和发行。这时候，如果权利人举出证据能够证明该软件是自己开发的，此时虽然冒充者在软件上属了名，但是仍然不能作为软件的开发者。

软件开发者可以利用本条规定来证明自己是软件的著作权人。实践中，能够证明自己是软件开发者的途径包括：（1）提供软件的源程序；（2）提供软件著作权登记证书；（3）在软件产品上署名。

众所周知，软件源程序作为一个商业秘密，很多权利人是不愿意公开的，即使在司法审判阶段，很多权利人也不愿意向法庭提交源程序，特别是在立案阶段，通过提供源程序来证明自己是软件的权利人，对于法院审查也比较困难。

提供软件著作权登记证书应该是证明权利归属的比较简洁、方便的途径。但是，很多情况下，由于软件著作权登记需要一段时间，产品开发完成以后，软件著作权登记证书不可能及时下来。还有，在我国软件著作权登记还需要提交部分源程序，有很多权利人不愿意公开自己的源程序，因此不去申请著作权登记。

在软件产品上署名是一种比较方便证明自己是著作权人的方式，特别是在公开销售的产品上署名，如果对方没有相反的证明，法院完全可以据此认定署名的作者就是软件著作权人。在司法实践中，很多原告通过向法院提交署名的产品来证明自己是软件的权利人，这一做法已经得到法院的认可。

由于在软件上署名的意义重大，因此，软件开发者一定要重视在软件上署名的问题。虽然法律赋予软件开发者有权在软件作品上决定是否署名、署真名、笔名、艺名、别名或假名，但是我们建议开发者最好署真名。这样在主张权利时可以很方便地证明自己是真正的权利人。如果开发者在软件作品上署一个假名、艺名或者缺乏有效登记的组织机构的名称，开发者在证明自己是软件的著作权人时，还需要证明自己与软件作品上的署名者是同一人。这无疑加大了举证难度，更何况很多情况下是无法提供证据予以证实的。例如，金山软件公司在自己内部成立一个“黄玫瑰工作室”开发一套软件，如果在软件产品上仅署“黄玫瑰工作室开发”而没有署金山公司的名字，则仅凭产品上的署名无法证实金山公司就是该软件的开发者。

◆ **经典案例** 10

加拿大迪斯克瑞特公司诉上海某文化传播公司侵权案

【案情简介】

迪斯克瑞特公司（Disreet Corporation）是加拿大著名的软件公司，专业开发各类特殊视效软件。曾为《角斗士》《星战前传》《骇客帝国》等好莱坞巨片提供特殊影像制作。其开发的 Flame 软件是国际上流行的视觉特效类软件之一，可用于电影、广告和各类视频的加工，曾被不少好莱坞巨片采用制作成特殊影像效果。

2001 年 8 月，迪斯克瑞特公司发现上海某文化传播公司未经授权，即在电脑中安装了一套 Flame 软件，并被用于产品制作、开发设计。迪斯克瑞特认为该公司的行为侵犯了自己的著作权，于是向上海市第一中级人民法院提起诉讼，请求该公司停止侵权，赔礼道歉，并赔偿 100 万元损失。

庭审中，上海某文化传播公司对自己擅自安装 Flame 软件的行为表示了歉意，但又辩称根据我国信息产业部发布的《软件产品管理办法》的规定，由于该软件未向国家信息产业部进行登记，依法不能销售，所以对迪斯克瑞特提出的 100 万元索赔金额表示异议。法院审理后认为，加拿大和中国都是伯尔尼公约的成员国，该公约对国际各类文学艺术作品的权利保护有着明确的规定，因此，迪斯克瑞特公司开发的 Flame 软件在中国也受法律的保护。该软件即使尚未在我国境内经营、销售，但也不意味着他人可以随意使用，被告的行为已经构成了对原告著作权的侵害。经综合考虑，上海市第一中级人民法院最终判决上海某文化传播公司停止侵权，公开赔礼道歉，并赔偿迪斯克瑞特公司经济损失及为诉讼支出的合理费用共计人民币 50 万元。

【争议焦点】

在本案中，Flame 软件没有在中国进行著作权登记，如何确认软件的著作权人？

【案件分析】

通过软件上的署名可以确认软件的著作权人。本案在确认软件著作权人的问题上具有示范性作用，可以为很多未登记的软件的著作权人主张权利的归属提供借鉴。

本案中由于 Flame 软件没有在中国进行登记，无法根据登记的信息查明软件的作者和权利人。但是，根据《著作权法》和《计算机软件保护条例》的规定，软件著作权属于软件开发者，如无相反证明，在作品上署名者为开发者，即在软件上署名的就是软件著作权人。本案中，被告使用的 Flame 软件界面上有原告迪斯克瑞特公司的署名，被告又不能提出相反的证明，因此法院确认，原告是 Flame 软件的开发者，对该软件享有著作权并受我国法律保护。

【引以为鉴】

外国公司的软件即使没有在中国进行著作权登记或者办理软件产品登记，也同样受到我国法律保护。《计算机软件保护条例》规定，外国人、无国籍人的软件，依照其开发者所属国或者经常居住地国同中国签订的协议或者依照中国参加的国际条约享有的著作权，受本条例保护。本案中，迪斯克瑞特公司（Disreet Corporation）是加拿大的软件公司，加拿大与我国均为《保护文学艺术作品伯尔尼公约》的成员国，因此，根据《计算机软件保护条例》和《保护文学艺术作品伯尔尼公约》的规定，Flame 软件虽然未在我国登记与销售，同样能得到我国法律的保护。

◆ **经典案例** 11

北京时代光华教育发展有限公司诉华韵影视光盘有限责任公司、北京中基伟业科技发展中心软件著作权侵权案

【案情简介】

《中国名著1200》和《世界名著1300》系北京时代光华教育发展有限公司（以下简称时代光华公司）（原名称为北京时代超越科技发展有限公司，以下简称时代超越公司，2002年2月8日更名为北京时代光华教育发展有限公司）开发的软件，该软件于2002年4月9日在软件认证小组登记，并由北京大学出版社以电子出版物（CD－R）形式出版发行。《中国名著1200》和《世界名著1300》均为5张光盘1套，外包装盒、内包装盒与盘面上均标明“北京时代超越科技发展有限公司制作”“北京大学出版社”字样。

2002年7月24日，声像部职工龙×在未经授权，也未告知所在单位的情况下与华韵影视光盘有限责任公司（以下简称华韵公司）签订涉案光盘复制加工合同书。该合同书中“甲方”记载为声像部，委托加工内容包括《中国名著1－5》1万张×5、《世界名著1－5》1万张×5、《中国名著1－5》和《世界名著1－5》母盘各5张；合同总金额为100 680元；甲方于2002年7月24日前提供CD－R和菲林片，华韵公司于2002年8月4日前送货。该合同仅有龙×个人签名，没有加盖声像部或机械工业出版社公章。

合同签订后，龙×向华韵公司提供了菲林、《中国名著1200》和《世界名著1300》母盘各5张、伪造时代光华公司公章的版权证明。其中，菲林不包含“北京大学出版社”字样和版号，版权证明中的委托数量“100”套被改为“10 000”套。华韵公司于2002年8月2日将其依据该合同复制的光盘送交龙×，该光盘菲林内容与龙×提供的菲林相同，即没有“北京大学出版社”字样和版号；盘芯均有“赠品”字样。其中《中国名著1200》5张光盘盘芯分别蚀刻有SID码：ifpi K210、K210、K204、K205、K204，《世界名著1300》中的5张光盘盘芯分别蚀刻有SID码：ifpi K206、K210、K205、K206、K204。

2003年7月9日，时代光华公司从北京中基伟业科技发展中心（以下简称中基伟业中心）位于北京市海淀购书中心的B－8－607摊位，以108元的价格购得1套《世界名著1300》。其5张光盘盘面上均有“北京大学出版社”字样和版号，盘芯蚀刻的SID码与华韵公司交付龙×的相应光盘上的SID码相同、盘芯均有“赠品”字样。华韵公司认可该光盘盘芯蚀刻的SID码是其公司的识别码；对该光盘盘面标明的“北京大学出版社”字样和版号未作出解释。

中基伟业中心分别于2003年4月7日和8月27日从时代光华公司购进《世界名著1300》7套和5套用于销售。

审理法院依据《计算机软件保护条例》第8条第1款第4项、第5项、第9条、第24条第1款第1项、第2项、第28条，《著作权法》第48条第2款的规定，判决如下：“一、华韵影视光盘有限责任公司未经北京时代光华教育发展有限公司许可不得再复制、发行《中国名著1200》和《世界名著1300》；二、北京中基伟业科技发展中心立即停止销售侵权的《世界名著1300》；三、华韵影视光盘有限责任公司于本判决生效之日一个月内在北京市内一家全国发行的报纸上向北京时代光华教育发展有限公司公开致歉、消除影响；四、华韵影视光盘有限责任公司于本判决生效之日起十日内赔偿北京时代光华教育发展有限公司经济损失八万元；五、北京中基伟业科技发展中心于本判决生效之日起十日内赔偿北京时代光华教育发展有限公司经济损失五百元。”

【案件分析】

根据《计算机软件保护条例》第9条的规定，如无相反证明，在软件上署名的自然人、法人或者其他组织为开发者，软件著作权属于软件开发者。在《中国名著1200》和《世界名著1300》上署名的是时代超越公司，即变更名称前的时代光华公司，华韵公司和中基伟业中心未就署名提供相反证据，因此，时代光华公司作为该二软件的开发者，依法享有该二软件的著作权。任何人未经软件著作权人许可不得擅自复制、发行其软件。

【引以为鉴】

1. 电子出版物复制单位在接受复制委托时，应该与委托单位签署正式的合同并审查相关的授权手续。

依据《电子出版物管理规定》，电子出版物复制单位接受复制委托时，应当要求委托单位提交其主要负责人或者法定代表人签字、盖章的《电子出版物复制委托书》和著作权人的授权证书，并应当与委托单位签订委托复制合同；电子出版物复制单位不得接受个人委托复制电子出版物。涉案软件光盘复制加工合同上仅有龙×个人签字，且声像部和龙×均认可该合同的签订及履行属个人行为，华韵公司又未就此提供反证，故对于华韵公司提出其接受声像部委托复制涉案软件光盘的辩称法院不予支持。

就华韵公司依该合同从事的复制行为，可以认定华韵公司该复制行为并未取得著作权人的授权，也未履行电子出版物复制单位应当履行的必要审查义务，主观上存在过错，侵犯了时代光华公司对该软件享有的复制权。理由如下：(1) 其是接受个人委托进行的电子出版物复制；(2) 其并未取得《电子出版物复制委托书》；(3) 虽然取得了版权证明，但该版权证明存在明显涂改痕迹。但由于华韵公司已将其依据该合同复制的侵权软件光盘全部交付委托方，并未实施发行行为，因此华韵公司没有侵犯时代光华公司对该软件享有的发行权。

现华韵公司认可其仅依据该合同复制了 1 万张涉案软件光盘，并提出其复制的光盘盘面并无“北京大学出版社”字样和版号，但中基伟业中心销售的《世界名著 1300》同样蚀刻有华韵公司的 SID 码，而盘面标有“北京大学出版社”字样和版号，就此华韵公司未能进行合理的解释，也未就 SID 码提供反证，故可以认定华韵公司在合同之外还另有复制行为。

就华韵公司在合同之外另行从事的复制行为，系其在没有签订任何合同，未取得复制委托书，也未取得任何授权的情况下，擅自实施的软件复制行为，主观上具有过错，侵犯了时代光华公司对其软件享有的复制权。

2. 软件销售者应当就其销售的软件的合法来源承担举证责任。

软件销售者应当就其销售的软件有合法来源承担举证责任，否则应承担相应的民事责任。虽然中基伟业中心提供了其从时代光华购进《世界名著

1300》的发货单，但并未就其销售情况充分举证，故不能认定本案中公证购买的《世界名著1300》包含在该发货单中。鉴于中基伟业中心未能就其销售的该侵权软件的来源充分举证，故其应当承担相应的民事责任。

第十条　【合作开发软件的著作权归属】

由两个以上的自然人、法人或者其他组织合作开发的软件，其著作权的归属由合作开发者签订书面合同约定。无书面合同或者合同未作明确约定，合作开发的软件可以分割使用的，开发者对各自开发的部分可以单独享有著作权；但是，行使著作权时，不得扩展到合作开发的软件整体的著作权。合作开发的软件不能分割使用的，其著作权由各合作开发者共同享有，通过协商一致行使；不能协商一致，又无正当理由的，任何一方不得阻止他方行使除转让权以外的其他权利，但是所得收益应当合理分配给所有合作开发者。

◆ **相关法律规定**

《中华人民共和国著作权法》（2010年修正）

第十三条　两人以上合作创作的作品，著作权由合作作者共同享有。没有参加创作的人，不能成为合作作者。

合作作品可以分割使用的，作者对各自创作的部分可以单独享有著作权，但行使著作权时不得侵犯合作作品整体的著作权。

◆ **知识精要**

合作开发是指两个以上的自然人、法人或者其他组织共同进行的开发。共同开发完成的软件作品的著作权的归属如何确定呢？本条给出了明确的处理原则。

实践中，软件的开发涉及很多方面的工作，例如，软件的需求分析、功能设计、算法设计、编程以及测试，这些工作可以是一个人做，也可以是多人合作，相应的合作开发的形式也是多样的：有的合作者提供开发思路、有的合作者提供编程创作、有的合作者提供需求分析、有的合作者提供资金和设备。

在众多的合作者中，如何确定软件著作权的归属？没有参加创作，但提供了设备和资金的合作者能否享有著作权？《著作权法》第 13 条规定，两人以上合作创作的作品，著作权由合作作者共同享有。没有参加创作的人，不能成为合作作者。但是，对于软件作品而言，其开发组织工作较一般的文字作品的创作更为复杂，不仅涉及参与人员的众多，而且对设备、资金的需求较大。因此，如果提供了资金和设备的合作者不能享有合作软件的著作权，显然不利于鼓励软件作品的开发。因此，《计算机软件保护条例》并没有按照《著作权法》的规定将合作开发的组织者和资金提供方等排除在开发者之外，合作开发的软件的著作权的归属由合作开发者签订书面合同约定。

既然合作开发者可以在书面合同中约定软件的著作权，那么合作开发者可以在合同中既可以约定一部分合作者享有著作权，一部分合作者不享有著作权；也可以约定不同的合作者享有不同的软件的著作权。例如：合作开发的软件可以约定一部分合作者仅享有署名权而不享有复制发行权和获得报酬权。

在软件合作开发合同中，著作权的归属是一项重要的内容。涉及著作权的归属问题应该涵盖以下几项内容：

（1）著作权归属于谁？合同中应该明确合作开发的软件的著作权是合作开发者共有还是由部分合作开发者享有？

（2）开发者拥有著作权的具体内容是什么？合同中应该明确拥有著作权的开发者都享有著作权的哪些权利？例如，署名权、使用权、许可他人使用权和销售权。

（3）其他开发者对于合作开发的软件是否还享有其他权利？虽然合同中可以约定合作开发软件的著作权归属于某一开发者，但是对于其他开发者是否还有一定的权利，例如为了宣传的目的进行软件展示的权利或者在自己内部使用的权利。

（4）对于合作开发软件的升级开发的权利是如何约定的？软件开发完成以后即获得了著作权。但是由于随着技术的进步和实际应用需求的变化，任何一个软件开发完成后都不会是一劳永逸的，软件是需要进行升级开发的。

升级开发一方面可以修改以前版本的软件存在的缺陷，另一方面可以根据用户需求的反馈增加软件的功能或者根据技术的进步增加软件对系统软硬件环境的适应性。对于软件升级版本的开发是软件开发者的一种权利。因此，合作开发合同中应该明确软件升级版本开发的权利归属。

需要明确的是，《计算机软件保护条例》明确规定合作开发合同应该通过书面方式签订。如果没有通过书面方式签订，则很难界定清楚著作权的归属，一旦出现纠纷，就更无法证实当初的约定。此种情况下，只能按照无书面合同处理。

没有书面合同的，对于可以分割的软件，开发者对各自开发的部分可以单独享有著作权；但是，行使著作权时，不得扩展到合作开发的软件整体的著作权。这一原则的权利充分尊重了软件开发者的劳动，既保护了软件开发者的权利，符合著作权属于作者的基本版权原则，又限制了分割部分软件的著作权行使范围为仅限于该分割的部分，不能扩展到合作开发的软件整体。

对于不能分割使用的软件，合作开发的软件著作权是依据民法“共有”的原则处理的。共有是两个或者两个以上的人（自然人或者法人）对同一项财产享有所有权。共有的法律特征包括三方面：

（1）共有的主体不是单一的，而是两个或者两个以上的自然人或者法人。两个以上的自然人、法人或者其他组织合作开发的软件著作权的主体符合共有的这一主体特征。

（2）共有的客体是特定的独立的物，共有物在共有关系存续期间，不能分割为各个部分由各个共有人分别享有所有权，而是由各个共有人共同享有其所有权，各个共有人的权利及于共有物的全部。

（3）共有人对共有物平等地享有权利。共有人对于自己的权利的行使并不是完全独立的，在许多情况下要体现全体共有人的意志，要受其他共有人的利益的制约。

按照上述共有的法律特征，《计算机软件保护条例》明确规定，合作开发的软件不能分割使用的，其著作权由各合作开发者共同享有，通过协商一致行使。

对于不能协商一致，又无正当理由的，任何一方不得阻止他方行使除转让权以外的其他权利，但是所得收益应当合理分配给所有合作开发者。这里，法律赋予了软件合作开发者对合作软件的合理使用和获得报酬权，但前提是取得的收益应合理分配给所有合作开发者，并且任何合作方未经其他各方的同意，不得擅自转让合作软件的著作权。这样，既保护了软件合作开发者的个体利益，也维护了合作开发者的群体利益。

◆ **经典案例 12**

北京美兰尼尔电子技术有限公司与
北京安通尼电子技术有限公司著作权纠纷案

【案情简介】

DSI 变电站综合自动化产品系列软件（以下简称 DSI 软件）由李甲久、赵甲民、赵乙武、李乙敏、张甲祥、刘某某、张乙强、王某某、张丙建于 1999 年 9 月开始合作开发。2000 年 1 月 31 日，此九人作为股东成立北京美兰尼尔电子技术有限公司（以下简称美兰尼尔公司），法定代表人为李甲久，企业类型为有限责任公司，营业期限自 2000 年 1 月 31 日至 2040 年 1 月 30 日。该公司成立后继续 DSI 软件的开发工作。

2002 年 2 月 26 日，原美兰尼尔公司召开股东会议，公司全体股东共同签署了《北京美兰尼尔电子技术有限公司股东会会议决议》。决议主要内容为：第一，公司分立为两部分，甲方以李甲久为首 4 名股东，乙方以张甲祥为首 5 名股东；第二，按股份比例划分，公司分立应符合公司法和公司章程的规定，并不得损害现有客户和公司职工的利益；第三，由分立双方各选派两名代表，组成小组共同负责资产清算等事项，3 月 10 日前拿出最终分立方案。

为实施会议决议，甲方（李甲久、赵乙武、赵甲民、李乙敏）与乙方（张丙建、刘某某、王某某、张甲祥、张乙强）于 2002 年 3 月 10 日签订了《北京美兰尼尔公司分割办法》（以下简称分割办法），其中第 2 条规定：“甲、乙双方共享原有的专利、技术、资料、资质（9000 资质除外），双方均可销售原美兰尼尔公司的产品”，该分割办法还规定了双方对共享的技术负有保密义务以及甲方拥有原美兰尼尔公司的名称及无形资产。为确保知识产权共有，双方进行了相互技术文件交接，各自保存一整套完整的技术资料（包括原美兰尼尔公司全部技术资料）。

2002年3月14日，双方签订《关于建立技术、市场、供应、生产等资料档案以及关于售后服务的协议》（以下简称资料档案协议），规定："本协议中提及的产品指2002年3月8日前出售的产品及个别开发未完成的项目包括综自DSI－10系列、DSI－20系列、DSI－30系列、DSI－60系列；技术资料包括产品技术资料、用户工程档案两部分；甲乙双方对该资料具有所有权和使用权"；另在公司分立实施过程中，双方对公司流动资金、固定资产、原材料、半成品按股份比例进行了分割。

2002年3月15日，原美兰尼尔公司全体股东共同签署了《北京美兰尼尔电子技术有限公司第五届第二次股东会决议》。决议主要内容为：（1）刘某某、张丙建、苏某、张甲祥、张乙强5人退出股东会，李丙庆加入股东会。（2）原股东刘某某将其全部出资6万元转让给原股东李甲久；原股东张丙建将其全部出资6万元分别转让给原股东李甲久1.79万元，转让给原股东赵乙武4.21万元；原股东苏某将其全部出资4.95万元分别转让给原股东赵乙武1.815万元，转让给原股东赵甲民3.135万元；原股东张甲祥将其全部出资4.9万元分别转让给原股东赵甲民2.0575万元，转让给原股东李乙敏2.8425万元；原股东张乙强将其全部出资4.85万元分别转让给原股东李乙敏2.35万元，转让给新股东李丙庆2.5万元。（3）解散董事会、监事会，修改公司章程。同日，各股东之间按照该决议第2条签署了《出资转让协议书》。

2002年3月27日，双方签订《付款及市场保障协议书》，约定"经北京美兰尼尔电子技术有限公司全体股东一致同意，决定将公司分立。……甲方作为分立后存续公司的股东，并接受乙方的股权"。该协议还规定，甲、乙双方已形成的文件，包括《北京美兰尼尔电子技术有限公司股东会会议决议（2002年2月26日）》《北京美兰尼尔公司分割办法》《关于建立技术、市场、供应、生产等资料档案以及关于售后服务的协议》等一系列文件"已经经甲、乙双方一致认可，作为本协议的附件，与本协议具有同等的法律效力"。同时，约定由王某某代苏某行使股东权利。

原美兰尼尔公司财产分割后，2002 年 4 月 1 日，甲方在工商行政管理部门作了公司变更登记，股东变更为李甲久、赵乙武、赵甲民、李乙敏、李丙庆。2002 年 4 月 19 日，北京安通尼电子技术有限公司（以下简称安通尼公司）正式注册成立，其股东为刘某某、张乙强、张甲祥、王某某、刘甲利、杜某。安通尼公司成立后，对 DSI 系列软件进行简单修改后在市场上推出了 AST 系列软件。

美兰尼尔公司发现安通尼公司销售 AST 系列软件后，认为 AST 系列软件侵犯了其著作权，于是向北京市海淀区人民法院起诉，要求：（1）安通尼公司立即停止侵害美兰尼尔公司著作权的行为；（2）安通尼公司公开赔礼道歉、消除不良影响；（3）安通尼公司赔偿上诉人经济损失人民币 30 万元；（4）安通尼公司承担美兰尼尔公司因本案支出的诉讼费、律师费等费用。

【争议焦点】

张甲祥等人对合作开发的 DSI 软件是否享有著作权？能否成立安通尼公司继续开发销售 DSI 系列软件。

【案件分析】

在一审庭审过程中，双方对涉案的 DSI 系列软件著作权在开发完成后经全体股东同意归属原美兰尼尔公司的事实均无异议。安通尼公司亦承认其 AST 系列系对美兰尼尔公司的 DSI 系列软件的源程序进行改动后形成，改变源程序的目的主要适应新的载体。

北京市海淀区人民法院判决认为：李甲久、张甲祥等人合作开发 DSI 软件，应被视为该软件的著作权人；在其作为股东成立原美兰尼尔公司后，此作品的著作权经全体股东同意归属原美兰尼尔公司，并以该公司的名义进行必要的检验及销售，该行为未侵犯他人之合法利益，应属有效。但在该公司的分立过程中，有关股东在约定“甲方拥有原美兰尼尔的名称及无形资产”的同时，亦规定双方共有原有的专利、技术、资料、资质（9000 资质除外），并可销售原美兰尼尔公司的产品，根据双方于 2002 年 3 月 14 日订立的协议规定，技术资料包括产品技术资料、用户工程档案两部分，双方对该资料具有所有权和使用权，据此，应视为原美兰尼尔公司的股东在公司分立后对涉案软件的作品使用权作出了新的约定，分立后的股东对此共同享有作品复制权。安通尼公司在原美兰尼尔公司分立后开发 AST 软件系列并对外销售的行为并无不当。现美兰尼尔公司以安通尼公司著作权侵权为由要求该公司承担侵权责任，证据不足，不予支持。海淀区人民法院驳回了原告美兰尼尔公司的全部诉讼请求。

一审判决后，美兰尼尔公司不服，在法定期限内向北京市第一中级人民法院提起上诉。二审法院认为：涉案之 DSI 计算机软件为李甲久、张甲祥等人合作开发，在其成立原美兰尼尔公司后，经全体股东同意，此作品的著作权归属原美兰尼尔公司，该行为未侵犯他人之合法利益，应属有效。后原美兰尼尔公司的股东之间因经营思路产生分歧，全体股东共同签署股东会决议，决定将公司分立为两部分，甲方以李甲久为首 4 名股东（以下简称甲方），乙方以张甲祥为首 5 名股东（以下简称乙方）。在该公司财产分割过程中，甲、乙双方约定共有原有的专利、技术、资料、资质（9000 资质除外），并可销售原美兰尼尔公司的产品；根据双方于 2002 年 3 月 14 日订立的协议规定，技术资料包括产品技术资料、用户工程档案两部分，双方对该资料具有所有权和使用权。据此，应视为甲、乙双方在公司财产分割过程中对涉案软件的著作权作出了新的约定，原美兰尼尔公司全体股东对此共同享有著作权。美兰尼尔公司上诉称原公司不是分立，而是部分股东转让其出资后退出公司。对此本院认为，原美兰尼尔公司全体股东已经对包括涉案软件在内的公司财产分割进行了约定，涉案软件的著作权由甲、乙双方共有的意思表示真实有效，且未违反相关法律规定，法院予以确认。无论原美兰尼尔公司是分立还是股权转让，并不影响涉案软件著作权归属的认定。

原美兰尼尔公司全体股东约定共有涉案软件著作权，故张甲祥、刘某某、张乙强、王某某等四人作为涉案软件的共同著作权人，有权行使该软件的著作权。在其成立安通尼公司后，由安通尼公司继续开发涉案软件并对外销售的行为并无不当之处。美兰尼尔公司以安通尼公司著作权侵权为由要求该公司承担侵权责任，证据不足，不能支持。最后，北京市第一中级人民法院驳回上诉，维持原判。

【引以为鉴】

合作开发的软件的著作权归属可通过协议约定，这种约定受法律保护。企业在分立过程中，股东对于企业的知识产权是可以通过协议约定进行处分的，因此在签署分立协议过程中应谨慎处置知识产权。

《计算机软件保护条例》第10条规定，由两个以上的自然人、法人或者其他组织合作开发的软件，其著作权的归属由合作开发者签订书面合同约定。

本案中DSI变电站综合自动化产品系列软件由李甲久、赵甲民、赵乙武、李乙敏、张甲祥、刘某某、张乙强、王某某、张丙建合作开发。虽然当时没有签订书面合同，但是合作九人作为股东成立北京美兰尼尔电子技术有限公司并由该公司继续DSI软件的开发工作后，视同合作各方达成了一致协议，将此软件的著作权归属原美兰尼尔公司。

后原美兰尼尔公司的股东（DSI系列软件的合作开发者）之间因经营思路产生分歧，全体股东共同签署股东会决议，决定将公司分立为两部分，甲方以李甲久为首4名股东（以下简称甲方），乙方以张甲祥为首5名股东（以下简称乙方）。在该公司财产分割过程中，甲、乙双方约定共有原有的专利、技术、资料、资质（9000资质除外），并可销售原美兰尼尔公司的产品；根据双方于2002年3月14日订立的协议规定，技术资料包括产品技术资料、用户工程档案两部分，双方对该资料具有所有权和使用权。上述约定应视为合作开发者对于合作享有的著作权作出了新的约定，原美兰尼尔公司全体股东对此共同享有著作权，故张甲祥、刘某某、张乙强、王某某等四人作为涉案软件的共同著作权人，有权行使该软件的著作权，在其成立安通尼公司后，由安通尼公司继续开发涉案软件并对外销售的行为并没有侵犯其他合作开发者的软件著作权。

第十一条 【委托开发软件的著作权归属】

接受他人委托开发的软件，其著作权的归属由委托人与受托人签订书面合同约定；无书面合同或者合同未作明确约定的，其著作权由受托人享有。

◆ **相关法律规定**

《中华人民共和国著作权法》(2010 年修正)

第十七条　受委托创作的作品，著作权的归属由委托人和受托人通过合同约定。合同未作明确约定或者没有订立合同的，著作权属于受托人。

《最高人民法院关于审理著作权民事纠纷案件适用法律若干问题的解释》

第十二条　按照著作权法第十七条规定委托作品著作权属于受托人的情形，委托人在约定的使用范围内享有使用作品的权利；双方没有约定使用作品范围的，委托人可以在委托创作的特定目的范围内免费使用该作品。

◆ **知识精要**

委托开发软件是指自然人、法人或者其他组织委托他人根据自己的要求进行软件开发。由于软件开发是一项智力活动，不是每个人都能轻易完成的，需要具备专业技能的人员和有着丰富开发经验的专门人才才能完成。而实践中，有些用户需要在自己特有的业务中使用计算机软件进行处理，这些软件不属于通用软件，需要根据客户的特有需求进行开发。此时，软件的用户通常会委托具有软件开发技能的个人或者企业进行开发，这就产生了软件的委托开发。软件用户为委托人，受委托开发软件的个人或者单位为受托人。

在委托开发过程中，委托人的义务通常是提供并确认软件需求、支付开发费。软件需求是软件开发过程中最重要的和首要的环节。软件应用的目的是解决用户的具体问题，因此，用户对于软件的需求是最有发言权和决定权的。实践中，软件需求分析的好坏决定了该软件是否能够达到开发目的。委托人作为软件的最终用户应该将自己的需求全部向受托人进行介绍，否则，受托人无法开发软件。因此，在委托开发时，委托人提供需求说明是一项非常重要的工作。通常情况下，受托人有义务配合委托人进行需求分析，将委托人的实际需要转化为计算机程序的实现。支付开发费是委托人的另一项重要义务。一般情况下，开发费应该分期支付。因为，委托开发是一项技术性工作，存在着一定的风险。为有效控制风险，委托人最好分期支付开发费，一旦发现风险出现，可以及时终止合同，防止损失的扩大。

由于委托开发是一项复杂的工作，该工作不仅涉及双方的合作配合，还涉及开发周期、开发风险、验收办法、技术指标、测试和维护等许多复杂的环节，因此，委托开发事项最好通过书面方式确定，将委托方和受托方的权利义务逐一明确下来，将来一旦出现纠纷和争议，双方依据合同来分清是非和责任。

委托开发是由委托方立项和发动的，其目的是使用开发成果。因此，委托方对于开发成果是享有使用权的。但是，需要注意的是，委托方不会因出钱开发就自然享有开发成果的知识产权。本条明确规定：接受他人委托开发的软件，其著作权的归属由委托人与受托人签订书面合同约定。既然法律允许当事人双方自有约定，就说明了委托开发软件的著作权不是必然属于委托方，开发软件的著作权也可以属于受托方，或者由委托方和受托方双方共有。法律赋予了当事人可以自由约定委托开发关系中的软件的著作权的归属的权利。这种规定给当事人一个非常大的空间来平衡委托方和受托方之间的利益。例如，如果甲方需要某一个软件，但是甲方的资金却不是很雄厚，不能支付太多的开发费，此时乙方有能力开发甲方需要的软件，但是甲方能够支付的开发费却无法全部负担乙方的开发成本，更谈不上利润。此时，如果甲方需要的软件对于其他客户也有使用价值，具有一定的市场空间，乙方完全可以要求享有开发软件的著作权。如果乙方拥有了软件的著作权，其就可以在市场上向第三方销售该软件取得收入，弥补自己的开发成本和赚取利润。按照上述方案签署委托开发协议后，甲方用很低的成本获得了所需的软件，乙方拥有了一个具有市场前景的软件产品，真正做到了双赢。

对于有书面合同约定的，很容易界定软件著作权的归属，对于没有书面合同或者虽有书面合同但是没有约定著作权归属的情况下，如何界定软件的著作权的归属？本条规定：无书面合同或者合同未作明确约定的，其著作权由受托人享有。这种规定主要是考虑了受托人是软件的实际开发者，是软件真正的智力投资者，符合作者享有其创作的作品的著作权的一般原则，但是这种规定无疑是对委托方不利的，这就提醒委托方在进行软件开发委托时应该充分注意到法律的这一规定，进行软件开发委托时应该签署书面合同并且明确约定著作权归属于委托方。

在委托开发合同没有明确约定著作权的归属致使软件著作权依据条例的规定归属于开发方时，根据《最高人民法院关于审理著作权民事纠纷案件适用法律若干问题的解释》，委托人在约定的使用范围内享有使用作品的权利；双方没有约定使用作品范围的，委托人可以在委托创作的特定目的范围内免费使用该作品。

◆ **经典案例** 13

北京超软科技发展有限责任公司与王××委托开发合同纠纷案

【案情简介】

1998年11月7日，北京超软科技发展有限责任公司（以下简称超软公司）作为甲方，王××、杨×作为乙方签订协议。协议主要约定，双方合作开发一套养成冒险游戏软件《情人节之不见不散》（以下简称《情人节》），甲方提供创意、美工等支持及生产制造、销售等；乙方负责程序开发、脚本策划；海外版权由王××洽谈，双方共同签字情况下方可转让，产品版权归超软公司；产品制作共付乙方人民币9万元，其中王××4万元；如超软公司不按时支付制作费，界时本产品的版权归王××与杨×所有；1998年11月30日完成脚本90%时，付王××人民币1万元；第一测试版出来后付王××、杨×人民币2万元；第二测试版出来后付王××、杨×人民币2万元；产品上市时付王××、杨×人民币2万元；产品上市后30天时，如无引起产品退货的质量问题，再付杨×人民币2万元，否则将抵产品损失；本产品以及其他内容开发最后完成应在1999年2月1日。

合同签订后，超软公司给付王××人民币1万元开发费。1999年1月23日，王××与超软公司签订补充协议约定，1999年1月27日再付王××人民币1万元，《情人节》游戏软件上市前一天和上市当天再付人民币1万元，上市一个月时付清剩余提成。补充协议签订后，超软公司给付王××人民币1万元。1999年1月31日，王××、杨×向超软公司交付了《情人节》游戏软件光盘。1999年2月14日，超软公司在未正式验收的情况下将游戏软件交付出版社出版，上市销售。销售过程中，王××、杨×应超软公司要求提供的《安装有关答疑补充》和“补丁软件”，随《情人节》游戏软件一同提供给顾客。

后因超软公司未按协议约定支付剩余的2万元劳务费，王××将超软公司诉至北京市海淀区人民法院，要求判令：(1) 北京超软公司给付王××技术开发费人民币2万元；(2)《情人节》游戏软件著作权归王××。

1999年4月19日，海淀区人民法院应当事人的请求对《情人节》游戏软件进行现场勘验，勘验笔录载明：“《情人节》游戏软件自动安装完成后，无法继续运行，改为手动安装后正常，可以运行。从游戏中时间9月1日开始运行，至游戏中时间9月10日，没有发生自动跳出游戏情况，勘验进行至当事人双方约定的游戏中时间9月11日结束。”参与勘验的原告王××及其委托代理人贾××、被告的委托代理人刘×均在该笔录上签字表示认可。1999年4月23日，杨×以书面形式声明放弃《情人节》游戏软件的版权及其他权利，不参加本案的诉讼。

【争议焦点】

1. 超软公司未按时支付开发费是否构成违约？

2.《情人节》游戏软件的著作权是否应该归属于王××？

【案件分析】

1. 超软公司未按时支付开发费是否构成违约？

超软公司与王××、杨×之间关于开发《情人节》游戏软件的合同符合委托开发合同的法律特征。本案双方当事人在平等自由的前提下基于真实意思表示所签订的委托开发合同，内容及形式符合法律规定，属有效合同。当事人对合同的约定的权利义务应当全面履行，否则将承担相应的法律责任。

超软公司主张因开发软件存在严重质量缺陷，开发方违约在先，故超软公司有权行使在后履行抗辩权拒付剩余报酬。这一主张不成立。在软件开发领域，软件开发结束及软件交付后，都存在尚需修改的可能，超软公司应对不经验收即将游戏软件交付出版所产生的后果具有预见能力。超软公司为尽快将开发方交付的游戏软件推向市场，疏怠验收职责，不经验收即将游戏软件交付第三方出版，并将王××、杨×交付的《安装有关答疑补充》及“补丁软件”作为产品的一部分提供给消费者，说明超软公司对软件的开发质量已经认可，在此情况下，王××享有获得技术开发费的权利。超软公司未依照软件开发合同及补充协议的约定给付王××技术开发费用属于不适当履行合同义务的违约行为，应承担全部责任。

2.《情人节》游戏软件的著作权是否应该归属于王××?

本案中，超软公司与王××、杨×（共同作为乙方）签订协议，双方合作开发一套养成冒险游戏软件《情人节》，协议明确约定：甲方提供创意、美工等支持及生产制造、销售等；乙方负责程序开发、脚本策划；对于著作权约定为：海外版权由王××洽谈，双方共同签字情况下方可转让，产品版权归超软公司；产品制作共付乙方人民币9万元，其中王××4万元；如超软公司不按时支付制作费，届时本产品的版权归王××与杨×所有。

法院经过对协议的内容进行审查，确认该协议属于委托开发合同性质。对于委托开发的软件著作权的归属，《计算机软件保护条例》第11条明确规定，接受他人委托开发的软件，其著作权的归属由委托人与受托人签订书面合同约定。虽然合同约定版权归超软公司，但由于合同中存在例外约定，即“如超软公司不按时支付制作费，届时本产品的版权归王××与杨×所有”。所以，在超软公司确实存在未按时付费的情况下，则根据合同约定，委托开发的软件应该属于王××和杨×。由于杨×向法院明确表示放弃权利主张，最后，法院按照合同约定判定著作权属于王××。

【引以为鉴】

软件质量以及验收标准应该在委托开发合同中约定明确。

软件开发委托方违约应该承担相应的法律责任。如果合同中没有明确的约定，一般很难界定软件的质量问题。根据软件开发的一般情况，软件开发完成后需要不断修改完善。软件存在一些缺陷并不必然意味着软件质量存在问题。开发工程是否存在质量问题，应以合同约定的技术标准来判断。

本案开发合同未明确开发《情人节》游戏软件的技术标准及验收时间、方法，则应以双方实际履行的程度、后果确定合同双方的真实意思表示以及所应承担的法律责任。王××一方按约定交付了开发成果《情人节》游戏软件，超软公司予以接受，王××作为开发方，其依据合同承担的义务已经履行完毕。

作为委托一方，超软公司实际接受了开发成果软件和对方补充提交的补丁软件及其说明，并委托他人将开发软件予以制作出版，该产品亦上市销售，故应确认合同所涉及的软件已经过超软公司验收，该软件的技术标准超软公司亦已认可。即开发合同实际履行完毕，超软公司理应按照合同约定义务全额支付王××开发费，拒绝支付系违约行为，应按照合同承担相应的法律责任和后果。

第十二条 【国家下达任务开发的软件著作权的归属】

由国家机关下达任务开发的软件，著作权的归属与行使由项目任务书或者合同规定；项目任务书或者合同中未作明确规定的，软件著作权由接受任务的法人或者其他组织享有。

◆ 相关法律规定

《关于加强国家科技计划知识产权管理工作的规定》

六、科技行政管理部门在下达任务书或签订合同时，对涉及国家安全、国家利益和重大社会公共利益的项目，应当明确约定国家对研究成果拥有的权利，并指定机构负责成果及其知识产权的管理，同时保障研究开发人员根据法律法规和政策应当享有的精神权利、奖励和报酬。

十一、国家科技计划项目研究成果及其形成的知识产权，除涉及国家安全、国家利益和重大社会公共利益的以外，国家授予项目承担单位。项目承担单位可以依法自主决定实施、许可他人实施、转让、作价入股等，并取得相应的收益。

◆ 知识精要

国家机关下达任务是指国家机关通过对相关单位下达指令性任务的方式，要求相关单位按照指令性计划要求，完成软件的开发工作。下达指令性任务一般通过项目任务书的方式，项目任务书一般规定软件（项目）的名称、软件的功能需求、开发的时限、验收时间和标准、开发费用、升级维护、下达任务的国家机关和接受任务的开发单位各自的权利义务。项目任务书类似于合同，但由于国家机关具有行政管理职能，其下达开发的软件多属于为了国家安全、行政管理等公共职能的需要，接受任务开发软件的单位多是国有企业、事业单位，双方的关系存在一定的管理与被管理关系、领导与被领导关系，因此，项目任务书与一般的平等主体之间的合同关系存在一定的区别。例如，我国载人航天飞行的科学研究是国家的一项重点工程，其中很多项目涉及软件开发工作。目前，统一协调该项目的主管单位是国防科工委和载人航天办，参与单位包括卫星研究院和火箭研究院等很多单位，这些单位就是接受主管单位的项目任务书开展软件的开发。

随着市场经济的发展，我国开发软件的主体单位逐渐增多，除了国有企、事业单位外，还有大量的民营企业、民办非企业单位，甚至个人也能够完成国家机关下达的软件开发的任务。在这些主体参与国家机关下达任务的项目时，由于其与国家机关并不存在隶属关系，因此，国家机关不可能强行向其下达指令性开发任务，此时，双方之间可以通过合同的方式来明确项目任务。

在这里，国家机关主要是指国家的权力机关（全国人民代表大会和地方各级人民代表大会及其常务委员会）、国家行政机关（国务院及地方各级人民政府）、审判机关（最高人民法院及地方各级人民法院）、检察机关（最高人民检察院及地方各级人民检察院）以及军队、武警系统等。

对于国家机关下达任务开发的软件，著作权的归属与行使由项目任务书或者合同规定。在这里，不仅规定了著作权的归属，还规定了行使著作权的处理。一般情况下，国家机关开发的软件的主要目的是使用，不是销售和推广。所以，即使著作权归属于国家机关，国家机关自己也不会去销售该软件。此时，国家机关可以授权接受任务的单位去行使该项著作权，去推广该软件。当然，对于一些涉及国家机密或者与国家安全相关的重大软件属于国家机密，除国家机关使用外，接受任务的单位不仅不能行使著作权，还得履行保密义务。

按照著作权属于智力成果的创作者的基本精神，同委托开发软件的著作权归属的处理原则一样，项目任务书或者合同中未作明确规定的，软件著作权由接受任务的法人或者其他组织享有。

根据科技部发布的《关于加强国家科技计划知识产权管理工作的规定》，科技行政管理部门在下达任务书或签订合同时，对涉及国家安全、国家利益和重大社会公共利益的项目，应当明确约定国家对研究成果拥有的权利，并指定机构负责成果及其知识产权的管理，同时保障研究开发人员根据法律法规和政策应当享有的精神权利、奖励和报酬。国家科技计划项目研究成果及其形成的知识产权，除涉及国家安全、国家利益和重大社会公共利益的以外，国家授予项目承担单位。项目承担单位可以依法自主决定实施、许可他人实施、转让、作价入股等，并取得相应的收益。

◆ **经典案例** 14

浙江大学诉李××、杭州模易科技开发有限公司计算机软件著作权权属纠纷案

【案情简介】

2004 年 5 月 24 日，浙江省科学技术厅与原告浙江大学签订《浙江省科技计划项目合同书》，约定：面向汽车零部件模具的柔性测量曲面造型系统开发的第一承担单位为浙江大学，合作单位为杭州铁流离合器制造有限公司，项目负责人为李××。被告李××系浙江大学计算机科学与技术学院的职员，其工作单位为浙江大学计算机学院，项目组成员为八名计算机学院职员及两名杭州铁流公司职员，期限为 2004 年 3 月至 2006 年 3 月；项目经费为 325 万元，其中自筹 300 万元。浙江省科学技术厅拨款 25 万元，经费开支预算包括人员费、设备费、能源材料费、设计试验费、信息费、资料费、会议调研费、租赁费、鉴定费等。

2005 年 7 月 13 日，被告李××与被告杭州模易科技开发有限公司（以下简称模易公司）签订《计算机软件著作权转让协议》，约定被告李××将涉案计算机软件著作权转让给被告模易公司，被告模易公司于 2006 年 2 月 17 日获得国家版权局出具的《计算机软件著作权转让合同登记证书》。

2005 年 6 月 3 日，浙江省电子产品检验所出具软件评测报告，对浙江大

学提交的柔性测量曲面造型系统软件进行评测，结论为通过评测。2006 年 6 月 20 日，浙江省科学技术厅出具浙科验字〔2006〕73 号浙江省科技计划项目验收证书，认为浙江大学承担的面向汽车零部件模具的柔性测量曲面造型系统开发项目已完成了合同规定的指标，同意通过验收。

2009 年 3 月 27 日，模易公司向法院起诉李××、浙江大学，诉请确认李××泄露公司商业机密事实及依法追究相关法律责任，停止一切侵权行为，交回违法所得；浙江大学停止继续办理侵权软件的著作权登记手续，交回软件，说明软件来源，赔礼道歉，赔偿损失，承诺不再侵权。

2010 年 4 月 26 日，浙江大学起诉李××、杭州模易科技开发有限公司，请求确认浙江大学是涉案计算机软件（柔性测量曲面造型系统软件）的著作权人。

【争议焦点】

柔性测量曲面造型系统的软件著作权的权利人是谁?

【案件分析】

根据《著作权法》第 17 条的规定，受委托创作的作品，著作权的归属由委托人和受托人通过合同约定，合同未作明确约定或者没有订立合同的，著作权属于受托人。根据《计算机软件保护条例》第 9 条第 1 款、第 12 条的规定，软件著作权属于软件开发者；由国家机关下达任务开发的软件，著作权的归属由项目任务书或者合同规定；项目任务书或合同未作明确规定的，软件著作权由接受任务的法人享有。

浙江省科学技术厅与浙江大学于 2004 年 5 月 24 日签订了《浙江省科技计划项目合同书》，合同书显示浙江大学接受浙江省科学技术厅委托，开发“面向汽车零部件模具的柔性测量曲面造型系统软件”，该项目为重点科研项目，合同未约定该计算机软件的归属。合同签订后，浙江大学组织人员实际履行该合同，开发涉案计算机软件，且该软件通过了浙江省电子产品检验所的评测和浙江省科学技术厅的验收。可见，涉案计算机软件为浙江省科学技术厅下达任务，委托浙江大学进行开发，故在未约定著作权归属的情况下，涉案计算机软件的著作权依法应属受托人也即开发者浙江大学享有。

根据《著作权法》第16条，公民为完成法人工作任务所创作的作品是职务作品，主要利用法人的物质技术条件创作，并由法人承担责任的计算机软件等职务作品，作者享有署名权，著作权的其他权利由法人享有。如前所述，涉案计算机软件系原告浙江大学接受浙江省科学技术厅委托进行开发，被告李××系原告浙江大学的职员，其作为涉案计算机软件开发项目的负责人与另十名项目组成员进行涉案计算机软件开发系在浙江大学的组织下完成工作任务，主要利用浙江大学的物质技术条件创作，涉案计算机软件由浙江大学承担责任，故涉案计算机软件著作权（署名权除外）应由浙江大学而非李××享有。

第十三条　【职务开发的软件的界定和著作权的归属】

自然人在法人或者其他组织中任职期间所开发的软件有下列情形之一的，该软件著作权由该法人或者其他组织享有，该法人或者其他组织可以对开发软件的自然人进行奖励：

（一）针对本职工作中明确指定的开发目标所开发的软件；

（二）开发的软件是从事本职工作活动所预见的结果或者自然的结果；

（三）主要使用了法人或者其他组织的资金、专用设备、未公开的专门信息等物质技术条件所开发并由法人或者其他组织承担责任的软件。

◆ 相关法律规定

《中华人民共和国著作权法》（2010年修正）

第十六条　公民为完成法人或者其他组织工作任务所创作的作品是职务作品，除本条第二款的规定以外，著作权由作者享有，但法人或者其他组织有权在其业务范围内优先使用。作品完成两年内，未经单位同意，作者不得许可第三人以与单位使用的相同方式使用该作品。

有下列情形之一的职务作品，作者享有署名权，著作权的其他权利由法人或者其他组织享有，法人或者其他组织可以给予作者奖励：

（一）主要是利用法人或者其他组织的物质技术条件创作，并由法人或者其他组织承担责任的工程设计图、产品设计图、地图、计算机软件等职务作品；

（二）法律、行政法规规定或者合同约定著作权由法人或者其他组织享有的职务作品。

◆ **知识精要**

本条明确规定了职务开发的软件的界定和著作权的归属问题。

自然人在单位任职期间所开发的软件，如是执行本职工作的结果，即针对本职工作中明确指定的开发目标所开发的，或者是从事本职工作活动所预见的结果或者自然的结果，则该软件的著作权属于该单位。自然人所开发的软件如不是执行本职工作的结果，并与开发者在单位中从事的工作内容无直接联系，同时又未使用单位的物质技术条件，则该软件的著作权属于开发者自己。

职务开发软件等同于《著作权法》第16条的职务作品。需要注意的是，对于其他职务作品的著作权归属问题，著作权法规定了两种不同的处理方式，一种是著作权由作者享有，但法人或者其他组织有权在其业务范围内优先使用。作品完成两年内，未经单位同意，作者不得许可第三人以与单位使用的相同方式使用该作品。另一种是作者仅享有署名权，著作权的其他权利由法人或者其他组织享有，法人或者其他组织可以给予作者奖励。对于软件作品来讲，仅适用于后一种处理方式。

在界定一个软件是否为职务作品时，应考察该软件是否符合下列条件：（1）针对本职工作中明确指定的开发目标所开发的软件；（2）开发的软件是从事本职工作活动所预见的结果或者自然的结果；（3）主要使用了法人或者其他组织的资金、专用设备、未公开的专门信息等物质技术条件所开发并由法人或者其他组织承担责任的软件。

第（1）个条件是指单位明确立项或者安排资源所进行的开发活动。例如金山公司安排WPS项目组开发WPS办公软件，那么最后开发完成的WPS

软件就是 WPS 项目组所有成员针对本职工作中明确指定的开发目标所开发的软件。实践中，任何一家软件公司都不是盲目开发软件，每家公司均专注于某一领域，如微软公司侧重于操作系统和办公软件的开发，用友公司侧重于财务和管理软件的开发。因此，一个服务于软件公司的雇员，其开发活动不可能是盲目的，其必须服从于公司的开发目标。因此，界定本职工作中明确指定的开发目标是比较容易的。当然，作为公司知识产权管理，公司应该建立立项管理制度，保留任务书、立项书等必要的书面文件，一旦出现软件著作权归属纠纷时，公司可以举出充分的证据来证明争议的软件是否为工作中明确指定的开发目标所开发的软件。

第（2）个条件是指虽然没有明确的开发目标，但是该职员的工作任务的完成必然导致一个软件的诞生。此时完成的软件的著作权应属于公司。例如，在一家调查分析公司，需要对数据进行统计和分析，如果公司安排某一员工借助于计算机进行统计和分析，为了完成利用计算机进行统计和分析的任务，该员工不可避免地进行必要的开发和编程活动，如果最后开发了一个软件并且利用该软件完成了本职工作，则该软件的著作权应该归属于公司。

第（3）个条件包含两个要件，每个要件缺一不可。第一个要件是利用了单位的资金、专用设备、未公开的专门信息，这里利用单位的专用设备和专门信息应该是指无偿利用。如果职员自己开发软件时使用了上述设备和信息，但是支付了使用费，则不满足上述要件。第二个要件是由单位承担责任。大家知道，作为一个软件完成以后，无论是否发表，软件著作权人都应对该软件承担以下责任。

（1）软件著作权人应该保证该软件没有侵犯任何第三方的知识产权，否则，该软件可能构成侵权，软件著作权人应该承担相应的法律责任。权利和义务在任何情况下均是对等的。如果单位只享有权利而不愿意承担责任，则对社会公众和开发者是不公平的，因此，单位享有著作权的前提是必须对软件的权利瑕疵承担责任。

（2）软件著作权人应该对软件的缺陷修改、技术支持和售后服务承担责任。软件作为一个实用工具，大多数是在市场上进行销售。当用户购买到软件产品时，需要有人就软件的质量、使用咨询和技术支持承担责任。如果没有人承担责任，软件可能无法正常使用，这样对于消费者是不公平的。因此，软件的权利人应该对软件的质量提供保证，当然软件的权利人也可以授权或者委托他人提供质量保障服务。

综上，如果一个员工虽然利用了单位的资金、专用设备、未公开的专门信息开发了软件，但是如果该单位不愿意对该软件承担责任，则该软件的著作权仍不能归属于单位，而是属于个人。此种情况下，应该取得单位明确表示不承担责任的书面文件，否则，一旦引起纠纷，很难说得清。

需要强调的是，是否为职务作品，只要满足上述三个条件中的一个即可。

另外，本条规定了法人或者其他组织可以给予作者奖励。在这里需要注意的是，奖励作者并不是单位的一种法定义务，作者不可援引此条强迫单位对自己进行奖励。对于开发人员是否奖励，属于企业自主经营权。这里谈到的奖励只是一种提倡，没有实质强制性的法律意义。

◆ **经典案例 15**

云南官房电子科技有限公司与余×计算机软件著作权权属纠纷案

【案情简介】

余×于2000年在云南阳光糖业有限公司工作，从事糖厂管理系统软件的开发业务。糖厂管理系统软件开发出来后，曾在云南凤庆糖业有限公司下属的营盘糖厂推广使用。之后，余×离开云南阳光糖业有限公司，于2002年6月进入云南官房电子科技有限公司（以下简称官房公司）工作。2002年7月19日，官房公司与云南蒙自恒翔糖业有限公司（原蒙自糖厂，以下简称蒙自糖业公司）签订了一份《商品购销合同书》，约定官房公司为蒙自糖业公司开发糖厂综合信息管理系统。合同签订后，官房公司指派公司软件部经理及技术人员陈平和余×等利用官房公司的物质技术条件承担合同项下的软件开发工作。2003年1月17日，余×向原告官房公司请假一个月后离开公司，同时带走了蒙自糖业公司糖厂综合信息管理系统的软件源程序。余×与官房公司为该软件源程序的所有权产生纠纷，官房公司遂诉至法院。

官房公司诉称：2002年7月19日，原告与云南蒙自糖业公司签订了计算机网络工程建设合同，约定原告为蒙自糖业公司开发糖厂综合信息管理系统。合同签订后，原告指派公司软件部经理及技术人员陈平、余×（本案被告）等利用原告的物质技术条件承担合同项下的软件开发工作。2002 年 12 月，部分软件工作完成，投入糖厂试运行。鉴于软件工作尚未全部完成，且在试运行过程中所出现的问题，原告命被告及其他开发人员继续该项工作。2003 年 3 月被告提出辞职，主张其在以上软件开发工作中所承担开发的软件应归其所有，其本人是该部分软件的著作权人，其擅自持有该软件，拒不交还原告。被告的行为严重侵犯了原告拥有的软件知识产权。据此，请求人民法院：（1）确认原告为蒙自糖业公司糖厂综合信息管理系统软件的著作权人；（2）判令被告返还蒙自糖业公司糖厂综合信息管理系统软件；（3）判令被告消除影响、公开赔礼道歉和赔偿原告经济损失30 000元；（4）判令被告承担本案诉讼费、鉴定费等相关费用。

被告余×答辩称：（1）原告对蒙自糖厂综合信息管理系统软件不享有著作权，该系统软件是被告在进入原告公司前开发的软件基础上形成，已经在其他糖厂使用过。原告的软件是复制被告在进入原告公司前开发的软件，原告对该软件不具有独创性，这个软件与被告开发的软件没有实质区别，原告对该软件不享有著作权。（2）该软件不构成原告主张的职务作品。因此，原告主张的诉讼请求缺乏事实和法律依据，请求法院驳回原告的诉讼请求。

【争议焦点】

1. 原告是否享有蒙自糖业公司糖厂综合信息管理系统软件的著作权？

2. 被告是否应当返还原告该综合信息管理系统软件并承担相应民事责任，如何承担？

【案件分析】

《著作权法》第 16 条第 2 款规定，主要是利用法人或者其他组织的物质技术条件创作，并由法人或者其他组织承担责任的计算机软件等职务作品，作者享有署名权，著作权的其他权利由法人或者其他组织享有，法人或者其他组织可以给予作者奖励。《计算机软件保护条例》第 13 条也规定，自然人在法人或者其他组织中任职期间，针对本职工作中明确指定的开发目标所开发的软件，该软件著作权由该法人或者其他组织享有，该法人或者其他组织可以对开发软件的自然人进行奖励。

本案中，被告余×作为原告的职员，接受原告的指派，为完成原告对蒙自糖业公司开发糖厂综合信息管理系统工程，主要利用了原告的物质条件从事软件开发，由此所开发出来的蒙自糖业公司糖厂综合信息管理系统软件应为职务作品，原告官房电子公司对该软件享有除署名权外的软件著作权的其他权利。

虽然被告认为其在进入原告公司工作前已经持有了糖厂综合系统管理软件，蒙自糖业公司糖厂综合信息管理系统软件是在其所持有的软件的基础上稍加改进而来的；但是，一方面，被告在为原告从事开发糖厂系统软件时，双方并没有就软件的著作权进行约定；另一方面，蒙自糖业公司糖厂综合信息管理系统软件即便如被告所述，是在被告所持有的原来的糖厂管理系统软件基础上改进的，也说明蒙自糖厂系统软件是根据蒙自糖业公司的具体生产经营情况对原有的糖厂管理系统软件进行改编而形成新的糖厂系统软件。《著作权法》第 12 条规定："改编、翻译、注释、整理已有的作品，其著作权由改编、翻译、注释、整理人享有……"如前所述，被告对原有糖厂管理系统软件进行改编的行为属职务行为，因此，作为改编作品的蒙自糖厂系统软件的著作权应为原告享有。

第十四条　【软件著作权保护期限】

软件著作权自软件开发完成之日起产生。

自然人的软件著作权，保护期为自然人终生及其死亡后 50 年，截止于自然人死亡后第 50 年的 12 月 31 日；软件是合作开发的，截止于最后死亡的自然人死亡后第 50 年的 12 月 31 日。

法人或者其他组织的软件著作权，保护期为 50 年，截止于软件首次发表后第 50 年的 12 月 31 日，但软件自开发完成之日起 50 年内未发表的，本条例不再保护。

◆ **相关法律规定**

《中华人民共和国著作权法》（2010 年修正）

第二十一条　公民的作品，其发表权、本法第十条第一款第（五）项至第（十七）项规定的权利的保护期为作者终生及其死亡后五十年，截止于作者死亡后第五十年的 12 月 31 日；如果是合作作品，截止于最后死亡的作者死亡后第五十年的 12 月 31 日。

法人或者其他组织的作品、著作权（署名权除外）由法人或者其他组织享有的职务作品，其发表权、本法第十条第一款第（五）项至第（十七）项规定的权利的保护期为五十年，截止于作品首次发表后第五十年的 12 月 31 日，但作品自创作完成后五十年内未发表的，本法不再保护。

电影作品和以类似摄制电影的方法创作的作品、摄影作品，其发表权、本法第十条第一款第（五）项至第（十七）项规定的权利的保护期为五十年，截止于作品首次发表后第五十年的 12 月 31 日，但作品自创作完成后五十年内未发表的，本法不再保护。

◆ **知识精要**

本条规定了软件著作权保护的起点和期限。

一般来讲，一个作品只有创作完成并固定下来才能享有著作权。如果一个软件一直处于开发状态中，其最终的形态并没有固定下来，则通过著作权法无法对其进行保护。因此，本条明确规定软件著作权自软件开发完成之日起产生。当然，现在的软件开发经常是一项系统工程，一个软件可能会有很多模块，而每一个模块能够独立完成某一项功能，一般情况下各个模块是单独开发的，在这种情况下，有可能会出现，一些单独的模块已经开发完成，但是整个软件却没有开发完成。此时，那些单独的模块是否有著作权呢？答案是肯定的，我们可以把这些模块单独看作一个独立软件，自该模块开发完成后就产生了著作权。

软件的创作完成后，一般都要发表。当软件的开发者把软件公之于众后，就说明该软件已经开发完成并且固定在有形介质上，否则，公众是无法看到该软件的。因此，实践中经常将发表日期推定为开发完成日期。但开发完成日期与发表日期是两个完全不同的时间点。

本条明确规定了软件著作权的保护期限为50年。50年保护期满后，该软件就进入了公有领域，任何人均可自由地使用和复制该软件，软件权利人无权在限制他人使用和收取任何报酬。这种规定对于促进科技进步，鼓励知识的传播具有积极的意义。

软件著作权50年的保护期限是如何计算的呢？本条区分了自然人和法人两种情况。对于自然人来讲，50年的起算点是自然人死亡后开始起算，截止于自然人死亡后第50年的12月31日；软件是合作开发的，截止于最后死亡的自然人死亡后第50年的12月31日。对于法人来讲，50年的起算点为软件首次发表日，截止于软件发表后第50年的12月31日，但软件自开发完成之日起50年内未发表的，本条例不再保护。

◆ **经典案例16**

上海大儒税务师事务所有限公司、上海大儒网络技术有限公司与王×计算机软件著作权权属纠纷案

【案情简介】

上海大儒税务师事务所有限公司（以下简称大儒税务公司）成立于2006年5月24日，上海大儒网络技术有限公司（以下简称大儒网络公司）成立于2006年8月10日，两公司法定代表人均为张××。2005年10月30日，张××投资的另一公司招聘王×进入该公司工作。

2007年2月1日，大儒税务公司与王×签订《劳动合同》，有效期自2007年2月1日至2009年2月1日，约定大儒税务公司聘用王×在软件部门担任软件（网站）工作，每月工资3800元，双方应另行签订《保密协议》作为合同附件。合同第8.2条约定，王×在大儒税务公司工作时期，所作的劳动成果如：研究成果、评估报告、审计报告、网站、程序、软件、流程图、电子版权等所有权归大儒税务公司所有。合同第8.3条约定，本合同的履行将产生与大儒税务公司业务运营有关的发明、发现、创新等智力成果，包括产品、方法或其改进，产品外观设计，技术或经营信息，文学、科学、艺术

作品，例如网站设计、程序、软件、流程图、电子版权以及有关的研究成果、评估报告、审计报告，知识产权权利归属全部归大儒税务公司所有；王×在被聘用期间所产生、构思、知晓或实施的任何与大儒税务公司的业务运营有关的智力成果，不论是独自还是合作完成，都应及时全面地向大儒税务公司公开或让大儒税务公司知悉。除了履行此合同，王×不得使用上述智力成果；双方确认，除非另有书面约定，王×在大儒税务公司聘用期间，上述智力成果是王×履行职务或者主要是利用大儒税务公司的物质技术条件、业务信息等产生，其中包含的发明创造、作品、计算机软件、技术秘密或其他商业秘密信息等有关知识产权均归属于大儒税务公司享有；王×应当依大儒税务公司的要求，提供必要的信息和实施必要的行为，包括申请、注册、登记等，以协助大儒税务公司取得、行使和保护有关的知识产权；造成大儒税务公司损失的，王×应全额赔偿大儒税务公司的损失，并处以3倍于王×在大儒税务公司所有所得金额的罚金。

2007年3月15日，大儒税务公司与王×签订《项目开发承包服务协议》，约定王×根据大儒税务公司签发的项目工作任务单完成大儒税务公司指派的相关任务，王×享有开发承包收入，报酬待遇约定按大儒税务公司开出项目开发任务单进行结算，大儒税务公司确保王×每年2万元的任务指标。协议第5条内容同《劳动合同》第8.3条。协议第7条约定，本协议有效期为1年，届时合同期满，若双方对合同条款均无异议，合同自动延长；若部分条款需调整，经双方协商同意后，签订补充条款作为本协议的补充。

2009年1月23日，大儒税务公司与王×签订《劳动合同》，有效期自2009年2月1日至2010年2月1日，约定大儒税务公司聘用王×在计算机部门担任计算机软件项目开发工作，每月工资3800元，双方应另行签订《保密协议》作为合同附件。2009年《劳动合同》第8.2条和第8.3条同2007年《劳动合同》相应条款。

2010年1月31日，张××出具《劳动合同补充》一份，称“我公司与王×签订的2009年劳动合同同意按合同条款延长一年”。

2010年5月31日，张××出具《项目承包协议补充》一份，称“我公司与王×签订2009年度项目承包协议，同意按合同约定延长一年，在原有的基础上最低增长1万元整”。

2011年1月29日，大儒网络公司与王×签订《劳动合同》，有效期为2005年10月30日至无固定期限，约定大儒网络公司聘用王×在软件部门担任网站、程序、软件、流程图开发工作，每月工资3800元，双方应另行签订《保密协议》作为合同附件。2011年《劳动合同》第8.2条同2007年《劳动合同》相应条款。2011年《劳动合同》第8.3条在2007年《劳动合同》相应条款内容基础上，另增加内容“王×独自完成与大儒网络公司业务运营无关的智力成果，作为大儒网络公司的员工，王×必须告知大儒网络公司，大儒网络公司同意或不同意共同开发的，可与王×书面约定，未进行书面约定的智力成果视作大儒网络公司享有的智力成果”“对王×的智力成果大儒网络公司应给予奖金奖励”。

同日，大儒网络公司与王×签订《项目开发承包服务协议》，约定王×根据大儒网络公司签发的项目工作任务单完成大儒网络公司指派的相关任务，王×享有开发承包收入，报酬待遇约定按大儒网络公司开出项目开发任务单进行结算，大儒网络公司确保王×每年3万元的任务指标。同日，大儒网络公司与王×签订《保密协议》。同日，大儒网络公司与王×订立《软件专利开发费用支付说明及相关说明》，称“2010年，公司承诺已支付2万元整，剩余2万元整公司承诺在2011年6月30日前支付完毕。王×承诺在公司5年期间开发的软件专利，在未完成申请专利前，保证其个人开发的软件版权在2011年12月31日前不进行申请，公司可以优先收购软件版权。王×承诺个人开发的软件与公司申请的软件专利没有相关性”。

自2007年3月至2010年12月（共计46个月），两公司每月支付王×工资。此外，两公司还于2008年4～12月支付王×16 400元，于2009年1～12月支付2万元，2010年度支付4万元，上述三笔共计76 400元。两公司在聘用王×期间从未向王×签发过项目工作任务单。2012年3月起，双方发生劳动争议，王×辞职。两公司于2012年5月就系争软件进行了著作权登记，著作权人为两公司。两公司确认，该登记审查仅要求提交设计说明书及60页源代码，并未实际运行系争软件。

审理中，两原告提供了系争软件设计说明书、前30页源代码、后30页源代码，证明王×于2010年10月18日仅向两原告交付了上述不完整的材料。王×称，上述材料系王×在2010年10月以学习为目的在家写的文章，部分源代码是临时拼凑的；在双方协商签订2011年《劳动合同》等协议之前，王×曾将上述材料复制在U盘上在张××的电脑上打开给张××看，张××借故支开王×后非法复制并取得了上述材料。两原告还提供了“我的首页”软件平台、“大儒税务师事务所”网上服务平台的部分操作界面、大儒信息平台、“会员通用管理系统”说明文档（部分）、“系统业务分析”“通用业务服务处理系统”模块功能逻辑说明及流程示意图描述文档（部分）、“商业数据保护系统”开发说明文档（部分）、“模板单元描述”，旨在证明上述软件和文档均是王×在两原告处的工作成果，是系争软件的雏形。王×认可上述软件和文档均是王×在两原告处的工作成果，但不认可是系争软件的雏形。2013年6月3日，两原审原告增加诉讼请求，要求判令王×赔偿其系争软件著作权金额205万元，并提供上海大华资产评估有限公司出具的《Website业务流应用信息管理系统著作权价值评估报告书》一份，证明系争软件著作权的市场公允价值为205万元。

【争议焦点】

系争“Website业务流应用信息管理系统”是否已开发完成并已产生相应的著作权？

【案件分析】

1. 关于系争软件的著作权归属的约定。

两原告与王×之间曾经存在劳动合同关系，王×在两原告处工作期间从事软件的开发设计工作。庭审中，王×认可“我的首页”软件平台、“大儒税务师事务所”网上服务平台的部分操作界面、大儒信息平台、“会员通用管理系统”说明文档（部分）、“系统业务分析”、“通用业务服务处理系统”模块功能逻辑说明及流程示意图描述文档（部分）、“商业数据保护系统”开发说明文档（部分）、“模板单元描述”均是王×在两原告处工作期间完成的工作成果。上述软件和文档也是基于Website的业务流应用，在功能上与王×交与两原告的系争软件设计说明书、前30页源代码和后30页源代码相关。

根据双方所签订的一系列合同约定，王×在两原告处工作时期所作的劳动成果所有权归原告所有；产生与公司业务运营有关的智力成果的知识产权全部归原告所有；王×独自完成与公司业务运营无关的智力成果，王×必须告知原告，原告同意或不同意共同开发的，可与王×书面约定，未进行书面约定的智力成果视作原告享有的智力成果。根据查明的事实，在2011年1月29日签订《软件专利开发费用支付说明及相关说明》之前，王×已将系争软件设计说明书、前30页源代码和后30页源代码交予原告，根据该份协议的约定可以看出，若王×个人开发的软件与上述设计说明书、前30页源代码和后30页源代码没有相关性，则原告享有软件版权的优先购买权，即该软件版权归属王×，反之则该软件版权归属原告。

因此，若系争软件已开发完成，并且与王×已交付的设计说明书、前30页源代码和后30页源代码相关，则其著作权应归属于两原告。

2. 关于系争软件是否开发完成并产生著作权。

计算机软件包括：(1) 计算机程序，即为了得到某种结果而可以由计算机等具有信息处理能力的装置执行的代码化指令序列，或者可以被自动转换成代码化指令序列的符号化指令序列或者符号化语句序列。(2) 有关文档，即用来描述程序的内容、组成、设计、功能规格、开发情况、测试结果及使用方法的文字资料和图表等。两原告诉请所要求确认其享有著作权的是“Website业务流应用信息管理系统”。根据该软件说明书的描述，“Website业务流应用信息管理系统”是一套适合任意行业的基于Web站点的业务流系统，其提供唯一公用空间和不受限制个数专用空间的创建、管理，提供业务流程的自主定制、管理等功能，且具有如下定制项目：业务用户组、业务处理规则、业务处理内容、业务操作界面、业务角色、业务输出模块、数据模块等。可见，两原告所要求确认著作权的是一套能够基于WebSite技术采用动态定制的数据模板对系统中的各种数据进行备份及处理的信息处理系统。关于该软件，目前仅有设计说明书及60页源代码，没有任何证据证明系争软件已开发完成。首先，两原告虽然将系争软件进行了著作权登记，但该登记审查仅要求提交设计说明书及60页源代码，并未实际运行系争软件，故两原告取得系争软件著作权登记证书并不能证明系争软件已开发完成。其次，在

2010年12月以前，双方尚未产生劳动争议，两原告也按约向王×支付工资和软件开发报酬，假如系争软件已开发完成，两原告应当要求王×交付完整的智力成果；现两原告在收到系争软件设计说明书及60页源代码后，仍在2011年1月29日的《软件专利开发费用支付说明及相关说明》中承诺支付王×软件开发报酬，据此，也不能证明签订该份协议之时系争软件已开发完成。(3) 原告称，王×将系争软件设计说明书及部分源代码交给原告后继续对系争软件进一步完善，并于2011年12月将以系争软件为基础的网站进行了展示，对此原告并无相应证据予以证明。

计算机软件著作权自软件开发完成之日起产生，因系争软件尚未开发完成，故系争软件著作权尚未产生。由于版权局在版权登记时仅作形式审查，两原告也确认上述系统软件未曾实际运行，故两原告主张该系统软件已实际开发完成，缺乏相应证据予以证实。因此，法院对两公司要求确认“Website业务流应用信息管理系统”软件著作权归其所有的诉讼请求予以驳回。

第十五条 【软件著作权的继承和继受】

软件著作权属于自然人的，该自然人死亡后，在软件著作权的保护期内，软件著作权的继承人可以依照《中华人民共和国继承法》的有关规定，继承本条例第八条规定的除署名权以外的其他权利。

软件著作权属于法人或者其他组织的，法人或者其他组织变更、终止后，其著作权在本条例规定的保护期内由承受其权利义务的法人或者其他组织享有；没有承受其权利义务的法人或者其他组织的，由国家享有。

◆ **相关法律规定**

《中华人民共和国著作权法》(2010年修正)

第十九条 著作权属于公民的，公民死亡后，其本法第十条第一款第（五）项至第（十七）项规定的权利在本法规定的保护期内，依照继承法的规定转移。

著作权属于法人或者其他组织的，法人或者其他组织变更、终止后，其本法第十条第一款第（五）项至第（十七）项规定的权利在本法规定的保护期内，由承受其权利义务的法人或者其他组织享有；没有承受其权利义务的法人或者其他组织的，由国家享有。

《中华人民共和国继承法》

第三条　遗产是公民死亡时遗留的个人合法财产，包括：

（一）公民的收入；

（二）公民的房屋、储蓄和生活用品；

（三）公民的林木、牲畜和家禽；

（四）公民的文物、图书资料；

（五）法律允许公民所有的生产资料；

（六）公民的著作权、专利权中的财产权利；

（七）公民的其他合法财产。

◆ **知识精要**

本条规定了自然人享有的软件著作权的继承和法人等单位享有的软件著作权的继受问题。

一、软件著作权的继承问题

所谓继承是公民死亡后，其遗产按照法律规定归属于特定的自然人或者法人或者其他组织。继承分为法定继承和遗嘱继承。

法定继承确定遗产按照下列顺序继承：

第一顺序：配偶、子女、父母。

第二顺序：兄弟姐妹、祖父母、外祖父母。

继承开始后，由第一顺序继承人继承，第二顺序继承人不继承。没有第一顺序继承人继承的，由第二顺序继承人继承。第一顺序中的子女，包括婚生子女、非婚生子女、养子女和有扶养关系的继子女，父母，包括生父母、养父母和有扶养关系的继父母。同一顺序继承人继承遗产的份额，一般应当均等。

遗嘱继承是指公民依法立遗嘱处分个人财产，并可以指定遗嘱执行人。

公民可以立遗嘱将个人财产指定由法定继承人的一人或者数人继承。公民可以立遗嘱将个人财产赠给国家、集体或者法定继承人以外的人，这种情况叫作遗赠。

继承开始的时间是从被继承人（财产所有人）死亡时开始。对于被继承的遗产，《继承法》第 3 条明确规定，遗产是公民死亡时遗留的个人合法财产，包括：

（一）公民的收入；

（二）公民的房屋、储蓄和生活用品；

（三）公民的林木、牲畜和家禽；

（四）公民的文物、图书资料；

（五）法律允许公民所有的生产资料；

（六）公民的著作权、专利权中的财产权利；

（七）公民的其他合法财产。

因此，作为公民的合法财产——软件著作权也属于遗产内容之一。本条正是依据《继承法》的规定确立的。

在软件著作权中，包括财产权和人身权两部分。其中人身权包括发表权、署名权、修改权；财产权包括复制权、发行权、出租权、信息网络传播权、翻译权等权利。在著作权中，人身权是具有人身性质的权利，与作者的特定的人身密不可分，具有专属性，永远属于作者本人，并不因作者的死亡而消失。在大陆法系国家中，不论是德国、法国，还是日本，都坚持著作人身权属于著作权人享有，不可转让，不可剥夺。我国《著作权法》第 19 条规定了可继承的著作权不包括署名权、发表权、修改权和保护作品完整权，体现了我国著作权法认为人身权不可转让的原则性。这一原则确立的基本法理是人身利益不能作为商品进入流通领域，不能成为交易对象。

但是，本条例考虑到软件作品的特殊性，大多数软件作品产生的目的是向人们提供一种解决问题的工具，是人们从物质角度去使用，而不是从精神角度去享受，因此，其人身权利的属性不像其他文字作品那样强。所以，本条例在规定软件著作权的继承时，仅将署名权剔除在外，保留了发表权和修改权。事实上，对于一个软件，继承人只有继承了发表权和修改权，才能够实现软件著作权的财产价值，否则，从财产角度上，继承一个软件著作权没有实际意义。

二、法人或者其他组织的软件著作权的继受

本条例规定，软件著作权属于法人或者其他组织的，法人或者其他组织变更、终止后，其著作权在本条例规定的保护期内由承受其权利义务的法人或者其他组织享有；没有承受其权利义务的法人或者其他组织的，由国家享有。

法人是具有民事权利能力和民事行为能力，依法独立享有民事权利和承担民事义务的组织。法人的民事权利能力和民事行为能力，从法人成立时产生，到法人终止时消灭。法人分为企业法人、机关、事业单位和社会团体法人。法人应当具备下列条件：（1）依法成立；（2）有必要的财产或者经费；（3）有自己的名称、组织机构和场所；（4）能够独立承担民事责任。法人终止，应当依法进行清算，停止清算范围外的活动。

企业法人分立、合并时，它的权利和义务由变更后的法人享有和承担。企业法人由于下列原因之一终止：（1）依法被撤销；（2）解散；（3）依法宣告破产。企业法人解散，应当成立清算组织，进行清算。企业法人被撤销、被宣告破产的，应当由主管机关或者人民法院组织有关机关和有关人员成立清算组织，进行清算。机关、事业单位和社会团体法人也会因合并、主办单位撤销等原因而消亡。

法人或者其他组织无论是合并、分立还是清算终止，都会存在权利继受人。在正常解散注销的情况下，其法人或财产的继受主体无一例外是法人或者其他组织的投资者、主办方，作为法人或者其他组织的财产内容之一的软件著作权也应有投资者、主办方继受或者处置。如果法人或者其他组织因合并到其他法人或者组织中而消亡，则原有的权利义务也应一并合并到其法人或者组织中，这样，软件著作权则应由合并后的法人或者其他组织继续享有。如果法人因破产而清算，则软件著作权可作为破产财产进行清算，清算的后果或者是软件著作权被拍卖还债，或者是直接抵给债权人。

事实上，作为法人或者其他组织的软件著作权的继受主体不仅包括法人或者其他组织，而且包括自然人，例如自然人投资的拥有软件著作权的企业在清算注销时，自然人股东有权继受该企业的软件著作权。作为一家拥有软件著作权的企业破产清算时，该企业的自然人债权人也可能继受该企业的软件著作权。在法人或者其他组织的软件著作权继受过程中，有可能会有两个以上的主体共同继受一个软件的著作权，这样就会产生软件著作权的共有问题，共有的权力如何行使和处置，共有人可依据本条例的规定进行约定和处分。

◆ **经典案例** 17

中文之星软件著作权的继受

【案情简介】

中文之星超级中文系统软件（以下简称中文之星）V1.1、中文之星V1.2、中文之星V1.3、中文之星V1.3A、中文之星V2.0、中文之星V2.0+等6个版本是北京市海淀新天地电子信息技术研究所开发并拥有软件著作权的，其中中文之星V1.1、中文之星V1.2、中文之星V2.0+三个版本在中国软件登记中心进行了注册登记。北京方正新天地软件科技有限责任公司为北京市海淀新天地电子信息技术研究所的子公司，经授权，在中文之星V2.0+的基础上，开发了中文之星V2.5、中文之星V2.97两个版本。

北京中文之星软件开发有限公司是由北京市海淀新天地电子信息技术研究所和北京方正新天地软件科技有限责任公司部分股东新注册成立的公司，经三方协商，北京市海淀新天地电子信息技术研究所和北京方正新天地软件科技有限责任公司两方同意将中文之星上述各个版本的著作权全部转让给北京中文之星软件开发有限公司，后者通过协议转让，获得了中文之星V1.1、中文之星V1.2、中文之星V1.3、中文之星V1.3A、中文之星V2.0、中文之星V2.0+、中文之星V2.5、中文之星V2.97的软件著作权。

2000年4月，北京中文之星软件开发有限公司由内资企业改制为外商独资企业，公司原有股东将其全部股份转让给了BVI的Chinese Star Cyber Holding Limited。公司改制的同时，公司名称也变更为北京中文之星数码科技有限公司。

【争议焦点】

北京中文之星数码科技有限公司是否享有中文之星 V1.1、中文之星 V1.2、中文之星 V1.3、中文之星 V1.3A、中文之星 V2.0、中文之星 V2.0 +、中文之星 V2.5、中文之星 V2.97 的著作权?

【案件分析】

根据《计算机软件保护条例》第 15 条的规定,软件著作权属于法人或者其他组织的,法人或者其他组织变更、终止后,其著作权在本条例规定的保护期内由承受其权利义务的法人或者其他组织享有。

北京中文之星软件开发有限公司是独立于股东之外享有独立法人地位的企业,该公司的股东变更、企业性质变更以及公司名称变更,都不能影响其法人地位的延续性,因此,北京中文之星软件开发有限公司变更后,北京中文之星数码科技有限公司对于中文之星著作权,在著作权保护期内继续享有。

第十六条　【软件的合法复制品所有人的权利】

软件的合法复制品所有人享有下列权利:

(一)根据使用的需要把该软件装入计算机等具有信息处理能力的装置内;

(二)为了防止复制品损坏而制作备份复制品。这些备份复制品不得通过任何方式提供给他人使用,并在所有人丧失该合法复制品的所有权时,负责将备份复制品销毁;

(三)为了把该软件用于实际的计算机应用环境或者改进其功能、性能而进行必要的修改;但是,除合同另有约定外,未经该软件著作权人许可,不得向任何第三方提供修改后的软件。

◆ **知识精要**

本条规定了软件的合法复制品所有人所享有的权利。

软件合法复制品所有人,是指向软件权利人或者其许可的经销商购买、接受权利人赠予、许可正版软件复制品的自然人、法人等民事主体,即正版计算机软件复制品的所有人。这里的合法，首先是指符合《著作权法》和《计算机软件保护条例》的规定。《计算机软件保护条例》规定，软件的复制权和修改权是软件著作权的两项重要权利，归软件著作权人所享有，软件复制品持有人即使合法取得该复制品的所有权，也不取得软件著作权。但是为了保护软件的合法复制品所有人的利益，本条规定了软件合法复制品所有人具有三项法定权利，即软件的合法复制品所有人无须软件著作权人另行许可，依法享有下列权利。

（1）根据使用的需要把该软件装入计算机等具有信息处理能力的装置内。

软件用户购买的软件一般都是软件的复制品，这些复制品大多数固定在光盘、磁盘等介质中。软件复制品持有人获得软件复制品的一个主要目的就是运行、使用该软件，而运行该软件的一个重要前提是必须将该软件装入计算机或者其他能够运行该软件的装置内。

把信息装入计算机等信息处理装置内实际上是软件的复制过程，即将软件从光盘或磁盘介质内拷贝到计算机的硬盘中。拷贝以后，在计算机的硬盘中形成了一个软件复制品。当然大多数情况下，光盘中的安装程序与安装以后形成的运行程序在存储方式上有一些改变，例如，光盘复制品中的安装程序可能是以压缩方式存储的，安装到计算机硬盘后，进行了解压缩。但是，从计算机程序的本质上看，光盘中存储的软件复制品与安装后硬盘中存在的软件复制品是一致的，属于同一程序的复制品。

有些程序，计算机可以直接从光盘介质中读取程序进行运行，这种情况下是否还存在复制行为？答案是肯定的。因为，计算机运行软件时必须将程序从光盘或者磁盘中调入 RAM（随机存取存储器，即通常说的“内存”）中进行运行。此时，在 RAM 中同样会形成复制品，不过这种复制品在关机后将会消失。一般不应构成著作权法上的复制。

实践中，大多数软件均需要将程序拷到计算机的硬盘中进行运行，为了保护软件用户运行使用其购买的软件的权力，本条例对软件著作权人的复制权进行了必要的限制，依法赋予软件持有者将软件装入计算机或者其他信息处理装置的权利。

（2）为了防止复制品损坏而制作备份复制品。这些备份复制品不得通过任何方式提供给他人使用，并在所有人丧失该合法复制品的所有权时，负责将备份复制品销毁。

我们知道，一般的软件复制品均存储在光盘和磁盘中，而光盘和磁盘均会因环境变化受到外力影响而损坏，造成存储的软件程序丢失或者无法读取。在这种情况下，软件持有者唯一的防备措施就是制作备份复制品，一旦软件程序受到损坏或者丢失，可以利用备份复制品进行恢复。实际上，这样规定也有利于软件权利人。因为，软件权利人将软件复制品销售出去后，负有保证软件用户正常使用软件的义务。如果软件受到损坏，软件权利人有帮助用户恢复软件的责任。法律许可软件用户自行制作复制品后，也减少了软件权利人的麻烦。

软件复制非常简单，一般用户均会利用计算机的拷贝功能轻松实现。技术上的方便性造成了软件盗版比较普遍，如果将备份的软件复制品向外进行分发扩散就构成了盗版。因此，本条例明确规定，备份复制品仅限于软件持有人备份需要，不得向任何第三方进行提供，提供的方式包括但不限于光盘传递、互联网传送等。另外，软件的合法复制品持有人一旦丧失该合法复制品的所有权，其有义务将复制品销毁。丧失合法复制品的所有权的情况包括许可合同到期、软件复制品转让等。例如，一个用户购买了用友财务软件包，其在使用以后，可以将该软件包通过买卖、赠与等方式转让给他人，但是软件转让后，该用户自己必须将所有的软件复制品全部销毁，销毁以后，该用户自己就不能再使用该软件了。

(3) 为了把该软件用于实际的计算机应用环境或者改进其功能、性能而进行必要的修改；但是，除合同另有约定外，未经该软件著作权人许可，不得向任何第三方提供修改后的软件。

修改权是软件著作权的一项重要内容，未经软件著作权的许可，任何人不得擅自修改软件。但是，考虑到软件不同于一般文字作品，软件的主要功能是运行使用，用户购买软件的目的更看重该软件的功能和用途得到最大限度的发挥。但是，由于用户计算机系统环境的复杂性和功能需求的多样性，即使一个成熟的软件产品也未必能够完全符合适应用户的计算机系统环境和满足用户的需求。因此，一些计算机用户就会存在为了适应自己的计算机应用环境或者改进其功能、性能而对购买的软件进行必要的修改需要，这种情况如果不允许，就必然会损害用户的利益。因此，本条对软件权利人的修改权进行限制，依法赋予用户在特定条件下的修改权。同时，为了保护软件权利人的利益，对于用户的修改权作出了限制，即未经该软件著作权人许可，不得向任何第三方提供修改后的软件。

综上，本条赋予所有人的权利有三项：一是装入权，即根据使用需要把软件装入计算机等具有信息处理能力的装置内的权利；二是备份权，即为了防止复制品损坏而制作备份复制品的权利；三是必要修改权，即为了把该软件用于实际的计算机应用环境或者改进其功能、性能而进行必要的修改权。

软件合法复制品所有人在行使上述权利的同时，也应当履行以下义务：一是不得以任何方式将备份复制品提供他人使用；二是在丧失正版软件所有权时，将备份复制品销毁；三是除另有约定外，未经权利人许可，不得向任何第三方提供原来行使必要修改权而修改后的软件。当合法软件复制品所有人不履行这些义务时，软件权利人可以诉请人民法院判决强制履行。

◆ **经典案例** 18

兴化市开元网吧与软星科技（上海）有限公司侵害著作权纠纷上诉案

【案情简介】

软星科技（上海）有限公司（以下简称软星上海公司）是《仙剑奇侠传四》V1.0（以下简称《仙剑奇侠传四》）软件的著作权人。2011 年 8 月 7 日，软星上海公司发现兴化市开元网吧（以下简称开元网吧）的电脑中有《仙剑奇侠传四》运行并对运行界面进行了公证取证。软星上海公司认为开元网吧未经授权使用该游戏软件的行为构成侵权，遂提起诉讼要求判令开元网吧：（1）立即停止侵权行为；（2）赔偿经济损失 7500 元；（3）承担软星上海公司为制止侵权行为所支出的合理费用 2500 元。开元网吧答辩称：根据《计算机软件保护条例》第 16 条的规定，软件复制品持有人根据使用的需要把该软件装入计算机等具有信息处理能力的装置内，该使用行为不构成侵权。但是，开元网吧对其电脑中安装涉案计算机软件的来源未能给予合法性说明，也未能提供证据证明其作为涉案计算机软件的最终用户得到了该计算机软件权利人的合法授权。

【争议焦点】

软件复制品持有人根据使用的需要把该软件装入计算机等具有信息处理能力的装置内，是否构成侵权？

【案件分析】

本案认定的客观事实是开元网吧内的计算机安装了涉案计算机游戏软件，开元网吧依据《计算机软件保护条例》第16条规定进行抗辩。但是《计算机软件保护条例》第16条规定的是“软件的合法复制品所有人有权根据使用的需要把该软件装入计算机等具有信息处理能力的装置内”，因此将软件装入计算机是针对软件的合法复制品所有人而言，即只有软件的合法持有者才有权进行这种装载行为。本案中开元网吧对其电脑中安装涉案计算机软件的来源未能给予合法性说明，也未能提供证据证明其作为涉案计算机软件的最终用户得到了该计算机软件权利人的合法授权。因此，开元网吧不能享有使用该软件的权利。

换一种情形，如果是一个合法持有《仙剑奇侠传四》软件复制品的玩家到开元网吧玩游戏，将《仙剑奇侠传四》安装到计算机中，这种情况开元网吧不需要承担侵权责任。但是，本案中开元网吧没有能够举证证明《仙剑奇侠传四》软件的合法来源，因此，其不能援引软件的合法复制品所有人的权利进行抗辩。

【引以为鉴】

随着信息化建设的推进，计算机已经成为日常工作不可缺少的工具。大多数单位为每个员工都配备了计算机。在计算机的使用过程中，很多员工经常安装一些软件，这种安装行为给单位带来了侵权的风险。如果员工安装的是盗版软件，则其不属于软件的合法复制品所有人，其将计算机软件安装到计算机中的行为构成侵权，同时也带来了侵权风险。

为防范侵权风险，单位应该加强计算机软件安装的管理，明文禁止员工安装和使用盗版软件，定期巡查，及时清理员工安装的盗版软件。

第十七条 【软件的合理使用】

为了学习和研究软件内含的设计思想和原理，通过安装、显示、传输或者存储软件等方式使用软件的，可以不经软件著作权人许可，不向其支付报酬。

◆ **相关法律规定**

《中华人民共和国著作权法》（2010 年修正）

第二十二条 在下列情况下使用作品，可以不经著作权人许可，不向其支付报酬，但应当指明作者姓名、作品名称，并且不得侵犯著作权人依照本法享有的其他权利：

（一）为个人学习、研究或者欣赏，使用他人已经发表的作品；

（二）为介绍、评论某一作品或者说明某一问题，在作品中适当引用他人已经发表的作品；

（三）为报道时事新闻，在报纸、期刊、广播电台、电视台等媒体中不可避免地再现或者引用已经发表的作品；

（四）报纸、期刊、广播电台、电视台等媒体刊登或者播放其他报纸、期刊、广播电台、电视台等媒体已经发表的关于政治、经济、宗教问题的时事性文章，但作者声明不许刊登、播放的除外；

（五）报纸、期刊、广播电台、电视台等媒体刊登或者播放在公众集会上发表的讲话，但作者声明不许刊登、播放的除外；

（六）为学校课堂教学或者科学研究，翻译或者少量复制已经发表的作品，供教学或者科研人员使用，但不得出版发行；

（七）国家机关为执行公务在合理范围内使用已经发表的作品；

（八）图书馆、档案馆、纪念馆、博物馆、美术馆等为陈列或者保存版本的需要，复制本馆收藏的作品；

（九）免费表演已经发表的作品，该表演未向公众收取费用，也未向表演者支付报酬；

（十）对设置或者陈列在室外公共场所的艺术作品进行临摹、绘画、摄影、录像；

（十一）将中国公民、法人或者其他组织已经发表的以汉语言文字创作的作品翻译成少数民族语言文字作品在国内出版发行；

（十二）将已经发表的作品改成盲文出版。

前款规定适用于对出版者、表演者、录音录像制作者、广播电台、电视台的权利的限制。

《计算机软件保护条例》

第六条　本条例对软件著作权的保护不延及开发软件所用的思想、处理过程、操作方法或者数学概念等。

《最高人民法院关于审理著作权民事纠纷案件适用法律若干问题的解释》

第二十一条　计算机软件用户未经许可或者超过许可范围商业使用计算机软件的，依据著作权法第四十七条第（一）项、《计算机软件保护条例》第二十四条第（一）项的规定承担民事责任。

◆ 知识精要

本条规定了软件的合理使用，对软件权利人的权利进行必要的限制。

合理使用制度是著作权法的一项基本制度，不仅为各国所采用，而且也为国际条约所认可。合理使用是指在法定的具体条件下，法律许可他人使用享有著作权的作品而不必征得著作权人的同意，也不必向著作权人支付报酬的制度。《著作权法》第22条规定了12种情况下的合理使用，但前提是应当指明作者姓名、作品名称，并且不得侵犯著作权人依法享有的其他权利。

本条关于合理使用的规定大大缩小了《著作权法》对合理使用规定的情形，仅规定了“为了学习和研究软件内含的设计思想和原理，通过安装、显示、传输或者存储软件等方式使用软件的，可以不经软件著作权人许可，不向其支付报酬”，比修订前的1991年颁布的软件条例规定的合理使用范围明显缩小。

1991年的《计算机软件保护条例》第22条规定，“因课堂教学、科学研究、国家机关执行公务等非商业性目的的需要对软件进行少量的复制，可以不经软件著作权人或者其合法受让者的同意，不向其支付报酬。但使用时应当说明该软件的名称、开发者，并且不得侵犯著作权人或者其合法受让者依本条例所享有的其他各项权利。该复制品使用完毕后应当妥善保管、收回或者销毁，不得用于其他目的或者向他人提供”。这样的规定过于宽泛，造成很多单位和个人利用此条款进行复制，严重损害了软件著作权人的利益。例如，对于政府办公软件系统，政府机关依据此条规定可以免费复制使用该软件，而无须向开发此软件的企业支付报酬，这样无疑损害了软件企业的利益。同样对于一个开发教学软件的企业来讲也面临同样的问题。因此，在2001年软件条例进行修改时，对于软件的合理使用问题进行了进一步的限定，将其限定在“为了学习和研究软件内含的设计思想和原理”范围，删除了国家机关执行公务等非商业性目的的使用；另外，在使用方式上也作出了限定，不再是“少量复制”，而是通过安装、显示、传输或者存储软件等方式使用软件。当然，安装、存储也是一种复制，但这种复制方式使得复制品的数量大大减少。

软件保护条例的合理使用范围比著作权法合理使用范围的缩小，就意味着在合理使用问题上适用著作权法还是软件保护条例，会出现差别较大的法律后果。但是，《著作权法》和《计算机软件保护条例》属于一般法和特殊法的关系，在法律效力上，特殊法有规定的依照特殊法的规定适用，特殊法未作规定的，依照一般法的规定适用。因此，软件作品的合理使用应该首先适用计算机软件保护条例的规定。

◆ **经典案例** 19

北京北大方正集团公司、北京红楼计算机科学技术研究所诉北京紫金光文化发展有限公司侵犯计算机软件著作权纠纷案

【案情简介】

北京北大方正集团公司（以下简称方正公司）、北京红楼计算机科学技术研究所（以下简称红楼研究所）是排版软件方正世纪RIP1.5软件、方正飞腾3.0软件、北大方正PSP发排软件v3.0、北大方正PSP发排软件NT1.0、方正文合软件v1.1等软件的著作权人。

2003 年 3 月 13 日，紫金光公司购买方正 NTRIP 软件 1 套，价格20 000 元。2003 年 3 月 28 日，方正公司申请北京市国信公证处对北京紫金光文化发展有限公司（以下简称紫金光公司）部分电脑所载软件进行证据保全。在检查的 7 台电脑中，第一台电脑内装有 PSP 照排系统软件（v3. 10）、PSPPRO（v2. 0）输出系统软件、方正乘方发排系统软件（v6. 0），该电脑与照排机相连；第二台电脑内装有 PSP 照排系统软件（v3. 10）、方正乘方发排系统软件（v6. 0），该电脑与照排机相连；第三台电脑内装有 PSPNT2. 1 软件，主机未发现加密锁，与照排机相连；第四台电脑内装有方正文合 1. 1 软件；第五台电脑内装有方正飞腾 4. 0 第二版软件；第六台电脑内装有 PSP 照排系统软件（v3. 10）；第七台电脑内装有方正飞腾 4. 0 第二版软件。

方正公司和红楼研究所认为，紫金光公司未经许可，在其照排机中非法安装使用其享有著作权的 1 套方正世纪 RIP 软件、3 套方正 PSP 照排系统软件、2 套北大方正 PSPPRO、1 套方正文合和 2 套飞腾软件用于商业性服务，侵害了两单位所享有的计算机软件著作权，故起诉要求紫金光公司立即停止侵权、删除全部侵权软件，赔礼道歉，赔偿经济损失 25 万元及为诉讼支出的公证费、律师费 9500 元。紫金光公司辩称其使用的 PSP 软件为正版软件，所使用的 RIP 软件也只是一部分，无法正常使用。对于文合软件，由于该软件无法实际使用，虽可以用于演示，但不可能用于生产经营，不构成侵权，故不同意原告诉讼请求。

【争议焦点】

1. 紫金光公司未经软件权利人许可，商业使用正世纪 RIP 软件、3 套方正 PSP 照排系统软件、2 套北大方正 PSPPRO、1 套方正文合和 2 套飞腾软件，是否构成侵权?

2. 紫金光公司安装的方正文合软件，无法实际使用，虽可以用于演示，但不可能用于生产经营，不构成侵权的主张是否成立?

【案件分析】

方正公司和红楼研究所作为方正 RIP、方正飞腾、北大方正 PSP 软件、方正文合软件的著作权人，其依法享有的著作权受我国著作权法保护。紫金光公司未经许可，在其商业经营中使用了上述软件，行为构成侵权，故该公司应承担停止侵权、赔偿损失的民事责任。

紫金光公司辩称，其安装方正文合软件，虽可以用于演示，无法实际使用，但不可能用于生产经营，不构成侵权。《计算机软件保护条例》第 17 条规定，只有为了学习和研究软件内含的设计思想和原理，通过安装、显示、传输或者存储软件等方式使用软件的，才可以不经软件著作权人许可，不向其支付报酬。本案中，紫金光公司的业务是照排和排版，其并不从事照排软件的开发，因此其不存在学习和研究软件内含的设计思想和原理的动机和必要。所以，法院认定紫金光公司安装方正软件是为了经营照排和排版业务，属于商业性目的，不是为了学习和研究方正软件内含的思想和原理，因此其主张不构成侵权的理由不成立。

【引以为鉴】

软件的合理使用制度仅是为了学习软件内含的设计原理和思想目的所设定的一种制度。除此之外，任何因商业性目的安装未经授权的软件均构成侵权，不能援引合理使用制度进行抗辩。

第三章　软件著作权的许可使用和转让

著作权的许可使用和转让是软件传播、流通以及提供给用户使用的基本方式。因此，本章专门就软件著作权的许可使用和转让作出了原则性规定。

第十八条　【软件使用许可】

许可他人行使软件著作权的，应当订立许可使用合同。

许可使用合同中软件著作权人未明确许可的权利，被许可人不得行使。

◆ 相关法律规定

《中华人民共和国著作权法》（2010 年修正）

第二十四条第一款　使用他人作品应当同著作权人订立许可使用合同，本法规定可以不经许可的除外。

国务院《鼓励软件产业和集成电路产业发展的若干政策》（国法〔2000〕18 号）

第二十三条　为了保护中外著作权人的合法权益，任何单位在其计算机系统中不得使用未经授权许可的软件产品。

◆ 知识精要

使用许可制度在知识产权领域被广泛采用。由于知识产权保护对象是一种无形财产，因而它可以同时为多个人占有。例如，一项专利技术在被公开之后可能有无数人知晓其内容；同样地，一套软件也可能为众多的客户同时使用。在法律上，“一物一权”的原则被广泛地遵守着，在知识产权领域也是如此，即一套软件的所有权只能有一个。但由于智力成果是一种无体财产，可以同时被多人同时占有和使用。为了充分实现其社会价值，便产生了使用许可合同制度。

所谓使用许可，是指权利人与使用人之间订立的确立双方权利义务的协议，依照这种协议，使用人不享有所有权，但可以在协议约定的时间、地点，按照约定的方式行使使用权。例如，专利权人可以通过许可合同，许可他人使用其专利技术；商标权人也可以许可他人使用其商标；作家可通过许可合同，授权出版社出版发行其作品等。这种使用合同不同于权力转让，不发生所有权的转移或者所有权人的变更。现实中，软件作为一种无形财产广泛使用这种许可。在当今世界大多数的软件交易形式都是采取著作权的使用许可形式，例如经销许可、复制生产许可。通常，在软件商店购买一套软件，或者在购买计算机时随机附送的系统软件，购买者所获得的不是该软件的所有权或者著作权，而仅仅是在计算机上运行使用权。在这一交易中所产生的关于软件的合同既是针对用户的软件使用许可合同。

法律规定，软件著作权人享有发表权、署名权、修改权、复制权、发行权、出租权、信息网络传播权等一系列专有权利。根据使用人（被许可方）的不同需要和软件著作权人的意愿，许可形式的权利是不一样的，这在许可合同中必须明确。例如，针对软件经销商的是发行权的许可，针对最终用户的是复制权的许可合同等。凡是合同中未明确许可的权利，被许可人不得行使。

◆ **经典案例 20**

泰兴富士时装有限公司与无锡扬软科技有限公司计算机软件著作权许可使用费纠纷案

【案情简介】

扬软公司于 2000 年 12 月 18 日经登记，获得《扬软企业资源计划管理系统 V1.0》（以下简称 YouERP）的著作权，登记号为 2001SR2120，登记证书号码为软著登字第 0009053 号。2003 年 2 月 21 日，泰兴富士时装有限公司

（以下简称富士公司）与无锡扬软科技有限公司（以下简称扬软公司）签订软件著作权许可使用合同，约定富士公司（甲方）向扬软公司（乙方）购买YouERP软件使用权，总价为10万元，分七期付款，其中第七期款项的支付表述为“甲方于系统全部验收后一个月内以现金方式向乙方支付贰万元”；乙方将YouERP软件安装至甲方指定的服务器上，且提供产品及源代码光盘一套予甲方书面确认；乙方于软件产品交付时应会同甲方，依甲乙双方共同确定之软件明细表逐项确认无误等。合同第10条并约定，当系统与实物流程相冲突时，依甲方的实物流程为准。该合同的附件一中列举了14项YouERP软件系统的报价明细表，并备注有“本报价软件项目含软件授权，包含下列服务内容：(1) 需求讨论服务；(2) 软件系统实作教育训练；(3) 数据转换服务；(4) 计算机室数据库技术转移训练；(5) 实施辅导；(6) 系统培训”。

合同签订后，扬软公司向富士公司提供了YouERP软件系统，并实施了安装。2003年3月12日、2003年5月15日、2003年9月19日，富士公司分别汇款2.8万元、1.3万元、2万元，合计6.1万元给扬软公司，作为支付其使用YouERP软件系统的费用。2003年12月底，富士公司发函扬软公司，要求扬软公司就YouERP软件验收补充协议作出答复，但扬软公司未签字认可。2004年1月10日，扬软公司和富士公司共同签字确认了“无锡扬软YouERP第一阶段验收标准”，在该验收标准中详细记载的需要解决的问题中，未体现YouERP软件安装后缺失系统内容的记载。

2004年2月23日，富士公司传真扬软公司，称“软件的稳定性较差，在操作过程中对错误的操作没有任何提示，但却造成了前后数据不平衡、后面操作不可进行等一系列问题”。同日，扬软公司回复称“根据我们2003年2月21日签订合同的第2条，在2003年7月就应该支付余款，时至今日未付也无支付诚意。所以自今年春节后，我们就停止了对贵公司的服务。请贵公司遵守合同和你们的口头承诺，支付款项，我公司是完全有技术实力来解决软件出现的任何问题”。2004年2月25日，富士公司传真扬软公司，称“客户关系管理系统尚未做，人事薪资系统虽做了，但尚未辅导我们使用，致使我公司至今未能使用上，这两项合计是40 000元，我公司已支付61 000元，尚欠39 000元……”扬软公司当日回复称“贵司提出的工程进度问题，其实是由多方因素造成的……至于贵司所指人事薪资系统虽做了，但尚未辅导我们使用，这未免失实，专门就薪资的核算方法问题开过会，辅导其使用，还分发了使用说明文档……目前系统产生的问题，敬请罗列在案，待除验收款之外的余款结清后，必安排工作人员协助解决”。

2004年7月1日，扬软公司因富士公司未清结转让费款项向法院提起诉讼。请求判令富士公司支付尚未支付的软件许可使用费3.9万元，并承担本案的诉讼费用。富士公司辩称扬软公司没有按照合同的约定履行自己的义务，尚有客户系统等没有做，还有些系统没有达到富士公司的要求，富士公司已经给付的使用费超过了应该给付的金额部分，请求驳回扬软公司的诉讼请求。

【争议焦点】

1. 富士公司主张YouERP V7.0软件著作权不是扬软公司的，因此软件著作权许可使用合同无效，这种观点是否成立？

2. 扬软公司是否全面履行了合同？

3. 富士公司是否应该支付合同尾款？

【案件分析】

1. 关于合同的效力。

本案中，扬软公司虽然提交的证据仅能证明其享有扬软企业资源计划管理系统V1.0即扬软ERP的著作权，但富士公司并不能提供YouERP V7.0的著作权人不是扬软公司的证据，不足以印证其扬软公司不是YouERP V7.0的著作权人的观点，也不能反驳扬软公司的代理人关于富士公司所用软件尚未登记注册，但确系从原有的享有著作权的软件基础上继续开发升级而来的陈述内容。另外，我国《计算机软件保护条例》对于软件著作权的许可使用和转让并非以软件注册和备案作为合同成立生效的必须要件。富士公司所称扬软公司转让的软件系统是V7.0，而非V1.0，扬软公司转让了未经注册登记备案的软件导致许可使用合同无效的辩称没有事实和法律依据。扬软公司可以享有处分其拥有著作权的计算机软件作品的权利，其与富士公司签订的计算机软件许可使用合同是双方真实意思表示，内容并未违反我国法律、法规的禁止性规定，应当认定为成立生效的合同，对合同双方均产生了相应的法律约束力。

2. 关于扬软公司是否已全面履行合同义务。

本案所涉是计算机软件许可使用合同，被许可使用方签订合同的主观意思不单纯是让软件作品进行媒介形式上的转移，而应当是使被许可使用的计算机软件能够实际适应并应用到相关的工作流程之中，从而产生被许可使用方所期待的效果。本案中，扬软公司和富士公司签订的合同及其附件均对许可使用方扬软公司的义务作出了明确的规定，即扬软公司在提供 YouERP 软件及源代码安装的同时，"提供本合约范围内所有产品之必要服务"，即通过技术支持，确保该软件系统的适用性，合同关于"当系统与实务流程相冲突时，以甲方（富士公司）的实务流程为准"的约定也是对软件系统适用性的标准的确定内容。从本案可以认定的"无锡扬软 YouERP 第一阶段验收标准"来看，扬软公司按照合同约定安装的软件系统确实存在过不适应富士公司工作流程的事实情况，虽然该验收标准中所列的内容，双方均确认已经全部解决，但本案确定扬软公司是否完全履行合同义务应当以合同约定的"经甲方（富士公司）代表人或授权代理人签章确认"的验收申请表为表现形式。另，扬软公司在 2004 年 2 月 25 日传真给富士公司的函件中关于"目前系统产生的问题，敬请罗列在案，待除验收款之外的余款结清以后，必安排工作人员协助解决"的表述也证明了其提供的 YouERP 软件系统尚未得到富士公司的书面验收确认，故扬软公司关于已全面履行合同约定义务的主张没有事实依据。

3. 富士公司是否应该支付合同尾款?

合同是双方当事人意思表示一致的结果，也是确定当事人权利义务内容的主要依据。本案双方当事人在合同中已明确约定了分期付款的时间和数额。根据双方签订合同时约定的分期付款方式的内容，富士公司在验收程序终结之前，应当向扬软公司支付 8 万元，余款 2 万元在验收后一个月内以现金方式给付，此约定是一种附条件的履行约定。现富士公司已支付了 6.1 万元，因验收尚未完成，结清转让费款项的条件尚未成就，故扬软公司主张合同总款项的剩余部分 3.9 万元不符合双方的意思表示，不予采信，富士公司应当按照合同的约定给付在验收以前应当足额支付的但尚未支付的款项1.9万元。

【引以为鉴】

本案双方当事人签订的合同性质，根据合同约定的主要权利义务内容应确定为计算机软件许可使用合同。通过本案可以看到，计算机软件使用许可合同非常复杂，涉及许可方和被许可方的权利义务也比较复杂，如果不通过书面方式予以约定，一旦发生争议，如果没有书面合同，将很难分清是非和责任。

本案中，富士公司辩称双方曾口头约定按工作进度付款，但未能提供证据加以证明，扬软公司亦不予认可，故法院不予采信。可见，口头约定只有在双方均认可的情况才具法律效力，否则，等于没有约定。

◆ **经典案例 21**

中国财政杂志社诉北京金报兴图信息工程技术有限公司等侵犯著作权纠纷案

【案情简介】

中国财政杂志社（以下简称财政杂志社）于1992年开始出版的《中国财政年鉴》，版权页注明财政部主办，中国财政年鉴编辑委员会编辑，财政杂志社出版，从1992年开始出版，至2005年，共14册。另外，2000～2005年，《中国财政年鉴》销售之时均分别附带当年年鉴电子版光盘，1999年《中国财政年鉴》销售之时附带1992～1999年年鉴电子版或1997～1999年年鉴电子版光盘，1992～1996年《中国财政年鉴》电子版光盘亦曾由财政杂志社单独出版发行，上述《中国财政年鉴》电子版光盘均系由财政杂志社制作完成。

财政杂志社从1996年开始按年度出版《中国会计年鉴》，2001～2005年《中国会计年鉴》销售之时均分别附带当年年鉴电子版光盘，2000年《中国会计年鉴》销售之时附带1996～2000年年鉴电子版光盘，上述《中国会计年鉴》电子版光盘均系由财政杂志社制作完成。

北京金报兴图信息工程技术有限公司（以下简称金报兴图）系金报兴图数字图书馆软件之开发者，该数字图书馆软件系由年鉴内容数据库、报纸全文数据库、产业经济信息数据库等部分组成。2004 年 9 月 30 日，金报兴图与善智公司签订销售代理合同，约定金报兴图委托善智公司代销金报兴图数字图书馆，代理期为自 2004 年 10 月至 2006 年 10 月。

2006 年 7 月 8 日，中央财经大学图书馆（甲方）与善智公司（乙方）签订金报兴图数字图书馆订购合同，约定甲方向乙方订购金报兴图数字图书馆，具体内容见附件；乙方在甲方单位内部安装数据库，甲方内部使用者可通过甲方内部局域网中授权 IP 范围访问数据库；甲方拥有所购数据库在规定 IP 之内的使用权；合同总费用为 10 万元等。当日，中央财经大学图书馆与善智公司并未就中央财经大学图书馆最终决定购买的金报兴图数字图书馆具体内容形成合同附件。后金报兴图为中央财经大学图书馆安装限局域网的专用网络版平台系统，并向中央财经大学图书馆提供包括 1992～2005 年《中国财政年鉴》、1996～2005 年《中国会计年鉴》在内的金报兴图数字图书馆内容，以供中央财经大学图书馆试用和选择需要购买的金报兴图数字图书馆具体内容。

2006 年 7 月 7 日，北京师范大学图书馆出具证明，称其自 2006 年 5 月起开始试用金报兴图数字图书馆之下的年鉴内容数据库，并注明该数据库系全文数据库；北京师范大学图书馆打印的金报兴图数字图书馆页面中包括《中国财政年鉴》《中国会计年鉴》名称和简介等。

金报兴图称其将《中国财政年鉴》和《中国会计年鉴》电子版收录入金报兴图数字图书馆并进行销售之行为，已取得财政杂志社之合法授权，并为此提交财政杂志社发行处（甲方）与金报兴图（乙方）于 2005 年 5 月 16 日签订的两份《合作协议》为证；该两份协议均约定甲方免费成为中国年鉴网成员，有权选择以成员价格研制《中国财政年鉴》或《中国会计年鉴》电子版并制作光盘；甲方每年及时地、免费地提供 1 本新出版的年鉴供中国年鉴网宣传、收藏使用；甲方授予乙方纸本年鉴销售权，以不高于 6.5 折的价格提供纸本年鉴；甲方授予乙方年鉴电子版各种形式的销售权，并以不高于 6.5 折的价格提供年鉴电子版；乙方利用中国年鉴网等渠道，积极开展甲方年鉴及电子版及年鉴广告的代理发行和宣传工作等。财政杂志社称虽上述两份协议所盖印章均系该社发行处之印章，但上述两份协议均无该社经办人员签字，该社并无上述两份协议批准登记的任何记录，该社相关领导亦均不知晓此事，且该社发行处仅负责刊物发行销售工作而无权签订任何版权合作协议，故该社不认可上述两份协议之法律效力。

中国财政杂志社诉称，我社系1992～2005年《中国财政年鉴》、1996～2005年《中国会计年鉴》的汇编作品著作权人。金报兴图未经我社许可，即擅自将上述汇编作品电子版收录入金报兴图数字图书馆，侵犯了我社对上述汇编作品所享有的著作权。善智公司系金报兴图数字图书馆之销售者，其未尽合理审查义务，与金报兴图构成共同侵权。故诉至法院，要求金报兴图、善智公司立即停止侵权，赔偿我社经济损失100万元以及诉讼合理支出3万元。

被告金报兴图辩称，我公司与财政杂志社曾签订合作协议，约定财政杂志社授予我公司《中国财政年鉴》和《中国会计年鉴》电子版各种形式的销售权，并以不高于6.5折的价格提供年鉴电子版等，故我公司将《中国财政年鉴》和《中国会计年鉴》电子版收录入金报兴图数字图书馆并进行销售之行为，已取得财政杂志社之合法授权。中央财经大学图书馆仅试用过金报兴图数字图书馆中的《中国财政年鉴》和《中国会计年鉴》电子版，但最终并未购买上述年鉴电子版，且我公司至今尚未通过金报兴图数字图书馆成功销售过上述年鉴电子版。我公司并未侵犯财政杂志社之著作权，故不同意财政杂志社之诉讼请求。

被告善智公司辩称：我公司受金报兴图委托在中央财经大学图书馆安装金报兴图数字图书馆以供其试用和挑选其中内容，后该图书馆并未购买《中国财政年鉴》和《中国会计年鉴》电子版。金报兴图将《中国财政年鉴》和《中国会计年鉴》电子版收录入金报兴图数字图书馆已得到财政杂志社之授权，我公司亦曾对财政杂志社与金报兴图所签合作协议进行审查，已尽合理审查义务。我公司并未侵犯财政杂志社之著作权，故不同意财政杂志社之诉讼请求。

【争议焦点】

1. 金报兴图公司与财政杂志社之间的合作协议是否有效？

2. 金报兴图公司通过合作协议是否获得了将《中国财政年鉴》和《中国会计年鉴》电子版收录入金报兴图数字图书馆并进行销售的合法授权？

【案件分析】

1. 金报兴图公司与财政杂志社之间的合作协议是否有效？

本案中，财政杂志社以合作协议无批准登记的任何记录，该社相关领导亦均不知晓此事，且该社发行处仅负责刊物发行销售工作而无权签订任何版权合作协议为由不认可该社发行处与金报兴图所签两份合作协议之法律效力。对此法院认为，财政杂志社认可上述两份协议所盖印章之真实性，虽上述两份协议均无财政杂志社经办人员签字，但财政杂志社并未对上述两份协议盖有该社发行处印章一节作出合理解释，故本院对上述两份协议之真实性予以确认，合作协议合法有效。财政杂志社发行处作为无法人资格的财政杂志社下属部门，具体负责发行、销售相关工作，该发行处与金报兴图签订关于年鉴销售事宜的合同属于其职权范围之内，财政杂志社应对其发行处签订上述两份协议之行为承担民事责任。金报兴图由此取得对《中国财政年鉴》《中国会计年鉴》电子版进行批发、零售等各种形式的销售权，且财政杂志社发行处承诺以不高于6.5折的价格提供年鉴电子版。

2. 金报兴图公司通过合作协议是否获得了将《中国财政年鉴》和《中国会计年鉴》电子版收录入金报兴图数字图书馆并进行销售的合法授权？

金报兴图将1992～2005年的《中国财政年鉴》、1996～2005年的《中国会计年鉴》收录入其开发的金报兴图数字图书馆，此举并非属于合作协议所约定的对上述年鉴电子版的销售行为，而是对上述年鉴电子版的复制和汇编；金报兴图为其数字图书馆用户安装限局域网的专用网络版平台系统，局域网内的公众可以在其个人选定的时间和地点获得数字图书馆内容，故金报兴图亦已对上述年鉴电子版进行信息网络传播；金报兴图对上述年鉴电子版进行复制、汇编、信息网络传播等著作权意义上的使用和传播，应经著作权人财政杂志社之明确许可，而实际上金报兴图仅享有对上述年鉴电子版进行批发、零售等各种形式的销售权，其并未取得复制、汇编、信息网络传播上述年鉴电子版之授权，金报兴图之行为已侵犯了财政杂志社对上述年鉴电子版所享有的汇编作品著作权。

【引以为鉴】

本案中，财政杂志社与金报兴图签署了合作协议，虽然该合作协议被法院确认具备法律效力，但是由于该协议仅授权金报兴图由《中国财政年鉴》《中国会计年鉴》电子版进行批发、零售等各种形式的销售权。金报兴图将1992～2005年的《中国财政年鉴》、1996～2005年的《中国会计年鉴》收录入其开发的金报兴图数字图书馆，此举并非对上述年鉴电子版的销售行为，而是对上述年鉴电子版的复制和汇编；金报兴图为其数字图书馆用户安装限局域网使用的专用网络版平台系统，局域网内的公众可以在其个人选定的时间和地点获得数字图书馆内容，故金报兴图亦已对上述年鉴电子版进行信息网络传播；金报兴图对上述年鉴电子版进行复制、汇编、信息网络传播等著作权意义上的使用和传播，应经著作权人之明确许可。而实际上金报兴图仅享有对上述年鉴电子版进行批发、零售等各种形式的销售权，其并未取得复制、汇编、信息网络传播上述年鉴电子版之明确授权。根据著作权法和计算机软件保护条例的规定，许可使用合同中软件著作权人未明确许可的权利，被许可人不得行使。因此，金报兴图之行为已侵犯了财政杂志社对上述年鉴电子版所享有的汇编作品著作权。

许可合同的内容对于许可方和被许可方均非常重要，双方应根据软件获得的目的和使用方式进行约定。特别是，法律明确规定，许可使用合同中软件著作权人未明确许可的权利，被许可人不得行使。因此在签订合同时应明确授权的是何种权利。

第十九条　【软件专有许可】

许可他人专有行使软件著作权的，当事人应当订立书面合同。

没有订立书面合同或者合同中未明确约定为专有许可的，被许可行使的权利应当视为非专有权利。

◆ 知识精要

使用许可的种类有很多，根据不同的分类方法可以将其分作不同的种类。按照被许可使用权的排他性强弱的不同，使用许可有以下三种方式。

第一，独占使用许可。当软件著作权人许可他人享有独占使用许可权利之后，便不得再许可任何第三人使用该软件，并且软件著作权人自己在该独占使用许可有效期间也不得使用该软件，只有被许可人一人使用该软件。这种使用许可的排他性比其他各种使用许可都强，现实中只有少数对软件经销许可采用这种许可方式，极少对软件用户采用这种许可方式。

第二，排他使用许可。当权利人向被许可人授予排他许可权利之后，依约不得再向任何第三人发放该软件的使用许可，但软件著作权人仍然可以使用该软件。这种使用许可的排他性较之独占使用许可方式显然要弱一些。采用这种许可方式，在同等条件下，被许可人所付出的代价也相对较低。现实中，一般也不对软件用户采用这种许可方式。

第三，普通使用许可。普通使用许可是最为常见的使用许可方式，被许可人除了享有自己使用的权力之外，并不享有任何排他权利。软件著作权人可以不受限制的向多数人发放这种许可。目前，通过市场上购买的各种商品化软件的使用权都属于这种普通许可。

本条中所说的专有许可是指第一类、第二类所称的独占许可和排他许可，而“非专有权利”则是指第三类普通许可。

◆ 经典案例 22

北京中青旅创先软件产业发展有限公司与大厂回族自治县彩虹光盘有限公司侵犯著作权纠纷案

【案情简介】

原告北京中青旅创先软件产业发展有限公司诉称：本公司依据与北京腾图电子出版社有限公司（以下简称腾图公司）签订的《电子出版物版权引进及合作出版合同》（以下简称《版权引进及合作出版合同》）及与大宇资讯股份有限公司（以下简称大宇公司）签订的《新仙剑奇侠传和仙剑客栈授权契

约书》《授权契约书》，在合同有效期内依法享有游戏软件《新仙剑奇侠传》（以下简称涉案游戏软件）在中国大陆以压片方式复制、发行、单独包装、零售的专属权利。在上述两个合同签订履行后，本公司按照和腾图公司的约定与其合作出版了涉案游戏软件光盘，为此，本公司投入了大量的人力、物力进行市场宣传和推广。但是，涉案游戏软件出版销售后，即在市场上出现盗版软件光盘。2002 年 5 月 16 日，本公司经公证，在租用万事吉商城摊位的秦选处购买到了生产来源代码（以下简称 SID 码）被抹掉的盗版游戏软件《新仙剑奇侠传》光盘（以下简称被控侵权软件光盘）。经鉴定，该光盘系大厂回族自治县彩虹光盘有限公司（以下简称彩虹公司）复制生产。2002 年 5 月 30 日，本公司以彩虹公司为被告诉至法院，请求判决其承担侵权责任。但彩虹公司在该案审理中提交了腾图公司的《电子出版物复制委托书》（以下简称《复制委托书》），称其复制行为合法。鉴于此，本公司撤回该案起诉。根据本公司与腾图公司的约定，其只能根据本公司的要求就涉案游戏软件向本公司指定的光盘复制单位开具《复制委托书》。本公司从未要求腾图公司向彩虹公司开具《复制委托书》，也未选择彩虹公司作为涉案游戏软件的光盘复制加工单位。腾图公司的行为不仅违反了与本公司签订的合同，构成违约，而且侵犯了本公司就涉案游戏软件享有的复制、发行权。彩虹公司在腾图公司的委托下，与该公司共同实施了复制被控侵权软件光盘的行为。两被告的上述行为，严重侵害了本公司的权益，给本公司造成巨大经济损失，故诉至法院，请求判决：（1）两被告立即停止侵权行为；（2）彩虹公司销毁库存的被控侵权软件光盘；（3）两被告在《计算机世界》《中国计算机报》的显著位置向本公司公开赔礼道歉，消除影响；（4）两被告共同赔偿本公司经济损失及本公司为本案支出的律师费、公证费、鉴定费、调查取证费、差旅费等合理费用共计 50 万元；（5）两被告承担本案诉讼费。

被告彩虹公司辩称：被控侵权软件光盘是本公司依据腾图公司开具的《复制委托书》及与该公司签订的《复制委托合同》复制生产的，腾图公司已将本公司复制生产的该软件光盘全部提走。本公司在复制该软件光盘时手续齐备，无任何过错，从未实施将该软件光盘上的 SID 码抹掉的行为。综上，本公司没有侵犯原告权益的事实及主观过错，请求法院驳回原告针对本公司的诉讼请求。

被告腾图公司辩称：本公司依据与原告签订的《版权引进及合作出版合同》依法享有涉案游戏软件的专有出版权。本公司已履行了前述合同中的义务，依法为原告办理了涉案游戏软件的版权引进手续。本公司从未给彩虹公司开具过复制被控侵权软件光盘的《复制委托书》，也未就涉案游戏软件与该公司签订过《委托复制合同》。彩虹公司提交的《复制委托书》及《委托复制合同》上本公司的印章及“苏省”的签字均系伪造，且该编号的《复制委托书》也非本公司所有。综上，本公司未侵犯原告的权益，请求法院驳回原告针对本公司的诉讼请求。

经审理查明：2001 年 6 月 18 日，原告与腾图公司签订《版权引进及合作出版合同》，主要约定：由原告取得涉案游戏软件的授权，委托腾图公司办理版权引进相关手续并出版该软件；原告负责该软件的版权金及前后期制作、封面、片材、外盒、刻盘等加工费用；原告保证腾图公司在合同有效期内享有该软件的专有出版权，在合同有效期内，原告不得将该软件授权其他单位出版；腾图公司应保证与该软件有关一切出版事宜的合法性；腾图公司在该软件的版权引进手续经相关部门批准后，应立即提供著作权合同登记号等给原告，以便原告设计、印制包装使用；腾图公司在收到原告交付的编辑审盘费12 000元后，应立即为原告办理完整的出版手续，并按原告的要求分批开具光盘复制委托书；合同有效期两年，自双方签字盖章之日起生效；合同期满前一个月，若双方没有异议，合同继续有效。双方在签订前述合同后，腾图公司依约为原告办理了涉案游戏软件的版权引进手续。

2001 年 6 月 30 日，原告与大宇咨询公司签订《授权契约书》及相关附件，主要约定：大宇咨询公司将其享有著作权的涉案游戏软件在中国大陆以压片方式复制、发行单独包装、零售的专属权利授予原告；原告为此向大宇咨询公司支付最低保证权利金 35 万美元（最低保证套数 25 万套 × 每套权利保证金 1.4 美元），此外，在超过 25 万套最低保证套数，原告还须按约定计算方式向该公司支付权利金；涉案游戏软件的母片由大宇咨询公司于 2001 年 7 月 10 日前交付原告；涉案游戏软件预计于 2001 年 7 月 21 日前上市；合同有效期为双方签约之日起至 2002 年 6 月 1 日止。签约后，原告依约向大宇咨询公司支付了相关款项并取得了合同约定的权利，腾图公司也按原告的要求，分批向原告指定的光盘复制单位开具了《复制委托书》，共计复制了50万套涉案游戏软件光盘，原告向有关光盘复制单位支付了复制费。此后，原告将该涉案游戏软件光盘在市场上进行销售。同时，原告投入资金为该软件光盘的销售进行了宣传。原告在市场上销售的涉案游戏软件光盘为一套4张，放在同一包装盒内，包装盒封面注明“腾图电子出版社　中青旅创先软件产业发展有限公司”，包装盒封底注明“授权公司：大宇资讯股份有限公司”“北京腾图电子出版社”“中青旅创先软件产业发展有限公司”，封底另注明了原告及腾图公司的地址、电话、邮编等联系方式，封面及封底均标明售价为69元。包装盒内4张光盘上均注明“大宇资讯 腾图电子出版社 中青旅软件”及“ISBN 7－900079－01－7”标准书号。

2002年5月16日，在公证人员的监督下，原告在万事吉商城三层南城电子总汇B117#柜台摊主秦选处购买了5盒外包装及内装光盘与原告在市场上销售的涉案游戏软件光盘完全相同的被控侵权软件光盘，该光盘盘芯处的SID码被抹掉。原告将前述购买的被控侵权软件光盘送至公安部光盘生产源鉴定中心鉴定，结果为该光盘的复制生产者为彩虹公司。

原告认为彩虹公司未经许可复制被控侵权软件光盘的行为侵犯了其就涉案游戏软件享有的权利并造成其巨大经济损失，于2002年5月以彩虹公司及秦选为被告诉至本院，要求判决该公司及秦选承担侵权责任。在该案审理期间，彩虹公司承认复制生产了被控侵权软件光盘，但其提交了加盖腾图公司公章并有该公司苏省签字的《复制委托书》，以证明自身复制行为的合法性。后原告撤回该案起诉，另以彩虹公司、腾图公司为共同被告提起本案诉讼。

彩虹公司在前案审理期间提交的《复制委托书》编号为0014372，其上载明：委托方为腾图公司，受托方为彩虹公司，节目名称为涉案游戏软件，标准书号为ISBN 7－900079－01－7，媒体形态为只读光盘，复制数量4000张，委托方经办人为董磊。该委托书上交发货方式及时间两栏处空白。该委托书上分别加盖了腾图公司及彩虹公司的公章，在委托方法定代表人或指定负责人签名处有苏省的签字，其下注明的日期为2001年7月16日。在诉讼中，彩虹公司确认该《复制委托书》上写明的复制数量4000张实为4000套，每套4张，共计16 000张。

腾图公司称其从未向彩虹公司开具第0014372号《复制委托书》，该《复制委托书》不是该公司的，其上加盖的该公司的公章及苏省的签字均系伪造。

在本案审理期间，彩虹公司另提交了其与腾图公司签订的《委托复制合同》，主要写明：委托复制项目为涉案游戏软件，媒体形态为CD－ROM，委托项目为子盘复制，数量为4×4000共16 000张，单价1元，总价16 000元。母盘由腾图公司提供，交货日期为2001年8月1日起至8月4日止，包装方式为裸包，交货方式为彩虹公司代办发运，结算方式为合同生效后腾图公司预付定金50%共计8000元，余款为到货后1个月内由腾图公司付清。该合同结尾处分别加盖了腾图公司及彩虹公司的公章，但该合同不能反映签订的时间。

腾图公司称其从未与彩虹公司签订过上述《委托复制合同》，合同上加盖的该公司公章系伪造。

在本案审理期间，彩虹公司提交了廊坊市新闻出版局关于其复制涉案游戏软件已备案的证明，内容如下："河北省彩虹光盘有限公司复制的《新仙剑奇侠传》（委托书号：0014372）已于2001年8月在我局备案。"对此，腾图公司称对该证明本身的真实性无异议，但认为备案单位并不审查《复制委托书》的真伪，因此该证明不足采信。

在本案审理期间，彩虹公司提交了原告与腾图公司签订的《版权引进及合作出版合同》的复印件及国家版权局就涉案游戏软件著作权合同予以登记事项给腾图公司的批复的复印件和国家新闻出版署（现名为国家新闻出版广电总局）关于同意腾图公司引进涉案游戏软件只读光盘的函的复印件。彩虹公司称前述三个复印件是原告前案起诉后，该公司找腾图公司核实有关案件事实时腾图公司提供的，说明彩虹公司对涉案游戏软件的权利依据也进行了审查，故彩虹公司无任何过错。腾图公司虽然承认前述三个复印件是前案审理期间提供给彩虹公司的，但称此不能证明腾图公司与彩虹公司复制被控侵权软件光盘有任何关系。

原告对彩虹公司提交《复制委托书》《委托复制合同》、廊坊市新闻出版局的证明及前述三个复印件的真实性均无异议，认为彩虹公司的前述证据说明是两被告共同复制了被控侵权软件光盘。

在本院审理期间，腾图公司申请对彩虹公司提交的《复制委托书》《委托复制合同》上本公司公章的真伪及《复制委托书》上苏省签字的真伪进行鉴定。对此，彩虹公司及原告均表示同意，但彩虹公司坚持要求以腾图公司在公安部门备案的公章印模作为公章鉴定的参照物。经本院多方调查，腾图公司的印章未在公安部门进行印模备案。

另查，编号为第 0014372 号的《复制委托书》系辽宁省新闻出版局于 1999 年自国家新闻出版署领取的，按照有关规定，该《复制委托书》应由该局发放给辽宁省的出版单位使用。

上述事实，有双方当事人提交的如下证据及陈述在案佐证：（1）原告提供的其与腾图公司及大宇公司所签合同书、鉴定书、公证书、发票、光盘实物、光盘成本投入材料、律师费票据、公证费票据、差旅费票据；（2）腾图公司提供的其给国家新闻出版署的申请函、国家新闻出版署的复函、国家版权局著作权登记批复；（3）彩虹公司提供的原告与腾图公司签订的合同的复印件、国家新闻出版署的复函复印件、国家版权局著作权登记批复及引进目录复印件、第 0014372 号《复制委托书》《委托复制合同》、廊坊市新闻出版局的证明；（4）本院调查记录。

【争议焦点】

1. 中青旅公司是否有权追究彩虹公司的侵权责任？

2. 腾图公司对于彩虹公司的非法复制行为是否承担法律责任？

【案件分析】

1. 中青旅公司是否有权追究彩虹公司的侵权责任？

法院认为，原告与大宇公司签订的《授权契约书》合法有效。原告依该《授权契约书》的约定，在合同有效期内依法取得了涉案游戏软件在中国大陆以光盘形式复制、发行、销售的独占权及以自己名义对侵犯双方就涉案游戏软件享有权利的侵权行为提起诉讼的权利。

原告与腾图公司签订的《版权引进及合作出版合同》系双方真实意思表

示，未违反法律规定，应属合法有效。该合同并非一般意义上的出版合同，即虽然约定腾图公司在合同约定的有效期内享有涉案游戏软件的专有出版权，但腾图公司须按原告的要求开具复制委托书，在原告按合同约定向腾图公司支付了相应的对价后，此即成为该公司应负的合同义务。

原告未选择彩虹公司复制涉案游戏软件光盘，也未要求腾图公司就涉案游戏软件向彩虹公司开具《复制委托书》，但原告在市场上购买到了彩虹公司复制的被控侵权软件光盘的事实是确定的，原告的权益已因此侵权行为受到实际损害。虽然彩虹公司提供了加盖腾图公司公章的第 0014372 号《复制委托书》《委托复制合同》及廊坊市新闻出版局的备案证明以证明其复制行为的合法性，但未能举证证明腾图公司曾就此笔业务向其付款，也未能举证证明腾图公司已收到其复制的 4000 套被控侵权软件光盘，更不能就原告在市场上购买的被控侵权软件光盘上 SID 码被抹掉的事实作出合理解释。因此中青旅公司有权追究彩虹公司的侵权责任。

2. 腾图公司对于彩虹公司的非法复制行为是否承担法律责任？

彩虹公司提交的第 0014372 号《复制委托书》本身并非腾图公司所有，但该委托书上加盖了腾图公司的公章，且其上写明的书号、复制软件的名称等均无误，其上写明的经办人董磊又确系腾图公司的职员，因此该《复制委托书》的形式要件均符合法律规定。虽然腾图公司主张第 0014372 号《复制委托书》上该公司的公章、该公司人员苏省的签字及彩虹公司提交的《委托复制合同》上该公司的公章系伪造并提出鉴定申请，但由于该公司未能提供在有关部门备案的其公章印模的线索，导致无法进行公章真伪的鉴定，在此情况下，法院依据现有证据不能排除腾图公司就被控侵权软件光盘向彩虹公司开具了第 0014372 号《复制委托书》并与该公司签订《委托复制合同》的可能。因此，法院认定腾图公司对被控侵权软件光盘承担共同侵权责任。

【引以为鉴】

本案中，原告北京中青旅创先软件产业发展有限公司与大宇资讯股份有限公司签订的《新仙剑奇侠传和仙剑客栈授权契约书》，在合同有效期内，原告依法享有游戏软件《新仙剑奇侠传》（以下简称涉案游戏软件）在中国大陆以压片方式复制、发行、单独包装、零售的专属权利。这种约定相当于大宇资讯股份有限公司授予原告享有在中国大陆地区的以压片方式复制、发行、单独包装、零售的专有许可。依该《授权契约书》的约定，在合同有效期内依法取得了涉案游戏软件在中国大陆以光盘形式复制、发行、销售的独占权及以自己名义对侵犯双方就涉案游戏软件享有权利的侵权行为提起诉讼的权利。

对于专有许可，依据《计算机软件保护条例》第 19 条的规定，必须签署书面协议。没有订立书面合同或者合同中未明确约定为专有许可的，被许可行使的权利应当视为非专有权利。

第二十条 【软件著作权转让】

转让软件著作权的，当事人应当订立书面合同。

◆ 相关法律规定

《中华人民共和国合同法》

第十条 当事人订立合同，有书面形式、口头形式和其他形式。

法律、行政法规规定采用书面形式的，应当采用书面形式。

《最高人民法院关于审理著作权民事纠纷案件适用法律若干问题的解释》

第二十二条 著作权转让合同未采取书面形式的，人民法院依据合同法第三十六条、第三十七条的规定审查合同是否成立。

◆ 知识精要

转让“软件著作权”是指软件著作权人与受让人通过订立转让合同，将其享有的软件著作权的全部权利或部分权利转移给受让人的行为。“转让”必须与前面所述的“许可”区别开来，过去在我国谈到引进国外先进技术时，经常说是“技术转让”，其实这种说法是模糊不清的，实际上，这些“技术转让”大多数只是知识产权的许可。转让是指该权利的归属发生了变化。例如，将一项软件著作权转让给某乙后。某乙就成为该软件的著作权人，某甲不再享有该软件的著作权了。

之所以规定转让软件著作权应当订立书面合同，是因为转让比许可所涉及的法律关系更重要，采用书面形式比较明确肯定，有利于合同的履行，并有助于防止争议和解决纠纷。

◆ **经典案例** 23

一份计算机软件著作权转让协议书

【案情简介】

甲方：北京市×××信息技术研究所（以下简称甲方）

乙方：北京×××××有限公司（以下简称乙方）

鉴于：

1. 甲方开发了 ABC 输入法软件 V1.1、V1.2、V1.3、V1.3A、V2.0、V2.0+等6个版本并对上述软件享有著作权，其中 V1.1、V1.2、V2.0+三个版本在中国软件登记中心进行了注册登记。

2. 甲方同意将 ABC 输入法软件上述各个版本的著作权全部转让给乙方，乙方同意受让。

经双方友好协商，达成如下协议：

第1条　甲方同意将以下计算机软件的著作权转让给乙方：

1. ABC 输入法软件 V1.1；

2. ABC 输入法软件 V1.2；

3. ABC 输入法软件 V1.3；

4. ABC 输入法软件 V1.3A；

5. ABC 输入法软件 V2.0；

6. ABC 输入法软件 V2.0+。

第2条　甲方保证转让的计算机软件的著作权为其合法拥有，未设立任何质押、抵押等任何他物权，并保证其所有权利不受任何第三方追索。

第3条　乙方受让上述计算机软件的著作权后，取得了所转让软件的使用权、使用许可权和获得报酬的权利；乙方在占有和使用上述计算机软件和获取报酬时，不受包括甲方以及任何第三方的干涉。

第 4 条　甲方向乙转让上述软件著作权时，将与其相关的一切资料、清单等一并全部交给乙方。

第 5 条　甲方向乙方转让上述著作权后，甲方不得再使用上述被转让的软件，也不得再开发类似的软件与乙方竞争。

第 6 条　协议各方在执行本协议时，应当本着诚实守信的原则，发生分歧或争议时，应当通过友好协商解决，协商不成的，任何一方都可以通过向法院提起诉讼来加以解决。

第 7 条　本协议一式二份，协议各方各执一份，具有同等的法律效力。

第 8 条　本协议经双方签字盖章后生效。

甲方：北京市×××研究所　　　　乙方：北京×××××有限公司

法定代表人（签字）：　　　　法定代表人（签字）：

签字日期：1999 年 10 月 18 日

【案件分析】

这是一份典型的软件著作权转让协议，虽然文字不多，但是该协议对软件著作权转让的关键问题均作出了约定。

第一，对于软件著作权的转让，必须清楚地说明软件的名称、软件版本号。软件版本号的不同代表了不同版本的软件。一般情况下，不同版本的软件各自独立享有软件著作权，因此，为了清楚地标明转让的软件著作权指的是哪一个版本，必须再将转让的软件的版本号写清楚；

第二，对于转让的权利应该清楚地写明。我们知道，软件的著作权是由多项权利组成的，根据《计算机软件保护条例》第 9 条的规定，软件著作权人可以全部或者部分转让其软件著作权，并有权获得报酬。因此，在转让软件著作权时，应清楚地界定转让的是哪项权利。在上述转让协议中，明确了乙方受让上述计算机软件的著作权后，取得了所转让软件的使用权、使用许可权和获得报酬的权利；乙方在占有和使用上述计算机软件和获取报酬时，不受包括甲方以及任何第三方的干涉。在这里，使用权、使用许可权和获得报酬权实际上包含了软件著作权中的一切财产权，例如复制权、发行权、出租权和信息网络传播权。

第三，软件著作权转让以后，转让方不应再享有转让的权利。转让的含义就是将权利转让给他人后，转让人永久丧失转让的权利。否则，就属于许可或者出租。因此，一般在著作权转让协议中会强调转让著作权后，原来的权利人不得再使用被转让的软件，也不得再开发类似的软件与受让人竞争。之所以规定转让人不得再开发类似的软件与受让方竞争是考虑由于转让方对转让的软件的需求、功能和设计非常熟悉，如果不限制转让方开发类似的软件进行竞争，转让方很快就会开发出类似的产品，在市场上与受让方竞争，这样无疑会损害受让方的利益，对受让方是不公平的。

第四，对于转让的权利保证。软件著作权人转让著作权首先应该保证其转让的软件确系自己拥有合法的权利，任何单位和个人不能将他人享有著作权的软件进行转让。除此之外，转让方还应保证其转让的软件不存在侵犯任何第三人的知识产权，否则应承担相应的责任。后者指的是软件存在侵权情况，即软件的程序部分抄袭了他人的软件，也可能构成侵权。如果受让方受让后被权利人发现存在侵权，很有可能受到侵权指控。因此，应该强调转让方对知识产权的担保责任。

第二十一条　【软件合同登记】

订立许可他人专有行使软件著作权的许可合同，或者订立转让软件著作权合同，可以向国务院著作权行政管理部门认定的软件登记机构登记。

◆ **相关法律规定**

《计算机软件著作权登记办法》

第十四条　软件著作权转让合同或者专有许可合同当事人可以向中国版权保护中心申请合同登记。申请合同登记时，应当提交以下材料：

（一）按要求填写的合同登记表；

（二）合同复印件；

（三）申请人身份证明。

◆ **知识精要**

专有行使软件著作权的许可合同和转让软件著作权的合同不仅对于当事人有重大意义，同时也对公众具有重要意义，因此本条例提倡将上述两种合同进行登记，以便确定权利状态，便于公众查询和了解。例如，人们知道某人或者某单位取得了软件的专有许可权，就知道其他人不可能再享有同样的权利，软件权利人也不应再授予其他人同样的权利。同样，当人们了解软件著作权已经转让后，有关软件许可的取得就无须再去找原来的权利人，而去找继受的权利人。

需要注意的是，1991 年的软件保护条例曾经规定，凡已办理登记的软件，在软件权利发生转让活动时，受让方应当在转让合同正式签订后三个月之内向软件登记管理机构备案，否则不能对抗第三者的侵权活动。2001 年修改条例的时候，考虑到软件许可和软件转让毕竟是权利人自己的私权，如何处分和如何行使应该尊重著作权人的自己的选择，国家不宜强制其进行登记，更不能因其没有登记而放任第三者的侵权活动，这样的规定不符合著作权法宗旨和本意。因此，本条作出了自愿登记的规定。

软件著作权专有许可合同和转让合同登记适用《计算机软件著作权登记办法》，目前，国家版权局认定中国版权保护中心为软件著作权专有许可合同和转让合同登记机构。软件著作权转让合同或者专有许可合同当事人可以向中国版权保护中心申请合同登记。申请合同登记时，应当提交以下材料：（1）按要求填写的合同登记表；（2）合同复印件；（3）申请人身份证明。软件著作权合同登记的申请人，应当是软件著作权专有许可合同或者转让合同的当事人。

◆ **经典案例** 24

中文之星 V1.1 软件著作权转让登记

【案情简介】

中文之星开放式超级中文系统 V1.1 版本是北京市海淀区新天地电子信息技术研究所开发完成的，首次发表日期为 1992 年 5 月 3 日，1993 年 3 月 9

日经中国软件登记中心批准，取得计算机软件著作权登记证书。登记号为 930030。

1999 年，北京市海淀区新天地电子信息技术研究所与北京中文之星软件开发有限公司签订了《计算机软件著作权转让协议》，将上述中文之星 V1.1 版本软件的著作权转让给北京中文之星软件开发有限公司。北京中文之星软件开发有限公司随后将该转让协议向中国版权保护中心软件登记部进行备案登记。中国版权保护中心受理了上述登记并向北京中文之星软件开发有限公司颁发了计算机软件著作权转让备案登记证书。

北京中文之星软件开发有限公司取得了计算机软件著作权转让备案登记证书后，在随后的融资活动和产品市场推广活动中，对于中文之星软件的著作权归属情况的介绍和陈述以及举证等方面非常方便，无须多费口舌，只需出示一下备案证书即可打消人们的顾虑，排除人们的怀疑。

第二十二条　【软件出口管理】

中国公民、法人或者其他组织向外国人许可或者转让软件著作权的，应当遵守《中华人民共和国技术进出口管理条例》的有关规定。

◆ 相关法律规定

《中华人民共和国技术进出口管理条例》

第三十条　国家鼓励成熟的产业化技术出口。

第三十一条　有对外贸易法第十六条、第十七条规定情形之一的技术，禁止或者限制出口。

国务院外经贸主管部门会同国务院有关部门，制定、调整并公布禁止或者限制出口的技术目录。

第三十二条　属于禁止出口的技术，不得出口。

第三十三条　属于限制出口的技术，实行许可证管理；未经许可，不得出口。

第三十四条　出口属于限制出口的技术，应当向国务院外经贸主管部门提出申请。

第三十五条　国务院外经贸主管部门收到技术出口申请后，应当会同国务院科技管理部门对申请出口的技术进行审查，并自收到申请之日起30个工作日内作出批准或者不批准的决定。

限制出口的技术需经有关部门进行保密审查的，按照国家有关规定执行。

第三十六条　技术出口申请经批准的，由国务院外经贸主管部门发给技术出口许可意向书。

申请人取得技术出口许可意向书后，方可对外进行实质性谈判，签订技术出口合同。

第三十七条　申请人签订技术出口合同后，应当向国务院外经贸主管部门提交下列文件，申请技术出口许可证：

（一）技术出口许可意向书；

（二）技术出口合同副本；

（三）技术资料出口清单；

（四）签约双方法律地位的证明文件。

国务院外经贸主管部门对技术出口合同的真实性进行审查，并自收到前款规定的文件之日起15个工作日内，对技术出口作出许可或者不许可的决定。

第三十八条　技术出口经许可的，由国务院外经贸主管部门颁发技术出口许可证。技术出口合同自技术出口许可证颁发之日起生效。

第三十九条　对属于自由出口的技术，实行合同登记管理。

出口属于自由出口的技术，合同自依法成立时生效，不以登记为合同生效的条件。

第四十条　出口属于自由出口的技术，应当向国务院外经贸主管部门办理登记，并提交下列文件：

（一）技术出口合同登记申请书；

（二）技术出口合同副本；

（三）签约双方法律地位的证明文件。

第四十三条　依照本条例的规定，经许可或者登记的技术出口合同，合同的主要内容发生变更的，应当重新办理许可或者登记手续。

经许可或者登记的技术出口合同终止的，应当及时向国务院外经贸主管部门备案。

第四十六条　进口或者出口属于禁止进出口的技术的，或者未经许可擅自进口或者出口属于限制进出口的技术的，依照刑法关于走私罪、非法经营罪、泄露国家秘密罪或者其他罪的规定，依法追究刑事责任；尚不够刑事处罚的，区别不同情况，依照海关法的有关规定处罚，或者由国务院外经贸主管部门给予警告，没收违法所得，处违法所得1倍以上5倍以下的罚款；国务院外经贸主管部门并可以撤销其对外贸易经营许可。

第四十七条　擅自超出许可的范围进口或者出口属于限制进出口的技术的，依照刑法关于非法经营罪或者其他罪的规定，依法追究刑事责任；尚不够刑事处罚的，区别不同情况，依照海关法的有关规定处罚，或者由国务院外经贸主管部门给予警告，没收违法所得，处违法所得1倍以上3倍以下的罚款；国务院外经贸主管部门并可以暂停直至撤销其对外贸易经营许可。

第五十条　以欺骗或者其他不正当手段获取技术进出口合同登记的，由国务院外经贸主管部门吊销其技术进出口合同登记证，暂停直至撤销其对外贸易经营许可。

◆ 知识精要

软件作为重要的技术内容之一，为了保障国家的安全，需要对软件的出口作出适当的限制，以维护国家利益。对于软件等技术的出口，大多数国家都有限制措施，最为典型的是美国。美国对于技术的出口国有限制，对于那些美国认为是非民主的国家，美国政府常常限制将软件等技术出口到该国。

目前，规范软件等技术出口的法规主要是《中华人民共和国技术进出口管理条例》。该条例2001年12月10日由国务院发布，2002年1月1日实施。根据该条例的规定，有下列情形之一的技术，禁止或者限制出口：

（一）为维护国家安全或者社会公共利益，需要限制进口或者出口的；

（二）国内供应短缺或者为有效保护可能用竭的国内资源，需要限制出口的；

（三）输往国家或者地区的市场容量有限，需要限制出口的；

（四）为建立或者加快建立国内特定产业，需要限制进口的；

（五）对任何形式的农业、牧业、渔业产品有必要限制进口的；

（六）为保障国家国际金融地位和国际收支平衡，需要限制进口的；

（七）根据中华人民共和国所缔结或者参加的国际条约、协定的规定，需要限制进口或者出口的。

属于下列情形之一的货物、技术，国家禁止进口或者出口：

（一）危害国家安全或者社会公共利益的；

（二）为保护人的生命或者健康，必须禁止进口或者出口的；

（三）破坏生态环境的；

（四）根据中华人民共和国所缔结或者参加的国际条约、协定的规定，需要禁止进口或者出口的。

根据技术进出口管理条例的规定，属于禁止出口的技术，不得出口。属于限制出口的技术，实行许可证管理；未经许可，不得出口。出口属于限制出口的技术，应当向国务院外经贸主管部门提出申请。国务院外经贸主管部门收到技术出口申请后，应当会同国务院科技管理部门对申请出口的技术进行审查，并自收到申请之日起30个工作日内作出批准或者不批准的决定。限制出口的技术需经有关部门进行保密审查的，按照国家有关规定执行。

技术出口申请经批准的，由国务院外经贸主管部门发给技术出口许可意向书。申请人取得技术出口许可意向书后，方可对外进行实质性谈判，签订技术出口合同。

申请人签订技术出口合同后，应当向国务院外经贸主管部门提交下列文件，申请技术出口许可证：

（一）技术出口许可意向书；

（二）技术出口合同副本；

（三）技术资料出口清单；

（四）签约双方法律地位的证明文件。

国务院外经贸主管部门对技术出口合同的真实性进行审查，并自收到前款规定的文件之日起15个工作日内，对技术出口作出许可或者不许可的决定。技术出口经许可的，由国务院外经贸主管部门颁发技术出口许可证。技术出口合同自技术出口许可证颁发之日起生效。

对属于自由出口的技术，实行合同登记管理。出口属于自由出口的技术，合同自依法成立时生效，不以登记为合同生效的条件。出口属于自由出口的技术，应当向国务院外经贸主管部门办理登记，并提交下列文件：

（一）技术出口合同登记申请书；

（二）技术出口合同副本；

（三）签约双方法律地位的证明文件。

进口或者出口属于禁止进出口的技术的，或者未经许可擅自进口或者出口属于限制进出口的技术的，依照刑法关于走私罪、非法经营罪、泄露国家秘密罪或者其他罪的规定，依法追究刑事责任；尚不够刑事处罚的，区别不同情况，依照海关法的有关规定处罚，或者由国务院外经贸主管部门给予警告，没收违法所得，处违法所得1倍以上5倍以下的罚款；国务院外经贸主管部门并可以撤销其对外贸易经营许可。

擅自超出许可的范围进口或者出口属于限制进出口的技术的，依照刑法关于非法经营罪或者其他罪的规定，依法追究刑事责任；尚不够刑事处罚的，区别不同情况，依照海关法的有关规定处罚，或者由国务院外经贸主管部门给予警告，没收违法所得，处违法所得1倍以上3倍以下的罚款；国务院外经贸主管部门并可以暂停直至撤销其对外贸易经营许可。

以欺骗或者其他不正当手段获取技术进出口合同登记的，由国务院外经贸主管部门吊销其技术进出口合同登记证，暂停直至撤销其对外贸易经营许可。

第四章　法律责任

第二十三条　【侵犯软件著作权精神权利的法律责任】

除《中华人民共和国著作权法》或者本条例另有规定外，有下列侵权行为的，应当根据情况，承担停止侵害、消除影响、赔礼道歉、赔偿损失等民事责任：

（一）未经软件著作权人许可，发表或者登记其软件的；

（二）将他人软件作为自己的软件发表或者登记的；

（三）未经合作者许可，将与他人合作开发的软件作为自己单独完成的软件发表或者登记的；

（四）在他人软件上署名或者更改他人软件上的署名的；

（五）未经软件著作权人许可，修改、翻译其软件的；

（六）其他侵犯软件著作权的行为。

◆ **相关法律规定**

《中华人民共和国民法通则》

第一百三十四条　承担民事责任的方式主要有：

（一）停止侵害；

（二）排除妨碍；

（三）消除危险；

（四）返还财产；

（五）恢复原状；

（六）修理、重作、更换；

（七）赔偿损失；

（八）支付违约金；

（九）消除影响、恢复名誉；

（十）赔礼道歉。

以上承担民事责任的方式，可以单独适用，也可以合并适用。

《中华人民共和国著作权法》（2010年修正）

第四十七条　有下列侵权行为的，应当根据情况，承担停止侵害、消除影响、赔礼道歉、赔偿损失等民事责任：

（一）未经著作权人许可，发表其作品的；

（二）未经合作作者许可，将与他人合作创作的作品当作自己单独创作的作品发表的；

（三）没有参加创作，为谋取个人名利，在他人作品上署名的；

（四）歪曲、篡改他人作品的；

（五）剽窃他人作品的；

（六）未经著作权人许可，以展览、摄制电影和以类似摄制电影的方法使用作品，或者以改编、翻译、注释等方式使用作品的，本法另有规定的除外；

（七）使用他人作品，应当支付报酬而未支付的；

（八）未经电影作品和以类似摄制电影的方法创作的作品、计算机软件、录音录像制品的著作权人或者与著作权有关的权利人许可，出租其作品或者录音录像制品的，本法另有规定的除外；

（九）未经出版者许可，使用其出版的图书、期刊的版式设计的；

（十）未经表演者许可，从现场直播或者公开传送其现场表演，或者录制其表演的；

（十一）其他侵犯著作权以及与著作权有关的权益的行为。

◆ 知识精要

一、本条规定了侵犯软件著作权人精神权利应该承担的民事责任

侵犯软件著作权应该承担法律责任。承担法律责任的形式包括民事责任、

行政责任和刑事责任。凡是侵犯软件著作权的，均应承担民事责任，只有在损害了公共利益和触犯刑法时，才会受到行政处罚和刑事追究。因此，有必要介绍一下民事责任的有关知识。

民事责任是行为人侵犯他人民事权利所应承担的法律后果。这种法律后果是由国家法律规定并以强制力保证执行的。民事责任的特征包括：（1）民事责任是因违反民事义务从而侵害到民事权利而承担的法律后果；（2）民事责任的方式以财产责任为主；（3）民事责任的范围与违法行为所造成的损害范围相适应；（4）民事责任的主要功能在于对民事权利的救济。

民事责任的主要分类包括：

（1）违约责任与侵权责任。根据民事违法行为所侵害的权利的不同，民事责任主要分为违约责任和侵权责任。违约责任指合同关系中的债务人违反合同的规定，侵犯债权人的债权（相对权）而应承担的民事责任。侵权责任指侵犯债权之外的绝对权（支配权）而应承担的民事责任。

（2）财产责任与非财产责任。财产责任指违法行为人依法应当承担的财产上的不利后果。民法通则中规定的排除妨碍、消除危险、返还财产、恢复原状、赔偿损失、交付违约金及修理、更换、重作等形式都属于财产责任。非财产责任适用于人身权受侵害时的以恢复受侵害人的人身利益为目的的民事责任。《民法通则》规定的消除影响、恢复名誉、赔礼道歉等形式属于非财产责任。

（3）按份责任和连带责任。民法上的连带责任主要有：合伙人对合伙之债权人的责任；共同侵权人的连带责任；连带保证人之间的连带责任；代理关系中发生的连带责任。

（4）过错责任、无过错责任和公平责任。按照承担责任的主观要件可以分为过错责任、无过错责任和公平责任。过错责任是指因行为人过错导致他人损害时应承担的责任。过错责任中又有过错推定责任，即由加害人证明自己无过错而免责。无过错责任是指行为人只要给他人造成损害，不问其主观上是否有过错，都应当承担的责任，也称不问过错责任。公平责任是指当事人对造成的损害都无过错，而又不能适用无过错责任，则根据实际情况由当事人分担的责任。

《民法通则》规定的承担民事责任的方式包括：（1）停止侵害；（2）排除妨碍；（3）消除危险；（4）返还财产；（5）恢复原状；（6）修理、重作、更换；（7）赔偿损失；（8）支付违约金；（9）消除影响、恢复名誉；（10）赔礼道歉。以上承担民事责任的方式，既可以单独适用，也可以合并适用。

二、本条规定的应该承担民事责任的侵权行为

（1）未经软件著作权人许可，发表或者登记其软件的。发表权是软件著作权的一项重要权利，专属于著作权人享有。未经软件著作权人许可，发表或者登记软件的，就构成侵权。发表权是将作品公之于众的权利，包括何时发表、何地发表、以何种方式发表等权利。凡是未按照作者决定时间、地点和方式发表的，都构成侵犯权利人的发表权。

在本条中，除了发表以外，未经软件著作权人的同意，擅自将软件进行登记的，也构成侵权。这里的登记是指向软件保护条例第 7 条规定的向国务院著作权行政管理部门认定的软件登记机构办理登记。根据《计算机软件著作权登记办法》，软件登记需要提交软件的源程序和有关文档，软件登记具有公之于众的效果，因此，软件登记常常被看作一种软件发表的方式。当然，对于一个已经上市销售的软件进行著作权登记不存在侵犯发表权的问题，因为该作品已经通过销售的方式进行了发表。但是由于软件著作权的登记需要提交软件的源程序，而销售软件仅需向用户提供目标程序，并且源程序作为软件权利人的一项重要商业秘密，具有极高的经济价值，因此，软件著作权人对于源程序是否公之于众具有绝对的权利，未经软件权利人许可，擅自将软件的源程序通过登记的方式进行公之于众，同样应该承担民事责任。

（2）将他人软件作为自己的软件发表或者登记的。署名权是软件著作权人的一项人身权利，只有著作权人才有资格在软件上进行署名。将他人的软件作为自己的软件发表或者登记，不仅侵犯了发表权，也侵犯了软件著作权人的署名权，依法应该承担民事责任。

（3）未经合作者许可，将与他人合作开发的软件作为自己单独完成的软件发表或者登记的。合作开发的软件是合作者共同创造的劳动成果，其著作权应当由合作者共同享有。因此，未经合作开发者同意，不得擅自发表合作作品，更不能将合作开发的软件当作自己单独完成的软件进行发表或者登记。

这种行为侵犯了其他合作开发者的署名权。

（4）在他人软件上署名或者更改他人软件上的署名的。署名权属于软件著作权人，一般情况下，如无相反证明，在软件上署名的人即为软件著作权人。因此，在软件上进行署名是一项极其严肃的事情，署名行为对软件著作权归属的判定具有重要意义。因此，法律赋予了软件著作权人对软件署名的权利，软件著作权人有权禁止未参加开发创作的人在软件上进行署名，也有权禁止他人更改软件的署名，否则可依法追究侵权人的民事责任。

（5）未经软件著作权人许可，修改、翻译其软件的。对软件的修改权和翻译权是软件著作权人的重要权利。未经软件著作权人的同意，擅自修改、翻译他人软件的，侵犯了软件著作权人享有的修改权和翻译权，应该承担民事责任。

（6）其他侵犯软件著作权的行为。本条属于兜底条款，一切侵犯本条例规定的软件著作权人所享有的软件著作权的行为，均应承担民事责任。需要说明的是，除了本条列举的软件著作权侵权行为外，在随后的第 24 条中，又列举了应该承担民事责任的五种侵权行为。但是，本条列举的侵权行为侧重对软件著作权人精神权利的保护并仅承担民事责任，而第 24 条列举的五种侵权行为，不仅承担民事责任，还有可能承担行政责任和刑事责任。另外，本条列举的著作权侵权行为与人身权利密切相关，而第 24 条列举的侵权行为与财产权利密切相关。

具有本条列举的软件著作权侵权行为应该承担侵权责任，承担方式包括：停止侵害、消除影响、赔礼道歉、赔偿损失等。

停止侵害是指行为人即将实施或者正在实施侵害软件著作权的行为时，软件著作权人有权要求其停止侵权行为。只要客观的侵权行为存在，经权利人请求，侵权人都应立即停止侵权。权利人可以直接向侵权人发出请求，也可以请求人民法院采取措施予以制止。

消除影响即责令软件著作权侵权人在一定范围内澄清事实，消除对软件权利人造成的不良印象。例如，软件 A 是由张三和李四共同开发完成的，如果张三自行将软件 A 作为自己单独完成的软件进行发表，这无疑给李四造成了没有开发软件 A 的不利影响。张三需要在相关的范围内发表声明，说明李四也是软件 A 的著作权人和开发者，以消除张三擅自发表的行为对李四造成的不利影响。一般说来，行为人在多大范围内给著作权人造成不利影响和损害，就应在多大范围内消除影响。消除影响的方式包括在报纸上发表声明，对发表或者登记的软件的署名进行修改等。

赔礼道歉是指软件著作权被侵权后，著作权人要求侵权人或者请求人民法院责令侵权人承认错误，在适当场合通过特定方式向著作权人表示歉意，例如登报声明、书面致歉或者当庭道歉等。赔礼道歉与消除影响紧密结合，两者常常一起使用。

赔偿损失是指就侵权人的侵权行为给软件著作权人造成的财产损失进行补偿，支付与权利人损失相当的金钱。赔偿损失的数额一般应与权利人受到的损失相当。本条例第 25 条明确规定了损失数额的范围和计算方法。

另外，在本条和第 24 条中都明确规定，除《著作权法》或者本条例另有规定外，具有软件著作权侵权行为的才承担法律责任。这里的“规定”主要是指在软件的合理使用、法定许可和表达方式竞合等情况下，即使存在列举的侵权行为，也不承担法律责任。

◆ 经典案例 25

北京天正工程软件有限公司诉陈××计算机软件著作权侵权案

【案情简介】

1998 年 8 月 28 日，北京天正工程软件有限公司（以下简称天正公司）取得全国软件产品管理中心颁发的《软件产品登记证书》，软件名称为“天正建筑 TArchII”，版本为“V3.0”，申请人为“北京市天正工程软件公司”，登记号为 GR1998Y0042。

2000 年 5 月 30 日，天正公司取得国家版权局颁发的软著登字第 0004904 号《计算机软件著作权登记证书》，登记号为 2000SR0829，软件名称为“天正建筑软件 IIV3.0（以下简称 TArchII）”，著作权人为“北京市天正工程软件公司”，证书注明“推定该软件的著作权人自 1999 年 10 月 21 日起，在法定期限内享有该软件的著作权”。

陈××曾任天正公司总经理兼董事，同时为天正公司股东。1999 年 1 月 18 日，天正公司撤销了陈××总经理职务。

2000 年 2 月 25 日、2000 年 4 月 5 日、2000 年 4 月 18 日，陈××分三次寄给天正公司上海办事处负责人杨××三张“建筑 3.5 版”程序光盘。2000 年初，杨××未经天正公司同意，以天正公司上海办事处的名义对外发出版本升级快讯，声称天正公司在“建筑 3.0 版”的基础上将于 2000 年 2 月正式推出“建筑 3.5 版”。之后，杨××在上海地区发行“建筑 3.5 版”软件，同时为“建筑 3.0 版”软件用户提供免费升级服务。“建筑 3.5 版”软件除删除了天正公司“建筑 3.0 版”软件中的天正字样外，还在其基础上对部分程序进行了修改，并根据用户需要增加了一些新的功能，但两个软件的设计思想及基本内容一致，且使用了相同的加密部件、教学光盘和用户手册等配套用品。

2000 年 6 月 28 日，天正公司致函陈××，主要内容为上海办事处在天正公司不知情的情况下擅自在上海及浙江地区发放“建筑 3.5 版”，公司要求陈××将其个人保有的天正软件核心代码与研制部经理任军进行交接；将建筑软件源程序包括在上海发行的“建筑 3.5 版”软件的代码交与研制部，并负责对程序进行解释，同时要求陈××对此事进行书面解释。

2000 年 12 月 18 日，天正公司以著作权侵权为由将杨××诉至上海市第二中级人民法院，上海市第二中级人民法院于 2000 年 12 月 22 日受理该案。该案经上海市第二中级人民法院、上海市高级人民法院两审，现该案业已结案。法院认定杨××的行为构成对天正公司著作权的侵害，判决杨××停止侵权；在《上海计算机报》上公开向天正公司赔礼道歉、消除影响；并赔偿天正公司的经济损失 80 000 元。二审中，杨××提交了陈××的证言，陈××承认“建筑 3.5 版”软件是由其提供给杨××的。对此证言，天正公司没有表示异议。

2000 年 11 月 23 日，陈××向天正公司提交了辞职申请。2000 年 12 月，天正公司签收了陈××移交的写锁程序和天正加密换码表，但对陈××移交的源代码，天正公司以移交的源代码不全、不符合公司要求为由拒绝签收。

天正公司向北京市海淀区人民法院起诉陈××，要求：(1) 陈××停止使用天正公司的软件作品“天正建筑软件 IIV3.0”；（2）在全国性媒体上公开赔礼道歉；（3）返还天正公司“天正建筑软件 IIV3.0”所需的相关资料（按照陈××提交的证据 3－2 的附件执行）；（4）赔偿经济损失 60 万元；（5）承担本案的诉讼费。

【争议焦点】

1. 陈××未经天正公司授权，修改“建筑 3.0 版”软件，是否应该承担侵权责任?

2. 陈××应该如何承担侵权民事责任?

【案件分析】

1. 陈××未经天正公司授权，修改“建筑 3.0 版”软件，是否应该承担侵权责任?

北京市海淀区人民法院经审理认定：天正公司系“建筑 3.0 版”软件的著作权人，他人不得擅自修改“建筑 3.0 版”软件，不得销售侵犯“建筑 3.0 版”软件著作权的软件。陈××向杨××提供的“建筑 3.5 版”软件是在天正公司“建筑 3.0 版”的基础上修改而成的。陈××的行为没有得到天正公司的授权，因此该行为既不是天正公司的行为，也不是代理天正公司所从事的行为，而只能是陈××个人的行为。“建筑 3.5 版”软件对“建筑 3.0 版”的修改未经天正公司的同意，是侵犯天正公司“建筑 3.0 版”软件著作权的侵权软件。陈××明知其行为未经天正公司许可且可能造成侵权事件的发生，但并没有采取必要的阻止措施，主观过错明显，对造成本案纠纷负有不可推卸的责任，其行为与案外人杨××应属共同侵权，故陈××应停止侵权并依法承担侵权责任，向原告赔礼道歉。

2. 陈××应该如何承担侵权民事责任?

鉴于天正公司因侵权而受到的损失已经上海市第二中级人民法院和上海市高级人民法院终审裁判，故对其在本案中要求陈××赔偿经济损失之请求本院不予支持。又鉴于此侵权所造成的影响已经法院终审确定，故不再支持天正公司要求陈××在全国性新闻媒体上公开赔礼道歉的诉讼请求。最后，海淀区人民法院依据《著作权法》第 45 条第 8 项、《计算机软件保护条例》

第9条第3项、第4项之规定，判决："一、本判决生效之日起，陈××停止使用天正公司的软件作品'天正建筑软件IIV3.0'；二、本判决生效之日起30日内，陈××在《上海计算机报》上刊登向天正公司公开致歉的声明。逾期不履行，本院将在相关媒体上刊登判决书有关内容，费用由被告负担；三、本判决生效之日起十日内，陈××返还天正公司'天正建筑软件IIV3.0'所需的相关资料（按照陈××提交的证据3-2的附件执行）。"

一审判决后，天正公司不服原审判决，在法定期内向北京市第一中级人民法院提起上诉称：（1）天正公司在原审中提供的经济损失索赔依据事实清楚、理由充分。根据《著作权法》第48条的规定，天正公司列举了因陈××侵权导致的发行损失、研制损失、广告费用损失、为制止侵权所支付的各项费用等，共计1 523 797.63元。考虑到陈××的履行情况，仅请求60万元的赔偿额。（2）原审判决认定天正公司因侵权所受到的损失已经法院终审裁判，故对天正公司要求陈××赔偿损失的请求不予支持的观点错误。上海两级人民法院审理的杨××计算机软件著作权案，所作判决是对杨某某所实施行为构成侵权的确认，同时确定了杨某某对自己的侵权行为应承担的法律责任及对天正公司的赔偿数额。而本案陈××与杨某某的侵权事实不同、带来的损害后果不同、给天正公司造成的损失也不同。陈××作为侵权软件的提供者，在侵权案件中起主要作用，不同的侵权人实施了不同的侵权行为，应承担不同的侵权责任。综上，陈××应承担侵权责任、赔偿经济损失。

被上诉人陈××辩称，对"天正建筑3.0版"（以下简称"建筑3.0版"）进行改进是我的本职工作，因此制作"建筑3.5版"升级版并进行测试是职务行为，并非侵权行为。我当时是公司的总工程师，负责该软件的改进和做盘工作，向天正公司上海办事处邮寄用于测试的软件是按照惯例对软件进行维护和测试工作的一部分，而天正公司上海办事处没有独立的法人资格和账户，是天正公司的一个下属部门，上海办事处是否销售该软件我本人并不知情，而且也未将该软件扩散到公司以外，即没有侵权的故意，也未给天正公司造成任何经济损失。原审判决我返还"建筑3.0版"源代码的方法无法执行。综上，原审法院判决认定我侵犯了天正公司软件著作权错误，天正公司要求我赔偿经济损失无事实和法律依据，请求二审法院驳回天正公司的上诉请求。

北京市第一中级人民法院经审理认为，一审法院认定事实清楚，适用法律正确，判决结果正确，应予维持。最后驳回上诉，维持原判。

【引以为鉴】

本案中，天正公司系“建筑 3.0 版”软件的著作权人，任何人未经其同意，不得擅自修改、发行其享有著作权的软件作品。2000 年 7 月 18 日之前陈××任天正公司总工程师，陈××未征得天正公司的同意，将在“建筑 3.0 版”软件基础上修改而成的“建筑 3.5 版”邮寄给天正公司上海办事处的杨××，杨××在天正公司不知情的情况下，以天正公司上海办事处的名义对外发出升级快讯，并发行了该软件，杨××的行为违反了《计算机软件保护条例》第 23 条的规定，属于未经软件著作权人许可，发表或者登记其软件的行为，依法应该承担停止侵害、消除影响、赔礼道歉、赔偿损失等民事责任。

陈××虽为公司的总工程师，但是天正公司系软件的著作权人，其修改软件的行为必须取得公司的同意，未经公司允许，其不能对公司的软件进行擅自修改。本案中，陈××在“建筑 3.0 版”的基础上对部分程序进行了修改，增加了一些新的功能，并将“建筑 3.0 版”软件中的天正字样予以删除后推出了“建筑 3.5 版”。陈××的行为同样违反了《计算机软件保护条例》第 23 条的规定，属于未经软件著作权人许可，修改其软件的非法行为，依法应该承担停止侵害、消除影响、赔礼道歉等民事责任。

对于侵犯《计算机软件保护条例》第 23 条所列的侵权行为，该条规定了侵权人应当根据情况承担赔偿损失的民事责任。侵权人是否赔偿权利人的损失应该看侵权人的行为是否给权利人造成了损失，或者侵权人的行为与权利人的损失之间是否有因果关系。另外，民事赔偿的基本原则是“填平”原则，即如果权利人的损失已经得到补偿，法律不可能就同一损失支持额外的补偿。本案中，陈××作为天正公司的总工程师，未经许可，擅自向杨××提供“建筑 3.5 版”软件，造成该软件在市场上公开销售，给天正公司造成损失，陈××负有一定责任。但陈××并未授权杨××销售该软件，天正公司也未能证明陈××主观上有侵权的故意，客观上虽造成了对“建筑 3.0 版”软件著作权的侵犯，但杨××应对侵权负主要责任。由于天正公司提供的因陈××修改“建筑3.0版”软件并提供给杨××的行为给天正公司造成损失的证据不足，而且天正公司因侵权所受到的损失已由上海市有关人民法院终审裁判。故天正公司要求陈××赔偿经济损失的诉讼请求不能成立，法院没有支持。

第二十四条 【侵犯软件著作权人财产权利的法律责任】

除《中华人民共和国著作权法》、本条例或者其他法律、行政法规另有规定外，未经软件著作权人许可，有下列侵权行为的，应当根据情况，承担停止侵害、消除影响、赔礼道歉、赔偿损失等民事责任；同时损害社会公共利益的，由著作权行政管理部门责令停止侵权行为，没收违法所得，没收、销毁侵权复制品，可以并处罚款；情节严重的，著作权行政管理部门并可以没收主要用于制作侵权复制品的材料、工具、设备等；触犯刑律的，依照刑法关于侵犯著作权罪、销售侵权复制品罪的规定，依法追究刑事责任：

（一）复制或者部分复制著作权人的软件的；

（二）向公众发行、出租、通过信息网络传播著作权人的软件的；

（三）故意避开或者破坏著作权人为保护其软件著作权而采取的技术措施的；

（四）故意删除或者改变软件权利管理电子信息的；

（五）转让或者许可他人行使著作权人的软件著作权的。

有前款第一项或者第二项行为的，可以并处每件100元或者货值金额1倍以上5倍以下的罚款；有前款第三项、第四项或者第五项行为的，可以并处20万元以下的罚款。

◆ 相关法律规定

《中华人民共和国著作权法》（2010年修正）

第四十八条 有下列侵权行为的，应当根据情况，承担停止侵害、消除影响、赔礼道歉、赔偿损失等民事责任；同时损害公共利益的，可以由著作权行政管理部门责令停止侵权行为，没收违法所得，没收、销毁侵权复制品，并可处以罚款；情节严重的，著作权行政管理部门还可以没收主要用于制作侵权复制品的材料、工具、设备等；构成犯罪的，依法追究刑事责任：

（一）未经著作权人许可，复制、发行、表演、放映、广播、汇编、通过信息网络向公众传播其作品的，本法另有规定的除外；

（二）出版他人享有专有出版权的图书的；

（三）未经表演者许可，复制、发行录有其表演的录音录像制品，或者通过信息网络向公众传播其表演的，本法另有规定的除外；

（四）未经录音录像制作者许可，复制、发行、通过信息网络向公众传播其制作的录音录像制品的，本法另有规定的除外；

（五）未经许可，播放或者复制广播、电视的，本法另有规定的除外；

（六）未经著作权人或者与著作权有关的权利人许可，故意避开或者破坏权利人为其作品、录音录像制品等采取的保护著作权或者与著作权有关的权利的技术措施的，法律、行政法规另有规定的除外；

（七）未经著作权人或者与著作权有关的权利人许可，故意删除或者改变作品、录音录像制品等的权利管理电子信息的，法律、行政法规另有规定的除外；

（八）制作、出售假冒他人署名的作品的。

《最高人民法院关于审理著作权民事纠纷案件适用法律若干问题的解释》（法释〔2002〕31号）

第二十九条　计算机软件用户未经许可或者超过许可范围商业使用计算机软件的，依据著作权法第四十七条第（一）项、《计算机软件保护条例》第二十四条第（一）项的规定承担民事责任。

《中华人民共和国著作权法实施条例》

第三十六条　有著作权法第四十八条所列侵权行为，同时损害社会公共利益，非法经营额5万元以上的，著作权行政管理部门可处非法经营额1倍以上5倍以下的罚款；没有非法经营额或者非法经营额5万元以下的，著作权行政管理部门根据情节轻重，可处25万元以下的罚款。

第三十七条　有著作权法第四十八条所列侵权行为，同时损害社会公共利益的，由地方人民政府著作权行政管理部门负责查处。

国务院著作权行政管理部门可以查处在全国有重大影响的侵权行为。

《著作权行政处罚实施办法》

第三条 本办法所称的违法行为是指：

（一）著作权法第四十八条列举的侵权行为，同时损害公共利益的；

（二）《计算机软件保护条例》第二十四条列举的侵权行为，同时损害公共利益的；

（三）其他法律、法规、规章规定的应予行政处罚的著作权违法行为。

第四条 对本办法列举的违法行为，著作权行政管理部门可以依法给予下列种类的行政处罚：

（一）责令停止侵权行为；

（二）没收违法所得；

（三）没收侵权复制品；

（四）罚款；

（五）没收主要用于制作侵权复制品的材料、工具、设备等；

（六）法律、法规、规章规定的其他行政处罚。

第三十条 著作权行政管理部门作出罚款决定时，罚款数额应当依照《中华人民共和国著作权法实施条例》第三十六条和《计算机软件保护条例》第二十四条的规定确定。

《中华人民共和国刑法》

第二百一十七条 以营利为目的，有下列侵犯著作权情形之一，违法所得数额较大或者有其他严重情节的，处三年以下有期徒刑或者拘役，并处或者单处罚金；违法所得数额巨大或者有其他特别严重情节的，处三年以上七年以下有期徒刑，并处罚金：

（一）未经著作权人许可，复制发行其文字作品、音乐、电影、电视、录像作品、计算机软件及其他作品的；

（二）出版他人享有专有出版权的图书的；

（三）未经录音录像制作者许可，复制发行其制作的录音录像的；

（四）制作、出售假冒他人署名的美术作品的。

第二百一十八条　以营利为目的，销售明知是本法第二百一十七条规定的侵权复制品，违法所得数额巨大的，处三年以下有期徒刑或者拘役，并处或者单处罚金。

《最高人民法院、最高人民检察院关于办理侵犯知识产权刑事案件具体应用法律若干问题的解释（二）》（法释〔2007〕6号）

第一条　以营利为目的，未经著作权人许可，复制发行其文字作品、音乐、电影、电视、录像作品、计算机软件及其他作品，复制品数量合计在五百张（份）以上的，属于刑法第二百一十七条规定的“有其他严重情节”；复制品数量在二千五百张（份）以上的，属于刑法第二百一十七条规定的“有其他特别严重情节”。

第二条　刑法第二百一十七条侵犯著作权罪中的“复制发行”，包括复制、发行或者既复制又发行的行为。

侵权产品的持有人通过广告、征订等方式推销侵权产品的，属于刑法第二百一十七条规定的“发行”。

非法出版、复制、发行他人作品，侵犯著作权构成犯罪的，按照侵犯著作权罪定罪处罚。

第三条　侵犯知识产权犯罪，符合刑法规定的缓刑条件的，依法适用缓刑。有下列情形之一的，一般不适用缓刑：

（一）因侵犯知识产权被刑事处罚或者行政处罚后，再次侵犯知识产权构成犯罪的；

（二）不具有悔罪表现的；

（三）拒不交出违法所得的；

（四）其他不宜适用缓刑的情形。

第四条　对于侵犯知识产权犯罪的，人民法院应当综合考虑犯罪的违法所得、非法经营数额、给权利人造成的损失、社会危害性等情节，依法判处罚金。罚金数额一般在违法所得的一倍以上五倍以下，或者按照非法经营数额的50%以上一倍以下确定。

第五条　被害人有证据证明的侵犯知识产权刑事案件，直接向人民法院起诉的，人民法院应当依法受理；严重危害社会秩序和国家利益的侵犯知识产权刑事案件，由人民检察院依法提起公诉。

第六条 单位实施刑法第二百一十三条至第二百一十九条规定的行为，按照《最高人民法院、最高人民检察院关于办理侵犯知识产权刑事案件具体应用法律若干问题的解释》和本解释规定的相应个人犯罪的定罪量刑标准定罪处罚。

《最高人民法院、最高人民检察院关于办理侵犯知识产权刑事案件具体应用法律若干问题的解释》(法释〔2004〕19号)

第五条 以营利为目的，实施刑法第二百一十七条所列侵犯著作权行为之一，违法所得数额在三万元以上的，属于“违法所得数额较大”；具有下列情形之一的，属于“有其他严重情节”，应当以侵犯著作权罪判处三年以下有期徒刑或者拘役，并处或者单处罚金：

（一）非法经营数额在五万元以上的；

（二）未经著作权人许可，复制发行其文字作品、音乐、电影、电视、录像作品、计算机软件及其他作品，复制品数量合计在一千张（份）以上的；

（三）其他严重情节的情形。

以营利为目的，实施刑法第二百一十七条所列侵犯著作权行为之一，违法所得数额在十五万元以上的，属于“违法所得数额巨大”；具有下列情形之一的，属于“有其他特别严重情节”，应当以侵犯著作权罪判处三年以上七年以下有期徒刑，并处罚金：

（一）非法经营数额在二十五万元以上的；

（二）未经著作权人许可，复制发行其文字作品、音乐、电影、电视、录像作品、计算机软件及其他作品，复制品数量合计在五千张（份）以上的；

（三）其他特别严重情节的情形。

第六条 以营利为目的，实施刑法第二百一十八条规定的行为，违法所得数额在十万元以上的，属于“违法所得数额巨大”，应当以销售侵权复制品罪判处三年以下有期徒刑或者拘役，并处或者单处罚金。

第十一条 以刊登收费广告等方式直接或者间接收取费用的情形，属于刑法第二百一十七条规定的“以营利为目的”。

刑法第二百一十七条规定的“未经著作权人许可”，是指没有得到著作权人授权或者伪造、涂改著作权人授权许可文件或者超出授权许可范围的情形。

通过信息网络向公众传播他人文字作品、音乐、电影、电视、录像作品、计算机软件及其他作品的行为，应当视为刑法第二百一十七条规定的“复制发行”。

第十二条　本解释所称“非法经营数额”，是指行为人在实施侵犯知识产权行为过程中，制造、储存、运输、销售侵权产品的价值。已销售的侵权产品的价值，按照实际销售的价格计算。制造、储存、运输和未销售的侵权产品的价值，按照标价或者已经查清的侵权产品的实际销售平均价格计算。侵权产品没有标价或者无法查清其实际销售价格的，按照被侵权产品的市场中间价格计算。

多次实施侵犯知识产权行为，未经行政处理或者刑事处罚的，非法经营数额、违法所得数额或者销售金额累计计算。

第十四条　实施刑法第二百一十七条规定的侵犯著作权犯罪，又销售该侵权复制品，构成犯罪的，应当依照刑法第二百一十七条的规定，以侵犯著作权罪定罪处罚。

实施刑法第二百一十七条规定的侵犯著作权犯罪，又销售明知是他人的侵权复制品，构成犯罪的，应当实行数罪并罚。

第十五条　单位实施刑法第二百一十三条至第二百一十九条规定的行为，按照本解释规定的相应个人犯罪的定罪量刑标准的三倍定罪量刑。

第十六条　明知他人实施侵犯知识产权犯罪，而为其提供贷款、资金、账号、发票、证明、许可证件，或者提供生产、经营场所或者运输、储存、代理进出口等便利条件、帮助的，以侵犯知识产权犯罪的共犯论处。

◆ 知识精要

本条列举了与软件著作权财产权利密切相关的软件著作权侵权行为。这些侵权行为除了承担民事责任以外，还有可能承担刑事责任。

一、构成侵犯软件著作权的具体侵权行为

（1）复制或者部分复制著作权人的软件的。软件的复制即将软件制作一份副本或者多份副本。复制可以全部复制，也可以部分复制。但是无论是全部复制还是部分复制都侵犯了软件著作权人所享有的复制权。

复制权属于软件权利人，依法受本条例的保护。未经软件权利人的许可进行的非法复制，应该承担法律责任。承担法律责任的形式根据其侵权的行为和后果，轻微的承担民事责任，损害公共利益的，应承担行政责任，触犯《刑法》第217条和第218条的，应该承担刑事责任。

（2）向公众发行、出租、通过信息网络传播著作权人的软件的。软件的发行权是指软件权利人通过各种方式向社会公众提供软件的原件或者复制品的权利。发行的方式包括出售、赠与、网上下载、出口等方式。软件的出租权是指软件权利人授权他人临时使用软件的权利。软件的信息网络传播权是指通过有线或者无线方式向公众提供软件，使公众可以在其个人选定的时间和地点获得软件的权利。

软件的发行权、出租权和信息网络传播权属于软件的权利人专有。软件权利人通过发行、出租等方式可以获取重大的经济利益。因此，未经软件权利人的许可，任何个人或单位不得擅自行使软件的发行权、出租权和信息网络传播权。否则，轻微的承担民事责任，损害公共利益的，应承担行政责任，触犯《刑法》第217条和第218条的，应该承担刑事责任。

（3）故意避开或者破坏著作权人为保护其软件著作权而采取的技术措施的。软件著作权人为了防止被他人非法拷贝，经常会采取技术上的加密措施，例如，在软件安装过程中设置序列号和密码，只有拥有序列号和密码的用户，才能将软件的复制品安装到计算机中。还有一些软件企业采用加密狗（锁）、加密卡的方式进行加密，没有加密锁或者加密卡，用户不能安装和/或运行软件。软件权利人为保护软件著作权而采取的上述技术措施受法律保护。那些故意避开或者破坏著作权人为保护其软件著作权而采取的技术措施的，例如，破解或者解密加密锁、避开加密狗的行为，都是违法的侵权行为，应该承担法律责任，包括民事责任、行政责任和刑事责任。

（4）故意删除或者改变软件权利管理电子信息的。权利管理电子信息，是指说明作品及其作者、表演及其表演者、录音录像制品及其制作者的信息，作品、表演、录音录像制品权利人的信息和使用条件的信息，以及表示上述信息的数字或者代码。软件权利管理电子信息是指软件作品中包含的软件著作权人信息、版权信息、软件最终用户许可协议（软件使用条件信息等）。例如，在微软公司的软件产品中，一般都会标明“警告：本计算机程序受版权法及国际公约的保护，未经授权擅自复制或散布本程序的部分或全部，将承受严厉的民事和刑事处罚，对已知的违反者将给予法律范围内的全面制裁”的警告信息，同时标明“著作权所有 Microsoft Corporation”等信息。

权利管理电子信息是软件著作权人行使和保护软件著作权的一种重要手段，其不仅涉及署名权，还涉及软件著作权人对软件使用的许可权。因此，凡是故意删除或者改变软件权利管理电子信息的，也构成侵犯软件著作权人的合法权利，依法承担民事责任、行政责任和刑事责任。

（5）转让或者许可他人行使著作权人的软件著作权的。软件著作权属于著作权人，软件著作权人可以自己行使著作权，也可以许可他人行使著作权。同时，软件著作权人也可以将软件的著作权转让给他人。软件著作权人通过转让或者许可他人行使著作权获得报酬。未经软件著作权人的同意，转让或者许可他人行使著作权人的软件著作权的，构成侵权。

本条描述的侵权行为是软件侵权的主要形式。在实际生活中，那些销售盗版软件的单位或者个人，就属于未经软件著作权人许可，许可他人行使著作权人的软件著作权的行为。在销售计算机过程中预装盗版软件也属于非法许可他人行使软件著作权的行为。

在软件开发过程中，如果非法抄袭他人的程序然后再将含有他人程序的软件进行销售的行为则属于非法复制和转让他人软件著作权的行为。

无论是违法转让还是非法许可他人软件著作权，均应受到法律的制裁，应该承担民事责任、行政责任和刑事责任。

二、侵犯软件著作权应当承担的民事责任

侵犯本条列举的著作权的，与上一条一样，同样应当根据情况，承担停止侵害、消除影响、赔礼道歉、赔偿损失等民事责任。

三、侵犯软件著作权应当承担的行政责任

对于本条列举的软件著作权侵权行为，如果损害了公共利益，除承担民事责任外，可以由著作权行政管理部门责令停止侵权行为，没收违法所得，没收、销毁侵权复制品，并可处以罚款；情节严重的，著作权行政管理部门还可以没收主要用于制作侵权复制品的材料、工具、设备等。侵权人因侵犯著作权承担的上述责任可以称之为行政责任。行政责任是指因违反行政法或因行政法规定而应承担的法律责任。行政责任的特点是：（1）承担行政责任的主体是行政主体和行政相对人。（2）产生行政责任的原因是行为人的行政违法行为和法律规定的特定情况。

著作权行政管理部门目前是指国家版权局和地方版权局。版权局对于侵权人采取的责令停止侵权行为，没收违法所得，没收、销毁侵权复制品，罚款、没收主要用于制作侵权复制品的材料、工具、设备等措施称之为行政处罚。对于著作权的行政处罚，根据本条例以及《著作权行政处罚办法》规定，《计算机软件保护条例》第 24 条列举的侵权行为，同时损害公共利益的属于应受到行政处罚的违法行为。

本条所列的软件著作权的行政违法行为，由侵权行为实施地、侵权结果发生地、侵权复制品储藏地或者依法查封扣押地的著作权行政管理部门负责查处。国家版权局可以查处在全国有重大影响的违法行为，以及认为应当由其查处的其他违法行为。地方著作权行政管理部门负责查处本辖区发生的违法行为。两个以上地方著作权行政管理部门对同一违法行为均有管辖权时，由先立案的著作权行政管理部门负责查处该违法行为。地方著作权行政管理部门因管辖权发生争议或者管辖不明时，由争议双方协商解决；协商不成的，报请共同的上一级著作权行政管理部门指定管辖，其共同的上一级著作权行政管理部门也可以直接指定管辖。上级著作权行政管理部门在必要时，可以处理下级著作权行政管理部门管辖的有重大影响的案件，也可以将自己管辖的案件交由下级著作权行政管理部门处理；下级著作权行政管理部门认为其管辖的案件案情重大、复杂，需要由上级著作权行政管理部门处理的，可以报请上一级著作权行政管理部门处理。

著作权行政管理部门对违法行为予以行政处罚的时效为两年，从违法行为发生之日起计算。违法行为有连续或者继续状态的，从行为终了之日起计算。侵权复制品仍在发行的，视为违法行为仍在继续。违法行为在两年内未被发现的，不再给予行政处罚。法律另有规定的除外。

除行政处罚法规定适用简易程序的情况外，著作权行政处罚适用行政处罚法规定的一般程序。著作权行政管理部门适用一般程序查处违法行为，应当立案。对本条列举的违法行为，著作权行政管理部门可以自行决定立案查处，或者根据有关部门移送的材料决定立案查处，也可以根据被侵权人、利害关系人或者其他知情人的投诉或者举报决定立案查处。

软件著作权人（投诉人）本条列举的违法行为申请立案查处的，应当提交申请书、权利证明、被侵权作品（或者制品）以及其他证据。申请书应当说明当事人的姓名（或者名称）、地址以及申请查处所根据的主要事实、理由。著作权行政管理部门应当在收到所有投诉材料之日起 15 日内，决定是否受理并通知投诉人。不予受理的，应当书面告知理由。著作权行政管理部门立案时应当填写立案审批表，同时附上投诉或者举报材料、上级著作权行政管理部门交办或者有关部门移送案件的材料、执法人员的检查报告等有关材料，由本部门负责人批准立案并指定两名以上办案人员进行调查处理。办案人员与案件有利害关系的，应当自行回避；没有回避的，当事人可以申请其回避。办案人员的回避，由本部门负责人批准。负责人的回避，由本级人民政府批准。

著作权行政执法人员在执法过程中，发现违法行为正在实施，情况紧急来不及立案的，可以采取下列措施：（1）对违法行为予以制止或者纠正；（2）对侵权复制品和主要用于违法行为的材料、工具、设备等依法先行登记保存；（3）收集、调取其他有关证据。

执法人员应当及时将有关情况和材料报所在著作权行政管理部门，并办理立案手续。立案后，办案人员应当及时进行调查，并要求法定举证责任人在著作权行政管理部门指定的期限内举证。

办案人员取证时可以采取下列手段收集、调取有关证据：（1）查阅、复制与涉嫌违法行为有关的文件档案、账簿和其他书面材料；（2）对涉嫌侵权复制品进行抽样取证；（3）对涉嫌侵权复制品先行登记保存。

办案人员在执法中应当向当事人或者有关人员出示由国家版权局或者地方人民政府制发的行政执法证件。

著作权行政执法人员办案时收集的证据包括：（1）书证；（2）物证；（3）证人证言；（4）视听资料；（5）当事人陈述；（6）鉴定结论；（7）检查、勘验笔录。

软件著作权人提供的涉及著作权的底稿、原件、合法出版物、著作权登记证书、认证机构出具的证明、取得权利的合同，以及当事人自行或者委托他人以定购、现场交易等方式购买侵权复制品而取得的实物、发票等，可以作为证据。

办案人员抽样取证、先行登记保存有关证据，应当有当事人在场。对有关物品应当当场制作清单一式两份，由办案人员和当事人签名、盖章后，分别交由当事人和办案人员所在著作权行政管理部门保存。当事人不在场或者拒绝签名、盖章的，由现场两名以上办案人员注明情况。办案人员先行登记保存有关证据，应当经本部门负责人批准，并向当事人交付证据先行登记保存通知书。当事人或者有关人员在证据保存期间不得转移、损毁有关证据。先行登记保存的证据，应当加封著作权行政管理部门先行登记保存封条，由当事人就地保存。先行登记保存的证据确需移至他处的，可以移至适当的场所保存。情况紧急来不及办理本条规定的手续时，办案人员可以先行采取措施，事后及时补办手续。对先行登记保存的证据，应当在交付证据先行登记保存通知书后七日内作出下列处理决定：（1）需要鉴定的，送交鉴定；（2）违法事实成立，应当予以没收的，依照法定程序予以没收；（3）应当移送有关部门处理的，将案件连同证据移送有关部门处理；（4）违法事实不成立，或者依法不应予以没收的，解除登记保存措施；（5）其他有关法定措施。

著作权行政管理部门拟作出行政处罚决定的，应当由本部门负责人签发行政处罚事先告知书，告知当事人拟作出行政处罚决定的事实、理由和依据，并告知当事人依法享有的陈述权、申辩权和其他权利。

行政处罚事先告知书应当由著作权行政管理部门直接送达当事人，当事人应当在送达回执上签名、盖章。当事人拒绝签收的，由送达人员注明情况，并报告本部门负责人。著作权行政管理部门也可以采取邮寄送达方式告知当事人。无法找到当事人时，可以以公告形式告知。

当事人要求陈述、申辩的，应当在被告知后七日内，或者自发布公告之日起 30 日内，向著作权行政管理部门提出陈述、申辩意见以及相应的事实、理由和证据。当事人在此期间未行使陈述权、申辩权的，视为放弃权利。采取直接送达方式告知的，以当事人签收之日为被告知日期；采取邮寄送达方式告知的，以回执上注明的收件日期为被告知日期。

办案人员应当充分听取当事人的陈述、申辩意见，对当事人提出的事实、理由和证据进行复核，并提交复核报告。著作权行政管理部门不得因当事人的申辩加重处罚。

著作权行政管理部门负责人应当对案件调查报告及复核报告进行审查，并根据审查结果分别作出下列处理决定：（1）确属应当予以行政处罚的违法行为的，根据侵权人的过错程度、侵权时间长短、侵权范围大小及损害后果等情节，予以行政处罚；（2）违法行为轻微的，可以不予行政处罚；（3）违法事实不成立的，不予行政处罚；（4）违法行为涉嫌构成犯罪的，移送司法部门处理。

需要注意的是，对于软件著作权的侵权，只有损害公共利益时，才有可能受到行政处罚。如何理解损害公共利益呢？根据国家版权局《关于查处著作权侵权案件如何理解适用损害公共利益有关问题的复函》国权办〔2006〕第 43 号的解释，依据《著作权法》的规定，第 47 条所列侵权行为，均有可能侵犯公共利益。就一般原则而言，向公众传播侵权作品，构成不正当竞争，损害经济秩序就是损害公共利益的具体表现。根据版权局的上述解释，凡是存在本条所列的软件著作权侵权行为，如果向公众传播侵权软件，则构成不正当竞争，损害了经济秩序，属于损害公共利益。

需要说明的是，本条例在 2013 年进行了修订。2013 年 1 月 16 日国务院第 231 次常务会议通过《国务院关于修改〈计算机软件保护条例〉的决定》，将《计算机软件保护条例》第 24 条第 2 款内容从“有前款第（一）项或者第（二）项行为的，可以并处每件100元或者货值金额5倍以下的罚款；有前款第（三）项、第（四）项或者第（五）项行为的，可以并处5万元以下的罚款”。修改为：“有前款第一项或者第二项行为的，可以并处每件100元或者货值金额1倍以上5倍以下的罚款；有前款第三项、第四项或者第五项行为的，可以并处20万元以下的罚款。”修改后的部分自2013年3月1日起施行。上述修订加大了软件侵权的行政处罚力度。

四、侵犯软件著作权应当承担的刑事责任

刑事责任是指侵权人的行为触犯了《刑法》的规定，构成犯罪，应承担的法律责任。侵犯著作权罪是指以营利为目的，未经著作权人许可，实施侵权行为，违法所得数额较大或者有其他严重情节的行为。

（1）侵犯著作权罪。《刑法》第217条规定，以营利为目的，未经著作权人许可，复制发行其计算机软件作品的，违法所得数额较大或者有其他严重情节的，处三年以下有期徒刑或者拘役，并处或者单处罚金；违法所得数额巨大或者有其他特别严重情节的，处三年以上七年以下有期徒刑，并处罚金。

以营利为目的是指侵权人的侵权行为是为了获取收入和利润。以刊登收费广告等方式直接或者间接收取费用的情形，属于《刑法》第217条规定的“以营利为目的”。未经著作权人许可，是指没有得到著作权人授权或者伪造、涂改著作权人授权许可文件或者超出授权许可范围的情形。

复制发行就是指软件条例第24条所列的第1项和第2项的侵权行为，通过信息网络向公众传播他人计算机软件作品的行为，视为《刑法》第217条规定的“复制发行”。侵权产品的持有人通过广告、征订等方式推销侵权产品的，属于《刑法》第217条规定的“发行”。《刑法》第217条侵犯著作权罪中的“复制发行”，包括复制、发行或者既复制又发行的行为。

违法所得数额在三万元以上的，属于《刑法》第217条规定的违法所得数额较大；复制发行其计算机软件，复制品数量合计在五百张（份）以上的或者非法经营数额在五万元以上的属于《刑法》第217条规定的“有其他严重情节”；具备上述情形之一的，应当以侵犯著作权罪判处三年以下有期徒刑或者拘役，并处或者单处罚金。

违法所得数额在 15 万元以上的，属于《刑法》第 217 条规定“违法所得数额巨大”；复制品数量在 2500 张（份）以上的或者非法经营数额在 25 万元以上的，属于《刑法》第 217 条规定的“有其他特别严重情节”。有上述情形之一的，应当以侵犯著作权罪判处三年以上七年以下有期徒刑，并处罚金。

“非法经营数额”，是指行为人在实施侵犯知识产权行为过程中，制造、储存、运输、销售侵权产品的价值。已销售的侵权产品的价值，按照实际销售的价格计算。制造、储存、运输和未销售的侵权产品的价值，按照标价或者已经查清的侵权产品的实际销售平均价格计算。侵权产品没有标价或者无法查清其实际销售价格的，按照被侵权产品的市场中间价格计算。多次实施侵犯知识产权行为，未经行政处理或者刑事处罚的，非法经营数额、违法所得数额或者销售金额累计计算。

对于侵犯软件著作权犯罪的，人民法院应当综合考虑犯罪的违法所得、非法经营数额、给权利人造成的损失、社会危害性等情节，依法判处罚金。罚金数额一般在违法所得的一倍以上五倍以下，或者按照非法经营数额的 50% 以上一倍以下确定。

关于侵犯软件著作权犯罪的，软件著作权人有证据证明的侵犯知识产权刑事案件，可以自诉，即直接向人民法院起诉。严重危害社会秩序和国家利益的侵犯软件著作权刑事案件，由人民检察院依法提起公诉。

（2）销售侵权复制品罪。《刑法》第 218 条规定，以营利为目的，销售明知是本法第 217 条规定的侵权复制品，违法所得数额巨大的，处三年以下有期徒刑或者拘役，并处或者单处罚金。以营利为目的，实施《刑法》第 218 条规定的行为，违法所得数额在十万元以上的，属于“违法所得数额巨大”，应当以销售侵权复制品罪判处三年以下有期徒刑或者拘役，并处或者单处罚金。明知他人实施侵犯知识产权犯罪，而为其提供贷款、资金、账号、发票、证明、许可证件，或者提供生产、经营场所或者运输、储存、代理进出口等便利条件、帮助的，以侵犯知识产权犯罪的共犯论处。

◆ **经典案例26**

北京北大方正集团公司、北京红楼计算机科学技术研究所诉北京理工大学印刷厂侵犯计算机软件著作权纠纷案

【案情简介】

1998年10月29日，北京北大方正集团公司（以下简称方正公司）和北京大学计算机科学技术研究所对所研究开发的方正世纪RIP1.5和多文种排版软件方正飞腾3.0进行了技术成果鉴定，方正世纪RIP于1995年11月由北大方正技术研究院立项开发，1997年6月1日推出第一个版本——PSPNT1.0，于1998年5月4日正式推出PSPNT1.5版本，命名为方正世纪RIP。在方正世纪RIP2.1正版软件包装外盒上标注了版权所有北京北大方正集团公司和北京大学计算机科学技术研究所。北京大学计算机科学技术研究所于1997年11月27日经北京市海淀区工商行政管理局核准变更登记名称为北京红楼计算机科学技术研究所（以下简称红楼研究所）。

2002年7月10日，理工大学印刷厂（甲方）与何××（乙方）就联合成立北京理工大学印刷厂激光照排中心签订合作协议书，合作期限一年，从2002年7月10日起至2003年7月10日，经营方式为激光照排中心，系理工大学印刷厂的一个部门，实行自主经营、自负盈亏、独立核算、自理成本，债权债务自负。业务受甲方生产科监督，财务受甲方财务科监督，乙方每年上交管理费8万元整。生产经营场所在理工大学院内。甲方负责行业性和工商税务等日常服务，对乙方的生产经营进行监督指导。2002年10月28日，何燕龙从北京北大方正电子有限公司购买RIP2.1软件一套，价格4万元，同时获赠送一套同样的软件。2002年12月10日，何××从方正电子定购方正软件飞腾4.0（第二版）升级产品一套。2003年4月9日，咸阳锐普网络信息工程有限公司（供方）与何燕龙（需方）签订产品供货合同，购买方正世纪RIP2.3版for咸阳锐普ultre五套，价格7.5万元。理工大学印刷厂在经营期间曾获得北京北大方正电子有限公司示范用户牌匾。

2003年3月28日，北京市国信公证处对北京理工大学印刷厂（以下简称理工大学印刷厂）照排中心的4台电脑所装软件进行证据保全，其中3台

机器安装了方正 PSPNT2.0 软件，1 台机器安装 PSPNT2.1 软件，key 号均为 12345678，均无 lock 号，每台机器与不同型号的照排机相连接。方正公司和红楼研究所提供了何××出具的情况说明，内容为“2003 年 3 月 28 日下午，北京工商行政管理局海淀分局到我公司来检查，现场检查到正在运行使用中的方正 NTRIP 软件 7 套、飞腾软件 1 套，上述软件属于未经方正公司授权的侵权软件产品”。对此，理工大学印刷厂除对何××签名外的其他内容未予认可。

方正公司和红楼研究所诉称理工大学印刷厂未经许可，在其照排机中非法安装使用方正世纪 RIP 软件、方正飞腾软件共七套用于商业性服务构成侵权，起诉要求理工大学印刷厂立即停止侵权、删除全部侵权软件，赔礼道歉，赔偿经济损失 50 万元及为诉讼支出的公证费、律师费 9500 元。被告理工大学印刷厂辩称：方正公司、红楼研究所起诉主体有误，根据原告提供的证据表明，北大方正软件上标注的著作权人是北大方正集团和计算机技术研究所，而起诉书中第二原告是红楼计算机研究所，主体不一致，因此红楼研究所不具有原告的主体资格。本案事实是我厂与个人签订协议书，由我厂向其提供经营场所、工商税务日常服务，本案中涉嫌侵权的软件是安装在个人的计算机内，法院所查封、扣押的计算机也是个人的财产，与我厂无关。原告主张我厂非法安装七套侵权软件，承包人已合法购买了三套软件。原告的证据只能证明我厂经营场所的四台计算机中安装了方正世纪 RIP（又称方正 PSPNT）软件，原告诉称安装的其他软件没有证据证明。原告主张侵权的四台计算机中，只有一台安装的方正世纪 RIP（又称方正 PSPNT）软件使用不恰当。原告请求的赔偿金额过高，本次的不恰当使用情况较轻微，并且在原告提出后我厂立即停止使用，并购买了五套正版软件，足以弥补原告的损失，故不同意原告诉讼请求。

【争议焦点】

理工大学印刷厂使用的 7 套软件是否构成侵权？

【案件分析】

基于以上事实，海淀区人民法院认为：方正公司和红楼研究所作为方正

RIP2.0 和 2.1 软件的著作权人，其依法享有的著作权受我国著作权法保护。理工大学印刷厂未经许可，在其商业经营中使用了共计 4 套方正 RIP2.0 软件和 2.1 软件，行为构成侵权，故该厂应承担停止侵权、赔偿损失的民事责任；该厂辩称否认侵权，与事实不符，于法无据，本院不予采信；方正公司和红楼研究所按 7 套侵权软件为依据要求该厂赔偿经济损失 50 万元，证据不足，对此，本院依据相关法律的规定，综合考虑理工大学印刷厂使用涉案软件的商业目的、主观过错程度、实施侵权行为的方式及后果等因素予以确定，不再全额支持其诉讼请求。对于方正公司、红楼研究所提出的为诉讼支出的公证费、律师费的合理开支，本院亦将酌情予以确定。据此，依据《著作权法》第 47 条第 1 项、第 48 条第 2 款，《计算机软件保护条例》第 24 条第 1 项之规定，判决如下："一、自本判决生效之日起，被告北京理工大学印刷厂停止使用涉案侵权软件；二、自本判决生效之日起十日内，被告北京理工大学印刷厂向原告北京北大方正集团公司和北京红楼计算机科学技术研究所书面致歉（致歉内容须经本院审核，若被告拒不履行此义务，本院将根据判决书的内容自行拟定一份公告刊登在《计算机世界》上，费用由被告负担；三、自本判决生效之日起十日内，被告北京理工大学印刷厂赔偿原告北京北大方正集团公司和北京红楼计算机科学技术研究所经济损失及因诉讼支出的合理费用共计十六万元；四、驳回原告北京北大方正集团公司和北京红楼计算机科学技术研究所其他诉讼请求。"

一审判决后，北京理工大学印刷厂不服判决，上诉于北京市第一中级人民法院。其理由为：一审法院认定我方使用四套侵权软件的事实有误；一审法院认定的涉案软件正常市场价格明显有误；一审法院判决我方进行书面致歉及承担全部 50 万元诉讼费用，适用法律错误。据此，请求二审法院：撤销北京市海淀区人民法院作出的〔2003〕海民初字第 9812 号民事判决书；依法驳回被上诉人的全部诉讼请求；由被上诉人承担本案一、二审的全部诉讼费用。后经二审法院主持调解，双方当事人自愿达成如下协议："一、上诉人北京理工大学印刷厂于本调解书送达之日起十五日内，删除未经许可而安装的方正世纪 RIP2.0 和 2.1 软件；二、上诉人北京理工大学印刷厂于本调解书送达之日，向被上诉人北京北大方正集团公司和北京红楼计算机科学技术研究所支付人民币十万元（包括经济损失及因诉讼支出的合理费用）；三、被上诉人北京北大方正集团公司和北京红楼计算机科学技术研究所承担一审案件受理费一万零一百零五元及财产保全费三千零六十八元，共计一万三千一百七十三元（已支付）。四、上诉人北京理工大学印刷厂承担二审案件受理费一万零一百零五元（已支付）。”

【引以为鉴】

本案是一起典型的计算机软件最终用户侵权案件。对于计算机用户侵权，其主要侵权行为体现为未经软件著作权人许可，非法复制著作权人的软件。这种行为是我国著作权法和计算机软件保护条例所明确禁止的。目前，对于计算机软件最终用户未经授权擅自使用他人的软件行为属于侵权行为，已经为法律和法院判决所认可。但是在10年前，对于最终用户的侵权行为，在很多用户中，甚至是在知识产权界，还存在一些争议。1998年，微软公司在中国起诉亚都公司使用计算机软件侵权，引起轩然大波，振动了政府有关部门和引起学术界的大讨论。时至今日，最终用户未经授权商业使用他人软件的行为构成侵权已经不再存在任何疑问。本条例颁布以后，最高人民法院在司法解释中明确规定：计算机软件用户未经许可或者超过许可范围商业使用计算机软件的，依据《著作权法》第47条第1项、《计算机软件保护条例》第24条第1项的规定承担民事责任。

◆ **经典案例27**

王某销售盗版软件获利巨大构成侵犯著作权罪

【案情简介】

王某原是杭州天利咨询工程服务公司的营销员，负责销售该公司开发的“天丽鸟自来水智能抢救、调度、查询、催缴系统”。王某发现该软件非常畅销，遂与他人合伙投资10万元，注册了杭州泓瀚软件系统有限公司（以下简称泓瀚公司），王某辞职出任泓瀚公司法人代表。王某花1000元从天利公司技术员那里买来了“天丽鸟系统”的全套软件，又找到天利公司程序员肖某，要他把“天丽鸟系统”修改成泓瀚公司的软件。于是，肖把“天丽鸟系统”的部分界面作了改动，把一些按钮位置稍加改变和调整。由于时间仓促，他只把第一、第二层界面作了变动，而深层界面则原封不动地保留着，连“天丽鸟”的字样都堂而皇之地放着。王某谎称泓瀚是天利的下属企业，将“泓瀚系统”卖给天利的两家业务单位，得款 16 万余元。天利公司发现后向公安机关报案。公安机关委托浙江省检察院检察技术研究所等三家权威部门对“天丽鸟系统”和“泓瀚系统”进行对比鉴定，三方一致认定泓瀚公司的系统软件是对天利公司的系统软件稍加修改后的复制品。检察机关以王某涉嫌侵犯著作权罪提起公诉，王某被判处有期徒刑 4 年，处罚金 2 万元。

【争议焦点】

王某的行为是否构成犯罪？

【案件分析】

根据《刑法》第 217 条，以营利为目的，未经著作权人许可，复制发行其计算机软件作品的，违法所得数额较大或者有其他严重情节的，处三年以下有期徒刑或者拘役，并处或者单处罚金；违法所得数额巨大或者有其他特别严重情节的，处三年以上七年以下有期徒刑，并处罚金。

根据《最高人民法院、最高人民检察院关于办理侵犯知识产权刑事案件具体应用法律若干问题的解释》（法释〔2004〕19 号）第 5 条，以营利为目的，实施《刑法》第 217 条所列侵犯著作权行为之一，违法所得数额在 15 万元以上的，属于“违法所得数额巨大”；应当以侵犯著作权罪判处三年以上七年以下有期徒刑，并处罚金。

本案中，王某非法复制销售天丽鸟系统，获得收入 16 万元人民币，违法所得数额在 15 万元以上，已经属于违法所得数额巨大。根据《刑法》第 217 条的规定，应当以侵犯著作权罪判处三年以上七年以下有期徒刑，并处罚金。法院最终判决王某有期徒刑 4 年，处罚金 2 万元，符合刑法的有关规定。

【引以为鉴】

对于计算机软件侵权犯罪，我国一直在加大惩处力度。一方面，大多数盗版者隐蔽性强，对于盗版收入很难核实；另一方面，盗版的销售价格比较低，有时销售的收入很低，但是由于其销售量比较大，给权利人造成的损失却非常大。因此，很多软件企业呼吁降低定罪量刑标准，以严厉惩处知识产权犯罪。为此，最高人民法院在制定司法解释时，充分考虑了上述情况，对于计算机软件盗版犯罪的量刑标准，除了将违法所得数额作为一个标准外，还将盗版软件复制品的数量也作为一个标准。这样的话，当一个盗版者的违法所得的收入不够量刑标准时，如果盗版软件复制品的数量达到一定量级，也会受到刑罚。根据最新的司法解释，非法复制发行其计算机软件，复制品数量合计在500张（份）以上的或者非法经营数额在5万元以上的属于《刑法》第217条规定的“有其他严重情节”，应当以侵犯著作权罪判处三年以下有期徒刑或者拘役，并处或者单处罚金。复制品数量在2500张（份）以上的或者非法经营数额在25万元以上的，属于《刑法》第217条规定的“有其他特别严重情节”，应当以侵犯著作权罪判处三年以上七年以下有期徒刑，并处罚金。

第二十五条　【软件著作权侵权赔偿数额确定】

侵犯软件著作权的赔偿数额，依照《中华人民共和国著作权法》第四十九条的规定确定。

◆ 相关法律规定

《中华人民共和国著作权法》（2010年修正）

第四十九条　侵犯著作权或者与著作权有关的权利的，侵权人应当按照权利人的实际损失给予赔偿；实际损失难以计算的，可以按照侵权人的违法所得给予赔偿。赔偿数额还应当包括权利人为制止侵权行为所支付的合理开支。

权利人的实际损失或者侵权人的违法所得不能确定的，由人民法院根据侵权行为的情节，判决给予五十万元以下的赔偿。

《最高人民法院关于审理著作权民事纠纷案件适用法律若干问题的解释》（法释〔2002〕31号）

第二十四条　权利人的实际损失，可以根据权利人因侵权所造成复制品发行减少量或者侵权复制品销售量与权利人发行该复制品单位利润乘积计算。

发行减少量难以确定的，按照侵权复制品市场销售量确定。

第二十五条 权利人的实际损失或者侵权人的违法所得无法确定的，人民法院根据当事人的请求或者依职权适用著作权法第四十九条第二款的规定确定赔偿数额。

人民法院在确定赔偿数额时，应当考虑作品类型、合理使用费、侵权行为性质、后果等情节综合确定。

当事人按照本条第一款的规定就赔偿数额达成协议的，应当准许。

第二十六条 著作权法第四十九条第一款规定的制止侵权行为所支付的合理开支，包括权利人或者委托代理人对侵权行为进行调查、取证的合理费用。

人民法院根据当事人的诉讼请求和具体案情，可以将符合国家有关部门规定的律师费用计算在赔偿范围内。

◆ 知识精要

本条规定了计算机软件著作权的赔偿数额的计算方法。考虑到《著作权法》第49条已经就著作权的损失赔偿给出了明确的确定办法，作为著作权保护的软件作品可以直接适用著作权法确定的计算方法，而无须再重复一遍，因此本条直接规定侵犯软件著作权的赔偿数额，依照《著作权法》第49条的规定确定。

根据《著作权法》第49条的规定，侵犯著作权或者与著作权有关的权利的，侵权人应当按照权利人的实际损失给予赔偿；实际损失难以计算的，可以按照侵权人的违法所得给予赔偿。赔偿数额还应当包括权利人为制止侵权行为所支付的合理开支。权利人的实际损失或者侵权人的违法所得不能确定的，由人民法院根据侵权行为的情节，判决给予50万元以下的赔偿。根据本条规定，作为软件著作权的赔偿有了三种计算方法。

1. 按照软件著作权人的实际损失给予赔偿。

软件著作权人的实际损失是指软件权利人因侵权行为所受直接经济损失和所失预期应得利益。在司法实践中，实际损失的计算方法有以下几种：（1）被告的侵权行为使原告利润减少的数额；（2）原告合理的许可使用费；（3）原告复制品销量减少的数量乘以该复制品每件利润之积；（4）被告侵权复制品数量乘以原告每件复制品利润之积；（5）因被告侵权导致原告许可使用合同不能履行或难以正常履行产生的预期利润损失；（6）因被告侵权导致原告作品价值下降产生的损失。

2. 按照侵权人的非法所得给予赔偿。

软件权利人的实际损失难以计算的，可以按照侵权人的非法所得予以赔偿。司法实践中，侵权人的违法所得包括以下三种情况：（1）盗版软件销售利润；（2）被告的营业利润；（3）被告的净利润。上述三种利润中，对于一个专门从事盗版销售的企业来说，产品销售利润最大，企业的净利润最小。一般情况下，法院会以被告营业利润作为赔偿数额。被告侵权情节或者后果严重的，可以产品销售利润作为赔偿数额。侵权情节轻微，且诉讼期间已经主动停止侵权的，法院也会以净利润作为赔偿数额。

适用上述方法，一般由原告初步举证证明被告侵权所得，或者阐述合理理由后，由被告举证反驳；被告没有证据，或者证据不足以证明其事实主张的，可以支持原告的主张。

适用上述计算方法时，应将原告为制止侵权所支付的合理开支列入赔偿范围，合理开支一般包括律师费、公证费及其他调查取证费、审计费、交通食宿费、诉讼材料印制费、权利人为制止侵权或诉讼支付的其他合理开支。人民法院有权对上述开支的合理性和必要性进行审查。

3. 由人民法院根据侵权行为的情节，在法定数额内予以确定。

考虑到知识产权保护对象的特殊性，其损害事实、后果的不易确定性，很多国家均立法规定了知识产权损害赔偿的法定赔偿制度。例如，美国版权法规定，侵权人对其所侵犯的每一部作品，可负担250～10 000美元的赔偿。《与贸易有关的知识产权协议》（TRIPs）第45条也规定了法定赔偿金。最高人民法院关于审理涉及计算机网络著作权纠纷案件适用法律若干问题的解释（法释〔2000〕48号）曾经规定，被侵权人损失额不能确定的，人民法院依被侵权人的请求，可以根据侵害情节在人民币500元以上30万元以下确定赔偿数额，最多不得超过人民币50万元。2001年著作权法修改后，在第49条中直接规定了法定赔偿数额的原则和最高限额为50万元人民币。

在确定法定赔偿数额时，人民法院应当根据以下因素综合确定赔偿数额：

（1）通常情况下，原告可能的损失或被告可能的获利；（2）软件的类型、合理许可使用费、软件的知名度和市场价值、权利人的知名度、软件的独创性程度等；（3）侵权人的主观过错、侵权方式、时间、范围、后果等。

对权利人的实际损失和侵权人的违法所得可以基本查清，或者根据案件的具体情况，依据充分证据，运用市场规律，可以对赔偿数额予以确定的，不应直接适用法定赔偿方法。

◆ **经典案例 28**

北大方正集团有限公司、北京红楼计算机科学技术研究所诉
北京高术天力科技有限公司、北京高术科技公司计算机软件著作权侵权案件

【案情简介】

北京市第一中级人民法院一审查明，北大方正集团有限公司（以下简称北大方正公司）、北京红楼计算机科学技术研究所（以下简称红楼研究所）是方正世纪 RIP 软件（以下简称方正 RIP 软件）、北大方正 PostScript 中文字库（以下简称方正字库）、方正文合软件 V1.1 版（以下简称方正文合软件）的著作权人。方正 RIP 软件和方正字库软件系捆绑在一起销售，合称方正 RIP 软件。上述软件安装在独立的计算机上，与激光照排机联机后，即可实现软件的功能。

北大方正公司系日本网屏（中国香港）有限公司（以下简称网屏公司）激光照排机在中国的销售商，高术天力公司、高术公司曾为北大方正公司代理销售激光照排机业务，销售的激光照排机使用的是方正 RIP 软件和方正文合软件。1999 年 5 月，由于双方发生分歧，导致代理关系终止。高术公司于 2000 年 4 月 17 日与网屏公司签订了销售激光照排机的协议，约定高术公司销售 KATANA－5055 激光照排机必须配网屏公司的正版 RIP 软件或北大方正公司的正版 RIP 软件，若配方正 RIP 软件，高术公司必须通过网屏公司订购北大方正公司正版 RIP 软件。

2001 年 7 月 20 日，北大方正公司的员工以个人名义（化名），与高术天力公司签订了《电子出版系统订货合同》，约定的供货内容为 KATANA FT－

5055A激光照排机（不含RIP），单价为415 000元。合同签订后，北大方正公司分别于2001年7月20日和8月23日，向高术天力公司支付货款共394 250元，尚欠货款20 750元。高术公司分别于2001年7月23日和8月23日，向北大方正公司的员工出具了收取上述款项的收据。

2001年8月22日，高术天力公司的员工在北京市石景山区永乐小区84号楼503室北大方正公司的员工临时租用的房间内，安装了激光照排机，并在北大方正公司自备的两台计算机内安装了盗版方正RIP软件和方正文合软件，并提供了刻录有上述软件的光盘。北大方正公司支付了房租3000元。

应北大方正公司的申请，北京市国信公证处先后于2001年7月16日、7月20日、7月23日和8月22日，分别在北京市石景山区永乐小区84号楼503室、北京市海淀区花园路6号北楼120室及南楼418室北京后浪时空图文技术有限责任公司（原为北京中唐彩印中心，以下简称后浪公司），对北大方正公司的员工以普通消费者的身份，与高术天力公司联系购买KATANA FT－5055A激光照排机设备及高术天力公司在该激光照排机配套使用的北大方正公司自备计算机上安装方正RIP软件、方正文合软件的过程进行了现场公证，并对安装了盗版方正RIP软件、方正文合软件的北大方正公司自备的两台计算机及盗版软件进行了公证证据保全，制作了公证笔录五份。北大方正公司支付公证费10 000元。

2001年9月3日，北大方正公司、红楼研究所以高术天力公司、高术公司非法复制、安装、销售行为，侵犯了其享有的计算机软件著作权为由诉至北京市第一中级人民法院，请求判令高术天力公司、高术公司：（1）停止侵权、消除影响、公开赔礼道歉；（2）赔偿经济损失3 000 000元；（3）承担诉讼费、保全费、取证费及审计费等。

2001年9月24日，一审法院依北大方正公司的申请，对高术天力公司、高术公司自1999年1月至2001年9月的财务账册、销售发票、收据及订货合同等进行了证据保全。同时，对高术天力公司、高术公司的银行存款进行了财产保全，分别冻结了高术公司在中国工商银行北京市分行海淀支行营业部的存款97 454.23元、高术天力公司在中国工商银行北京市分行海淀支行海淀分理处的存款460 292.70元。北大方正公司支付财产及证据保全费15 520元。

2001年9月28日，一审法院委托北京天正华会计师事务所对高术天力公司、高术公司自1999年1月至2001年9月销售激光照排机及相应设备、盗版方正RIP软件和方正文合软件的营业额及其利润进行审计。2001年11月12日，北京天正华会计师事务所出具了专项审计报告，载明高术天力公司、高术公司在上述期间内共销售激光照排机82套，其所销售的激光照排机存在单机销售、联同RIP软件或冲片机或扫描机一并销售等情况。此外，高术天力公司、高术公司还单独销售未注明品牌的RIP软件13套。北大方正公司支付审计费60 000元。

2001年11月29日，在一审法院主持下，双方当事人参加了对公证证据保全的两台北大方正公司自备计算机及相关软件进行勘验。勘验结果表明，在被保全的计算机中安装了盗版方正文合软件，被保全的软件中包括盗版方正RIP软件及方正文合软件。双方当事人对勘验结果均不持异议。方正RIP软件及方正文合软件的正常市场售价分别为100 000元和30 000元。

一审法院认为：(1) 北大方正公司为了获得高术天力公司、高术公司侵权的证据，投入较为可观的成本，其中包括购买激光照排机、租赁房屋等，采取的是“陷阱取证”的方式，该方式并未被法律所禁止，应予认可。公证书亦证明了高术天力公司、高术公司实施安装盗版方正软件的过程，同时对安装有盗版方正软件的计算机和盗版软件进行了证据保全，上述公证过程和公证保全的内容已经法庭确认，高术天力公司、高术公司未提供足以推翻公证书内容的相反证据。(2) 高术天力公司、高术公司作为计算机设备及相关软件的销售商，对他人的计算机软件著作权负有注意义务，拒绝盗版是其应尽的义务，否则，应当承担相应的法律责任。高术天力公司、高术公司的员工在本案中所从事的工作是一种职务行为，履行合同的一方当事人是高术天力公司、高术公司，因此，高术天力公司、高术公司应承担相应的法律责任。(3) 根据现有证据，尚不能认定高术天力公司、高术公司在全国范围内大规模非法制售上述软件。北大方正公司、红楼研究所的方正RIP、方正文合软件开发周期长、投资大，高术天力公司、高术公司侵犯了北大方正公司、红楼研究所计算机软件著作权，应承担相应的法律责任。鉴于高术天力公司、高术公司销售盗版软件的实际数量和所获利润均难以查清，故赔偿数额由法院根据北大方正公司、红楼研究所软件的开发成本、市场销售价格及高术天力公司、高术公司实施侵权行为的主观过错程度等因素，综合予以确定。北大方正公司为调查取证所支付的购买激光照排机、房租、公证等费用，系北大方正公司为本案调查取证所必不可少的，因此，上述费用应由高术天力公司、高术公司承担。鉴于激光照排机必须与计算机主机联机后方能进行工作，激光照排机并非盗版软件的直接载体，而安装盗版软件的计算机主机系北大方正公司自备的。鉴于上述情况，以高术天力公司、高术公司返还北大方正公司购机款，北大方正公司退还高术天力公司、高术公司激光照排机为宜。北大方正公司、红楼研究所在本案中支付的审计费、证据及财产保全费亦应由高术天力公司、高术公司承担。

2001 年 12 月 20 日，一审法院作出判决：“一、高术天力公司、高术公司立即停止复制、销售方正 RIP 软件、方正文合软件的侵权行为；二、高术天力公司、高术公司自判决生效之日起三十日内，在《计算机世界》刊登启事，向北大方正公司、红楼研究所赔礼道歉；三、高术天力公司、高术公司共同赔偿北大方正公司、红楼研究所经济损失600 000元；四、高术天力公司、高术公司共同赔偿北大方正公司、红楼研究所为本案支付的调查取证费（购机款394 250元、房租3000元、公证费10 000元）共407 250元；五、北大方正公司、红楼研究所应在高术天力公司、高术公司返还购机款394 250元后，将激光照排机退还高术天力公司、高术公司；六、驳回北大方正公司、红楼研究所的其他诉讼请求。案件受理费11 010元、财产保全费15 520元、审计费60 000元，均由高术天力公司、高术公司共同负担。”

高术天力公司、高术公司不服一审判决，向北京市高级人民法院提起上诉。其上诉理由是：一审法院已查明北大方正公司伪装身份、编造谎言、利诱高术天力公司的员工，要求将激光照排机捆绑销售的正版软件换成方正盗版软件，但未予认定；高术天力公司、高术公司除被利诱陷害安装了涉案的一套盗版方正软件外，没有其他复制销售盗版方正软件的行为，但一审法院却认定高术天力公司、高术公司安装方正软件数量难以查清；公证员未亮明身份，未当场记录，记录的事实不完整，公证的是违法的事实，故公证书不合法；北大方正公司的做法是违法的，一审法院认定这种做法为“陷阱取证”，并予以支持是错误的；方正文合软件和激光照排机没有直接或间接关系，方正 RIP 软件也不是激光照排机的必然之选。一审判决缺乏事实和法律依据，是不公正的。请求撤销一审判决，诉讼费用由北大方正公司、红楼研究所负担。

北大方正公司、红楼研究所服从一审判决。

二审法院认定了一审法院查明的大部分事实。同时另查明，从 2001 年 7～8月北京市国信公证处作出的现场公证记录可看出，北大方正公司的员工化名与高术天力公司联系购买激光照排机，主动提出要买盗版方正 RIP 软件和方正文合软件，高术天力公司的员工称该项不能写入合同，但承诺卖给北大方正公司盗版软件。

二审法院认为：北京市国信公证处出具的公证书，高术天力公司、高术公司没有举出足够的相反证据推翻该公证书记载内容，故该公证书是合法有效的民事证据，对该公证书所记载的内容予以认定。但结合本案其他证据，对于北大方正公司长达一个月的购买激光照排机的过程来说，该公证记录仅对五处场景作了记录，对整个的购买过程的记载缺乏连贯性和完整性。北大方正公司在未取得其他能够证明高术天力公司、高术公司侵犯其软件著作权证据的情况下，派其员工在外租用民房，化名购买高术天力公司、高术公司代理销售的激光照排机，并主动提出购买盗版方正软件的要求，由此可以看出，北大方正公司购买激光照排机是假，欲获取高术天力公司、高术公司销售盗版方正软件的证据是真。北大方正公司的此种取证方式并非获取高术天力公司、高术公司侵权证据的唯一方式，此种取证方式有违公平原则，一旦被广泛利用，将对正常的市场秩序造成破坏，故对该取证方式不予认可。鉴于高术天力公司、高术公司并未否认其在本案中售卖盗版方正软件的行为，公证书中对此事实的记载得到了印证，故可对高术天力公司、高术公司在本案中销售一套盗版方正 RIP 软件、方正文合软件的事实予以确认。一审法院认为高术天力公司、高术公司销售盗版软件的数量难以查清，从而对高术天力公司、高术公司应予赔偿的数额予以酌定是错误的。鉴于对北大方正公司、红楼研究所的取证方式不予认可，及高术天力公司、高术公司销售涉案的一套盗版软件的事实，对于北大方正公司为本案支出的调查取证费，包括购机款、房租，以及审计费用，应由北大方正公司、红楼研究所自行负担；公证费、证据及财产保全费由高术天力公司、高术公司负担。一审法院认定事实不清，但适用法律正确。高术天力公司、高术公司的上诉请求部分合理，对其合理部分予以支持。

2002年7月15日，二审法院作出判决："一、维持一审判决的第（一）、（二）、（六）项；二、撤销一审判决的第（三）、（四）、（五）项；三、高术天力公司、高术公司共同赔偿北大方正公司、红楼研究所经济损失130 000元；四、高术天力公司、高术公司共同赔偿北大方正公司、红楼研究所为本案所支付的公证费10 000元。一审案件受理费11 010元，由高术天力公司、高术公司共同负担2386元，由北大方正公司、红楼研究所共同负担8624元；二审案件受理费11 010元，由高术天力公司、高术公司共同负担2386元，由北大方正公司、红楼研究所共同负担8624元。"

北大方正公司、红楼研究所不服二审判决，向二审法院提出再审申请。北京市高级人民法院经审查，于2003年8月20日驳回北大方正公司、红楼研究所再审申请。

北大方正公司、红楼研究所不服北京市高级人民法院二审判决及驳回再审申请通知，向最高人民法院申请再审。其主要理由是，相关证据已经证实高术天力公司、高术公司侵权行为属多次的、大范围的实施，二审法院判令高术天力公司、高术公司仅赔偿北大方正公司、红楼研究所一套正版方正软件的损失130 000元是错误的。一审、二审法院均确认北京市国信公证处出具的公证书合法有效，从该公证书所附若干份现场记录可以看出，高术天力公司、高术公司销售的盗版方正软件绝非仅限于销售给北大方正公司员工的一套。二审法院改判由北大方正公司、红楼研究所承担调查取证费用错误。北大方正公司采取的取证方式不违反法律、法规的禁止性规定。如果不采取这样的取证方式，不但不能获得直接的、有效的证据，也不可能发现高术天力公司、高术公司进行侵权行为的其他线索。北大方正公司不存在违背公平及扰乱市场秩序的问题，其没有大量购买激光照排机，提高赔偿额。北大方正公司进行调查取证并提起诉讼的目的是打击盗版，维护自身合法权益。二审法院认定事实和适用法律错误，起不到纠正侵权行为的作用，无形中为著作权人维护自身合法权益制造了困难和障碍，不利于对知识产权的保护。

高术天力公司、高术公司答辩称，北京市国信公证处出具的公证书是在公证员明知北大方正公司员工假扮买主、欲用诱骗手段取得我公司“侵权”证据的情况下完成的，且记录的内容不完整，不是现场监督记录的结果，仅凭公证员的主观回忆作出的记录是不客观的，缺乏公正性，与我公司了解的情况有很大的出入。北大方正公司采用的“陷阱取证”方式是对法律秩序、社会公德和正常商业秩序的破坏。北大方正公司编造理由，多次要求我公司员工给他们安装一套盗版的方正的软件，这种诱骗的做法是“陷害”，违背公序良俗。

最高人民法院查明，一审法院认定的事实基本属实，二审法院认定高术天力公司、高术公司只销售一套盗版方正 RIP 软件、方正文合软件的事实有误。

另查明，北大方正公司、红楼研究所提交的公证书所载五份现场记录证明下列事实：(1) 2001 年 7 月 6 日的《现场记录（二)》记录，高术天力公司的员工陈述：“我们这儿卖过不少台，兼容的，没问题，跟正版的一模一样。你看，这个实际就是个兼容 RIP。”(2) 2001 年 7 月 20 日所作《现场记录（三)》记录，高术天力公司的员工陈述：同时期向“后浪公司”销售了一台激光照排机，用的软件是“兼容的”；向“宝蕾元”（北京宝蕾元科技发展有限责任公司，以下简称宝蕾元公司）进行过同样的销售。(3) 2001 年 7 月 23 日所作《现场记录（四)》记录，北大方正公司的员工和公证员现场观看了高术天力公司的员工为后浪公司安装、调试激光照排机的情况。根据高术天力公司的员工陈述，该激光照排机安装的也是方正 RIP 软件，也是“兼容的”。其后，高术天力公司的员工向北大方正公司的员工提供了购买同样激光照排机的一份客户名单，其中记录了“宝蕾元制作中心”（宝蕾元公司）“彩虹印务”“尚品”“中堂（唐）彩印”（后浪公司）“路局印厂”等客户的名称、联系电话及联系人等。 (4) 2001 年 8 月 22 日所作《现场记录（五)》记录，高术天力公司又卖了一台与本案一样的激光照排机给“海乐思（音)”。并且，根据该记录的记载，高术天力公司、高术公司在北京、上海、广州、廊坊、山西、沈阳等地进行激光照排机的销售，“除了西藏、青海之外，哪儿都卖”，对软件“买正版的少，只是启动盘替换了，其他的都一样”。对于公证证明的上列事实，高术天力公司、高术公司未提供证据予以推翻。此外，兼容软件即为盗版软件，当事人对此没有异议。

二审判决生效后，北大方正公司、红楼研究所按照上述现场记录所反映的购买和使用盗版软件的高术天力公司、高术公司客户线索向有关工商行政管理部门进行举报。2002 年 10 月，在有关工商行政管理部门对后浪公司、宝蕾元公司等用户进行调查的过程中，北大方正公司委托北京市国信公证处公证人员随同，对用户安装软件的情况进行了证据保全公证。后浪公司在接受调查中向工商行政管理部门提供了其从高术公司购买激光照排机的合同，并书面说明其安装的盗版软件系从高术公司处购买。在北大方正公司、红楼研究所对宝蕾元公司另案提起的诉讼中，经法院判决确认宝蕾元公司安装的盗版软件系从高术公司购买。高术天力公司、高术公司未能就其销售盗版软件的来源提供相关证据。

另查明，北大方正公司从高术天力公司、高术公司处购买的激光照排机已由北大方正公司所属的公司变卖，北大方正公司在本院审理期间，表示放弃赔偿上述购买激光照排机价款支出的诉讼请求；北京北大方正集团公司已更名为北大方正集团有限公司，法定代表人变更为魏新；红楼研究所的法定代表人变更为肖建国。

最高人民法院审理后认为，二审法院对本案高术天力公司、高术公司侵权行为涉及的部分事实认定不清，适用法律不当，应予纠正。北大方正公司、红楼研究所申请再审的主要理由成立，本院予以支持。依照 2001 年修订前的《著作权法》第 46 条第 1 款第 2 项和《民事诉讼法》第 177 条第 2 款的规定，判决如下：“一、撤销北京市高级人民法院〔2002〕高民终字第 194 号民事判决；二、维持北京市第一中级人民法院〔2001〕一中知初字第 268 号民事判决第（一）、（二）、（三）、（六）项，即（一）高术天力公司、高术公司立即停止复制、销售方正 RIP 软件、方正文合软件的侵权行为；（二）高术天力公司、高术公司自本判决生效之日起三十日内，在《计算机世界》刊登启事，公开向北大方正公司、红楼研究所赔礼道歉，所需费用由高术天力公司、高术公司承担；（三）高术天力公司、高术公司共同赔偿北大方正公司、红楼研究所经济损失600 000元；（六）驳回北大方正公司、红楼研究所其他诉讼请求；三、变更北京市第一中级人民法院〔2001〕一中知初字第268号民事判决第（四）项为：高术天力公司、高术公司共同赔偿北大方正公司、红楼研究所为本案支付的调查取证费（房租3 000元、公证费10 000元）共13 000元；四、撤销北京市第一中级人民法院〔2001〕一中知初字第268号民事判决第（五）项，即北大方正公司、红楼研究所应在高术天力公司、高术公司返还购机款394 250元后，将激光照排机退还高术天力公司、高术公司。本案一审、二审案件受理费共计22 020元、财产及证据保全费15 520元、审计费60 000元由高术天力公司、高术公司负担。"

【争议焦点】

1. 关于本案涉及的取证方式是否合法？

2. 关于本案侵权行为的定性？

3. 关于复制、销售盗版软件数量和损害赔偿数额如何确定？

【案件分析】

根据一审、二审判决及北大方正公司、红楼研究所申请再审的理由，本案主要涉及北大方正公司取证方式的合法性、被控侵权行为的性质以及赔偿数额的确定等争议焦点问题。

1. 关于本案涉及的取证方式是否合法问题？

根据《民事诉讼法》第67条的规定，经过公证程序证明的法律事实，除有相反证据足以推翻的外，人民法院应当作为认定事实的根据。高术天力公司安装盗版方正软件是本案公证证明的事实，因高术公司、高术天力公司无相反证据足以推翻，对于该事实的真实性应予认定。以何种方式获取的公证证明的事实，涉及取证方式本身是否违法。如果采取的取证方式本身违法，即使其为公证方式所证明，所获取的证据亦不能作为认定案件事实的依据。因为，如果非法证据因其为公证所证明而取得合法性，那就既不符合公证机关需审查公证事项合法性的公证规则，也不利于制止违法取证行为和保护他人合法权益。二审法院在否定北大方正公司取证方式合法性的同时，又以该方式获取的法律事实经过公证证明而作为认定案件事实的依据，是不妥当的。

在民事诉讼中，尽管法律对于违法行为作出了较多的明文规定，但由于社会关系的广泛性和利益关系的复杂性，除另有明文规定外，法律对于违法行为不采取穷尽式的列举规定，而存在较多的空间根据利益衡量、价值取向来解决，故对于法律没有明文禁止的行为，主要根据该行为实质上的正当性进行判断。就本案而言，北大方正公司通过公证取证方式，不仅取得了高术天力公司现场安装盗版方正软件的证据，而且获取了其向其他客户销售盗版软件，实施同类侵权行为的证据和证据线索，其目的并无不正当性，其行为并未损害社会公共利益和他人合法权益。加之计算机软件著作权侵权行为具有隐蔽性较强、取证难度大等特点，采取该取证方式，有利于解决此类案件取证难问题，起到威慑和遏制侵权行为的作用，也符合依法加强知识产权保护的法律精神。此外，北大方正公司采取的取证方式亦未侵犯高术公司、高术天力公司的合法权益。北大方正公司、红楼研究所申请再审的理由正当，应予支持。

据此，本案涉及的取证方式合法有效，对其获取证据所证明的事实应作为定案根据。二审法院关于“此种取证方式并非获取侵权证据的唯一方式，且有违公平原则，一旦被广泛利用，将对正常的市场秩序造成破坏”的认定不当。

2. 关于本案侵权行为如何定性？

北大方正公司、红楼研究所诉请的对象是高术天力公司、高术公司非法复制、安装、销售盗版软件的侵权行为，因高术天力公司、高术公司未就其销售的盗版软件的来源提供相关证据，故应推定其侵权行为包括复制，即高术天力公司、高术公司侵犯了北大方正公司、红楼研究所方正 RIP 软件和方正文合软件的复制权及发行权。

3. 关于复制、销售盗版软件数量和损害赔偿数额如何确定？

根据公证证明的内容，高术天力公司的员工陈述除向北大方正公司销售了盗版软件外，还向后浪公司、宝蕾元公司等客户销售了“兼容的”同类盗版软件并提供了“客户名单”，对此，高术天力公司、高术公司未提供相反证据予以推翻。其中，向后浪公司、宝蕾元公司销售同类盗版软件的事实，也为北大方正公司在二审判决后的维权行动所印证。虽然一审、二审法院没有对审计报告中涉及的高术天力公司、高术公司销售激光照排机82套、单独销售13套RIP软件的事实进行质证，但前述事实足以证明，高术天力公司、高术公司销售盗版软件的数量并非一套。一审法院以高术天力公司、高术公司复制、销售盗版软件实际数量和所获利润均难以查清，根据北大方正公司、红楼研究所软件的开发成本、市场销售价格及高术天力公司、高术公司实施侵权行为的主观过错程度等因素，依据当时著作权法的规定，酌情判令高术天力公司、高术公司赔偿北大方正公司、红楼研究所损失600 000元并无明显不当。二审法院只支持北大方正公司、红楼研究所一套正版软件的赔偿数额130 000元没有依据。

【引以为鉴】

《计算机软件保护条例》第25条规定，侵犯软件著作权的赔偿数额，依照《著作权法》第48条的规定确定。《著作权法》第48条规定，侵犯著作权或者与著作权有关的权利的，侵权人应当按照权利人的实际损失给予赔偿；实际损失难以计算的，可以按照侵权人的违法所得给予赔偿。赔偿数额还应当包括权利人为制止侵权行为所支付的合理开支。

本案中，北大方正公司、红楼研究所主张应由高术天力公司、高术公司负担的费用包括诉讼费、保全费、取证费及审计费等，其中取证费包括公证费、购机款、房租是否属于权利人为制止侵权行为所支付的合理开支？如果属于合理开支，就应由侵权人负担，如果不属于，就不应由侵权人负担。对于软件侵权，如果不采取购买的方式进行取证是很难发现其侵权行为的。北大方正公司之所以通过购买的方式进行取证实在是迫不得已。事实证明，北大方正公司通过这种方式掌握了高术天力公司、高术公司大肆销售盗版方正软件的证据。这种所谓的“陷阱取证”对于打击计算机软件侵权是一项行之有效的方式。并且，该种取证方式并没有损害高术天力公司、高术公司的合法权益，也未对社会公众利益造成任何损害，因此，二审法院担心的“一旦被广泛利用，将对正常的市场秩序造成破坏”是缺乏事实和法律依据的。

最高人民法院认为，对于北大方正公司、红楼研究所的要求赔偿取证费用的诉讼请求，一审法院全部予以支持并无不当。

对于损失赔偿，应该根据销售的盗版数量予以确定。北大方正公司在调查中发现了被告非法销售的大量证据，不止向北大方正公司销售一套。二审法院认定被告仅向北大方正公司销售了一套，我们理解其理由是基于法院不支持北大方正公司的取证方式，对于取证过程中公证的内容不予以采纳。但是无论是一审还是二审，被告对于公证书明确记载的销售盗版的内容并不否认或者有相反证据予以推翻，所以，一审法院认定的销售盗版的数量是正确的。因此，法院应该根据其销售的盗版数量来确定赔偿数额。

第二十六条　【软件侵权诉前行为和财产保全】

软件著作权人有证据证明他人正在实施或者即将实施侵犯其权利的行为，如不及时制止，将会使其合法权益受到难以弥补的损害的，可以依照《中华人民共和国著作权法》第五十条的规定，在提起诉讼前向人民法院申请采取责令停止有关行为和财产保全的措施。

◆ 相关法律规定

《中华人民共和国著作权法》（2010 年修正）

第五十条　著作权人或者与著作权有关的权利人有证据证明他人正在实施或者即将实施侵犯其权利的行为，如不及时制止将会使其合法权益受到难以弥补的损害的，可以在起诉前向人民法院申请采取责令停止有关行为和财产保全的措施。

人民法院处理前款申请，适用《中华人民共和国民事诉讼法》第九十三条至第九十六条和第九十九条的规定。

《中华人民共和国民事诉讼法》

第九十三条　利害关系人因情况紧急，不立即申请财产保全将会使其合法权益受到难以弥补的损害的，可以在起诉前向人民法院申请采取财产保全措施。申请人应当提供担保，不提供担保的，驳回申请。

人民法院接受申请后，必须在四十八小时内作出裁定；裁定采取财产保全措施的，应当立即开始执行。

申请人在人民法院采取保全措施后十五日内不起诉的，人民法院应当解除财产保全。

第九十四条 财产保全限于请求的范围，或者与本案有关的财物。

财产保全采取查封、扣押、冻结或者法律规定的其他方法。

人民法院冻结财产后，应当立即通知被冻结财产的人。

财产已被查封、冻结的，不得重复查封、冻结。

第九十五条 被申请人提供担保的，人民法院应当解除财产保全。

第九十六条 申请有错误的，申请人应当赔偿被申请人因财产保全所遭受的损失。

第九十九条 当事人对财产保全或者先予执行的裁定不服的，可以申请复议一次。复议期间不停止裁定的执行。

◆ **知识精要**

本条规定了软件著作权人可以在起诉前申请人民法院采取责令停止侵权行为和财产保全措施。

财产保全是指与当事人争议有关的财产可能被转移、隐匿、毁灭等情形，从而可能造成对利害关系人权益的损害或可能使法院将来的判决难以执行或不能执行时，人民法院根据利害关系人或者当事人的申请，或按照审判职权对有关财产采取的保护措施。财产保全包括诉前保全和诉讼保全，本条规定的是诉前行为和财产保全。诉前保全是指在诉讼发生之前，人民法院根据利害关系人的申请，而对有关的财产采取保护措施制度。诉前保全的适用必须是在利害关系人与他人之间存在的争议的法律关系所涉及的财产处于紧急状态下，如果不采取行为保全或者财产保全措施将有可能使利害关系人的合法权益受到不可弥补的现实危险。

根据民事诉讼法的规定，申请诉前保全时，申请人应当提供担保，不提供担保的，驳回申请。提供担保的数额应相当于请求保全的数额。担保的方式一般包括交纳保证金、提供保证人、提供担保物（如房产、车辆等）。

人民法院接受申请后，必须在 48 小时内作出裁定；裁定采取财产保全措施的，应当立即开始执行。申请人在人民法院采取保全措施后 15 日内不起诉的，人民法院应当解除财产保全。被申请人可能会要求申请人对保全措施给被申请人造成的损失进行赔偿。如果申请人在 15 日内进行了起诉，则保全措施继续有效。但是，需要注意的是，根据最高人民法院的司法解释，人民法院冻结被执行人的银行存款及其他资金的期限不得超过六个月，查封、扣押动产的期限不得超过一年，查封不动产、冻结其他财产权的期限不得超过二年。如果在上述期限内，案件没有审理终结，当事人应该继续向人民法院申请保全。

财产保全限于请求的范围，或者与本案有关的财物。财产保全采取查封、扣押、冻结或者法律规定的其他方法。人民法院对不动产和特定的动产（如车辆、船舶等）进行财产保全，可以采用扣押有关财产权证照并通知有关产权登记部门不予办理该项财产的转移手续的财产保全措施；必要时，也可以查封或扣押该项财产。人民法院冻结财产后，应当立即通知被冻结财产的人。财产已被查封、冻结的，不得重复查封、冻结。

被申请人提供担保的，人民法院应当解除财产保全。申请有错误的，申请人应当赔偿被申请人因财产保全所遭受的损失。当事人对财产保全或者先予执行的裁定不服的，可以申请复议一次。复议期间不停止裁定的执行。

在软件著作权侵权纠纷案件中，提请诉前行为和财产保全应该提供以下初步证据供人民法院审查：（1）申请人是软件的著作权人或者其他利害关系人的证据，例如，计算机软件著作权登记证书、软件产品实物、软件许可合同、软件转让合同；（2）被申请人实施侵权的初步证据，例如销售盗版产品的发票、销售的盗版的实物、销售盗版的合同；（3）被申请人的基本信息和要求保全的财产信息，例如，被申请人的名称、地址、拟保全的财产名称、数量和存放地等信息；（4）被申请人可能隐匿、销毁申请保全财产的证据。一般情况下，申请人很难举证被申请人存在销毁财产的证据，但是考虑到软件财产的特殊性，一般法院对此类证据的要求不是很严格。

◆ **经典案例** 29

美国微软公司诉北京爱必得科贸公司计算机软件著作权侵权案

【案情简介】

1997 年，美国微软公司就发现爱必得公司在销售其生产的 ABD 微机中，非法预装了微软的 MS－Windows95 中文版及 MS－Office97 中文版等软件。

1998 年，美国微软公司委托中联知识产权调查中心在被告的门市经营部先后购买了 3 台爱必得多媒体电脑，并请北京市海淀区第三公证处公证员当场公证，随即封存并委托国家电子计算机质量监督检验中心进行检测。海淀区第三公证处对检测过程做了公证。检测结果表明：该电脑非法装有 MS－Windows95 中文版及 MS－Office97 中文版等软件。

1998 年 1 月，北京市海淀区工商局调查爱必得公司时，也发现了该公司大量侵权事实和证据。海淀区工商局对爱必得公司作出了处罚决定。

1999 年 1 月 6 日，美国微软公司在北京市第一中级人民法院起诉北京爱必得科贸公司软件著作权侵权纠纷案。美国微软公司认为：被告的行为使他们在中国市场推广、销售软件产品蒙受极大的损失，依照《计算机软件保护条例》及国际条约的有关规定，被告应立即停止侵权行为并向原告公开赔礼道歉，并赔偿原告经济损失 200 万元人民币。

在起诉前，为了保证胜诉后法院判决得到有效执行，美国微软公司向北京市第一中级人民法院申请对爱必得公司进行财产保全，要求特对爱必得公司在银行或者办公场所、销售场所价值 200 万元人民币的财产申请保全。为此，微软中国有限公司为美国微软公司提供了担保，承诺如果美国微软公司错误申请了诉讼保全，给爱必得公司造成损失，微软中国有限公司愿意承担赔偿责任。美国微软公司的申请符合法律规定，北京市第一中级人民法院裁定准许并对爱必得公司的银行账号进行查封，冻结资金114 332.65元人民币。

一审法院审理后作出如下判决：（1）被告北京爱必得科贸公司自判决生效之日起，立即停止侵犯原告微软公司软件著作权的行为；（2）自本判决生效之日起 30 日内，被告北京爱必得科贸公司在《中国计算机报》上向原告微软公司公开赔礼道歉。道歉内容需经本院审核。逾期不执行，本院将公布判决主要内容，其费用由北京爱必得科贸公司承担；(3) 被告北京爱必得科贸公司自本判决生效之日起10日内，赔偿原告微软公司因其侵权行为所造成的经济损失贰拾叁万陆仟捌佰零贰元，赔偿原告微软公司因诉讼支出的合理费用叁万柒仟零陆拾元。(4) 驳回微软公司其他诉讼请求。

【引以为鉴】

根据《计算机软件保护条例》第26条，软件著作权人有证据证明他人正在实施或者即将实施侵犯其权利的行为，如不及时制止，将会使其合法权益受到难以弥补的损害的，可以依照《著作权法》第50条的规定，在提起诉讼前向人民法院申请采取责令停止有关行为和财产保全的措施。本案的情况符合本条规定。

本案中，微软公司在向人民法院起诉前向人民法院申请财产保全，并成功地冻结了侵权人十余万元的财产。这一措施有效地防止侵权人败诉后为了躲避赔偿，恶意转移资产。

本案判决生效后，爱必得科贸公司即蒸发消失，微软公司向人民法院申请强制执行后，人民法院除将查封的款项执行外，没有执行到其他财产。因此，申请财产保全在计算机软件著作权侵权纠纷中是非常重要的。

需要说明的是，本案起诉时，当时施行的是1991年6月4日颁布的《计算机软件保护条例》，微软公司依据原条例的第26条规定申请了诉前保全。原条例第26条规定，软件著作权人有证据证明他人正在实施或者即将实施侵犯其权利的行为，如不及时制止，将会使其合法权益受到难以弥补的损害的，可以依照《著作权法》第49条的规定，在提起诉讼前向人民法院申请采取责令停止有关行为和财产保全的措施。原条例第26条的规定与本条的规定完全一致。

第二十七条 【软件侵权诉前证据保全】

为了制止侵权行为，在证据可能灭失或者以后难以取得的情况下，软件著作权人可以依照《中华人民共和国著作权法》第五十一条的规定，在提起诉讼前向人民法院申请保全证据。

◆ **相关法律规定**

《中华人民共和国著作权法》（2010 年修正）

第五十一条　为制止侵权行为，在证据可能灭失或者以后难以取得的情况下，著作权人或者与著作权有关的权利人可以在起诉前向人民法院申请保全证据。

人民法院接受申请后，必须在四十八小时内作出裁定；裁定采取保全措施的，应当立即开始执行。

人民法院可以责令申请人提供担保，申请人不提供担保的，驳回申请。

申请人在人民法院采取保全措施后十五日内不起诉的，人民法院应当解除保全措施。

◆ **知识精要**

本条规定了软件著作权人在起诉之前向人民法院申请证据保全。

诉前证据保全是指在证据可能灭失或者以后难以取得的情况下，依据诉讼参加人的申请，人民法院对可能灭失或者今后难以取得的证据予以调查收集和固定保存。人民法院也可以主动采取证据保全措施。

考虑到计算机软件的侵权复制品容易复制和销毁，本条特别规定了诉前证据保全制度。诉前证据保全应该向有管辖权的人民法院申请，通常是准备起诉的人民法院。人民法院接受申请后，必须在 48 小时内作出裁定；裁定采取保全措施的，应当立即开始执行。

人民法院可以责令申请人提供担保。申请人不提供担保的，驳回申请。对于担保的数额，法律中没有规定。由于证据的种类不同，对于证据保全给被申请人造成的影响也不同，因而人民法院会根据证据保全对被申请人造成的损失来确定需要提供的担保数额和方式。在实践中，申请人常同时提起诉前财产保全和证据保全，在这种情况下，申请人提供的担保数额需与保全的财产数额一致，而证据保全则无须另行提供担保了。

人民法院进行证据保全可以根据具体情况，采取查封、扣押、拍照、录音、录像、复制、鉴定、勘验、制作笔录等方法。人民法院进行证据保全，可以要求当事人或者诉讼代理人到场。

申请人在人民法院采取保全措施后15日内不起诉的，人民法院应当解除保全措施。

无论是诉前财产保全还是诉前证据保全，申请人在人民法院采取保全措施后均应立即进行起诉，否则，人民法院在15日后将会解除保全措施，被申请人可能会要求申请人对保全措施给被申请人造成的损失进行赔偿。如果申请人在15日内进行了起诉，则保全措施继续有效。

◆ **经典案例** 30

北京亿中邮信息技术有限公司诉北京飞宇信科技有限公司、魏××等计算机软件著作权侵权纠纷案

【案情简介】

北京亿中邮信息技术有限公司系2000年3月在北京市中关村科技园区注册成立的外商独资高科技企业。公司成立后投入大量的资金开发了自主版权的《亿邮电子邮件系统V1.5版本》计算机软件，开发完成后又投入大量资金和人力进行市场推广，成为同业市场最有影响力的产品。经过艰辛的市场努力，发展了很多客户和潜在客户，即将给社会和企业带来经济效益。

本案的第二被告魏××和第三被告潘××均系原告的员工，属于核心技术人员和销售主管，他们利用在原告工作并能够接触和掌握原告的《亿邮电子邮件系统》核心技术的机会，将《亿邮电子邮件系统》的技术资料、源程序和客户的基本资料窃为己有，于2002年4～5月集体离开原告后注册成立由魏××为法定代表人的第一被告北京飞宇信科技有限公司。

2002年5月，原告发现第一被告将《亿邮电子邮件系统》改头换面后以第一被告的名义在市场上推广、销售。在重庆市公证处的公证下，原告对被告非法销售给重庆工学院网络中心的侵权软件进行了证据保全。此外，上述侵权事实还有第三被告潘××的谈话录音、被魏××从原告挖走的技术人员武×和赵××的证人证言为证。

原告亿中邮公司认为第一被告的行为不仅违反了《著作权法》和《计算机软件保护条例》的有关规定，而且严重损害了原告的利益，给原告造成了

巨大的经济损失。第二被告和第三被告的行为不仅侵犯了原告的技术秘密，其抄袭、复制、非法修改原告软件的行为也同样违反了《计算机软件保护条例》的有关规定，构成侵权。

鉴于此，原告请求人民法院判令被告立即停止销售、传播侵权软件行为；判令被告向原告公开赔礼道歉；判令被告立即给付赔偿金 14 万元；判令被告承担原告为制止侵权行为而支出的调查取证等费用；判令被告承担本案的诉讼费、保全费、鉴定费等一切诉讼费用。

在起诉前，原告向北京市第二中级人民法院申请诉前证据保全，要求依法查封被告北京飞宇信科技有限公司非法复制的侵权软件，包括光盘复制品、装有非法复制品的计算机。北京市第二中级人民法院在对亿中邮公司提供的初步证据进行审查和要求亿中邮公司提供担保后，支持了亿中邮公司的证据保全申请，对飞宇信公司的办公场所进行了证据保全。

本案在人民法院的主持下，当事人双方达成调解，北京飞宇信公司同意停止侵权行为并对亿中邮公司的损失予以适当补偿。

【案件分析】

《计算机软件保护条例》第 27 条规定，为了制止侵权行为，在证据可能灭失或者以后难以取得的情况下，软件著作权人可以依照《著作权法》第 50 条的规定，在提起诉讼前向人民法院申请保全证据。《著作权法》第 50 条规定，为制止侵权行为，在证据可能灭失或者以后难以取得的情况下，著作权人或者与著作权有关的权利人可以在起诉前向人民法院申请保全证据。人民法院接受申请后，必须在 48 小时内作出裁定；裁定采取保全措施的，应当立即开始执行。人民法院可以责令申请人提供担保，申请人不提供担保的，驳回申请。

本案中，亿中邮公司在调查证据时，直接与第二被告潘××进行了谈话并将其携带的装有侵权软件的笔记本电脑予以公证保全。此种情况下，北京飞宇信科技有限公司已经知道了亿中邮公司发现其存在侵权的情况，很有可能会将自己非法复制的亿中邮公司的软件进行删除或销毁。在证据可能灭失的情况下，亿中邮公司依据《计算机软件保护条例》第 27 条规定和《著作权法》第50条规定，向北京市第二中级人民法院申请诉前证据保全。申请诉前证据保全时，亿中邮公司将自己掌握的初步证据向法院进行了提交，法院对侵权的初步证据进行了审查，认为亿中邮公司的理由充分，在要求其提供相应的担保后，在48小时之内作出了裁定，对飞宇信公司内存有亿中邮公司软件复制品的电脑进行了证据保全。亿中邮公司在法定期限内（15日内）向法院提起了诉讼。

【引以为鉴】

软件著作权人在申请诉前证据保全时，应该着重阐述证据灭失的可能性，另外，还应该将侵权的基本事实阐述清楚，并提供证据线索和明确的存放地点，否则，很难获得法院的支持。

第二十八条 【无合法来源的软件出版者、制作者、发行者、出租者的法律责任】

软件复制品的出版者、制作者不能证明其出版、制作有合法授权的，或者软件复制品的发行者、出租者不能证明其发行、出租的复制品有合法来源的，应当承担法律责任。

◆ 相关法律规定

《中华人民共和国著作权法》（2010年修正）

第五十三条 复制品的出版者、制作者不能证明其出版、制作有合法授权的，复制品的发行者或者电影作品或者以类似摄制电影的方法创作的作品、计算机软件、录音录像制品的复制品的出租者不能证明其发行、出租的复制品有合法来源的，应当承担法律责任。

《最高人民法院关于审理著作权民事纠纷案件适用法律若干问题的解释》（法释〔2002〕31号）

第十九条 出版者、制作者应当对其出版、制作有合法授权承担举证责任，发行者、出租者应当对其发行或者出租的复制品有合法来源承担举证责任。举证不能的，依据著作权法第四十六条、第四十七条的相应规定承担法律责任。

第二十条 出版物侵犯他人著作权的，出版者应当根据其过错、侵权程度及损害后果等承担民事赔偿责任。

出版者对其出版行为的授权、稿件来源和署名、所编辑出版物的内容等未尽到合理注意义务的，依据著作权法第四十八条的规定，承担赔偿责任。

出版者尽了合理注意义务，著作权人也无证据证明出版者应当知道其出版涉及侵权的，依据民法通则第一百一十七条第一款的规定，出版者承担停止侵权、返还其侵权所得利润的民事责任。

出版者所尽合理注意义务情况，由出版者承担举证责任。

◆ **知识精要**

本条规定了软件出版者、制作者、发行者、出租者在不能证明软件复制品有合法授权情况下的法律责任。

软件出版者，是指将软件作品编辑加工后，通过复制等手段制作复制品向公众发行的自然人或者法人。通常理解，出版包括编、印（复制、录制）、发等三个环节，所以出版的含义应当包括发行过程中的一切行为。比如以出售、出租等形式向公众提供一定数量的作品复制件等行为，应当属于出版者的行为。随着专业分工的不断强化，目前，在出版领域，出版者、制作者和发行者逐步分离，形成相互独立的不同的行为主体。例如，对于软件光盘复制品的出版，软件开发企业负责软件的开发和母盘的制作，出版社负责审查内容和发放版号，光盘复制厂负责光盘的刻录复制，软件专卖店负责产品的销售。在这种分工下，下一个环节的主体无法对上一个环节的主体行为的合法性进行审查和控制，同样，上一个环节的主体对于下一个环节的主体的行为也无法负责，因此，他们只能独自承担各自的责任。

《计算机软件保护条例》第 28 条规定，软件复制品的出版者、制作者不能证明其出版、制作有合法授权的，或者软件复制品的发行者、出租者不能证明其发行、出租的复制品有合法来源的，应当承担法律责任。软件保护条例该条规定的法源，是来自我国《著作权法》第 53 条的规定。《著作权法》第 53 条规定，复制品的出版者、制作者不能证明其出版、制作有合法授权的，复制品的发行者或者电影作品或者以类似摄制电影的方法创作的作品、计算机软件、录音录像制品的复制品的出租者不能证明其发行、出租的复制品有合法来源的，应当承担法律责任。

这些法律和法规的规定，都是事先为出版者、制作者、发行者、出租者等设置一定的法律义务。当这些义务未被履行时，这些行为主体就要承担一定的法律责任。

这些法律义务的设定符合WTO的有关规则，适应了计算机软件著作权保护的发展趋势。对于侵权责任的归责原则，长期以来一直采用过错责任为主，无过错责任例外的原则。过错责任是指行为人由于过错侵害他人人身、财产权利的，应当承担民事责任。没有过错的，但法律规定应当承担民事责任的，应当承担民事责任。在软件著作权侵权纠纷中，侵权者常常以自己无过错为由来辩解，要求法院免除自己的侵权责任。为此，侵权行为人会举出很多证据来证明自己没有过错，例如举出来源证明、第三方授权证明，这些证明可以证明其有合法来源。如果按照过错原则免除侵权行为人的责任，无疑不利于保护软件著作权人的利益，也不符合WTO规则的《与贸易有关的知识产权协定》（TRIPs协议）第45条的过错推定制度。TRIPs协议第45条第2项明确规定，在适当场合即使侵权人不知或者无充分理由应当知道自己从事的活动属于侵权行为，成员国仍然可以授权司法机关责令侵权人返还所得利润或者判令支付法定赔偿。

为适应TRIPs协议规则，我国在修改后的《著作权法》和《计算机软件保护条例》都增加了类似的规定。《著作权法》第53条规定，复制品的出版者、制作者不能证明其出版、制作有合法授权的，复制品的发行者或者电影作品或者以类似摄制电影的方法创作的作品、计算机软件、录音录像制品的复制品的出租者不能证明其发行、出租的复制品有合法来源的，应当承担法律责任。《计算机软件保护条例》第28条规定，软件复制品的出版者、制作者不能证明其出版、制作有合法授权的，或者软件复制品的发行者、出租者不能证明其发行、出租的复制品有合法来源的，应当承担法律责任。

《最高人民法院关于审理著作权民事纠纷案件适用法律若干问题的解释》（法释〔2002〕31号）规定：出版者、制作者应当对其出版、制作有合法授权承担举证责任，发行者、出租者应当对其发行或者出租的复制品有合法来源承担举证责任。举证不能的，依据《著作权法》第46条、第47条的相应规定承担法律责任；出版者对其出版行为的授权、稿件来源和署名、所编辑出版物的内容等未尽到合理注意义务的，依据《著作权法》第48条的规定，承担赔偿责任；出版者尽了合理注意义务，著作权人也无证据证明出版者应当知道其出版涉及侵权的，依据《民法通则》第117条第1款的规定，出版者承担停止侵权、返还其侵权所得利润的民事责任；出版者所尽合理注意义务情况，由出版者承担举证责任。

◆ **经典案例** 31

北京市海淀区微宏电脑软件研究所诉北京连邦软件产业发展公司、北京市海淀区惠软计算机经营部侵犯计算机软件著作权案

【案情简介】

1996年11月4日，国家版权局计算机软件登记管理办公室发布的计算机软件著作权登记公告确定：登记号为950346号的Foxpro2.5反编译工具Unpro25软件的首次发表日期为1995年4月5日，北京市海淀区微宏电脑软件研究所（以下简称微宏软件研究所）为著作权人。微宏软件研究所对该软件的零售报价为每套1699元。

1995年6月8日，北京连邦软件产业发展公司（乙方）与北京市海淀区惠软计算机经营部（甲方）签订了一份《产品销售代理协议书》。协议约定，甲方授权乙方为其软件产品“95工具箱与译林套件”及“95工具箱”各地专卖店的全国性销售代理，并保证产品的合法版权、商标权，负一切因甲方侵犯他人版权、商标权的法律责任，赔偿乙方因版权纠纷所受到的损失。乙方大力促销甲方产品，通过散发促销材料、开展示会、组织专题宣传等形式在全国范围内促销，如甲方举行产品促销活动，乙方应积极配合。此后，北京市海淀区惠软计算机经营部（以下简称惠软经营部）即在有关的专业报纸和其他报纸上对其软件产品进行广告宣传。1995年，北京连邦软件产业发展公司（以下简称连邦公司）从惠软经营部购进“95便携工具箱”软件72套，

由其在全国各地的专卖店销售，1996年购进15套，总计87套。1995年8月4日，微宏软件研究所从连邦公司中心专卖店以158元购得反编译工具箱一套，并经海淀区公证处以95海证民字第50616号公证书确认。

1996年11月，微宏软件研究所向北京海淀区人民法院提起诉讼，诉连邦公司侵犯了其计算机软件著作权，理由是连邦公司代理销售的“95工具箱”中的Unfoxpro抄袭了微宏软件研究所的Unpro25软件。连邦公司在得知该软件涉嫌侵权后，紧急通知各专卖店立即停止销售，以特快专递方式退回总部封存，听候法院处理。经查，此时，连邦已销售20套。1996年11月25日，海淀法院开庭审理了此案。

微宏软件研究所认为，其对1994年开发的Foxpro2.5反编译工具Unpro25软件享有著作权。1995年，连邦公司在市场上低价销售已被解密的经过微小改动的Unpro25软件，造成被解密后Unpro25软件在社会上扩散，侵犯了微宏软件研究所的著作权，并造成重大经济损失。

审理过程中，法院依法追加惠软经营部为共同被告。经微宏软件研究所与惠软经营部共同认可，海淀区人民法院委托中国软件登记中心对微宏研究所提供的Unpro25软件源程序生成的目标程序Unpro25.exe与惠软经营部的“95便携机工具箱”软件产品盘中的可执行程序Unfoxpro25.exe进行对比鉴定，其结论是：两程序可运行条件相似，提示信息、运行结果完全一致，相同率为30%，而且在惠软经营部的软件中出现不应有的提示信息。

海淀区人民法院经审理后认为，原告微宏研究所享有Unpro25软件的著作权，被告惠软经营部未经原告许可，对其产品进行非法复制，并以“95便携工具箱”的名称进行销售，侵犯了原告微宏研究所的著作权，应承担侵权责任。被告连邦公司作为计算机软件的专业销售商，负有保证其销售的软件均为合法软件的注意义务，应当承担连带侵权责任。微宏研究所要求其停止侵权、赔礼道歉、并赔偿损失，理由正当，应予支持。但其要求赔偿经济损失17万元缺乏充足证据，应当视侵权人复制、销售侵权软件的数量及过错程度判定。连邦公司虽与惠软经营部有侵权法律责任承担的约定，但该约定不能对抗著作权人。惠软经营部无正当理由拒不到庭，对其缺席判决。遂依据《计算机软件保护条例》第9条第1款第4项、第10条、第30条第1款第6项和第7项,《民事诉讼法》第130条之规定作出〔1996〕海知初字第24号民事判决,判决如下:"一、判决生效之日起,北京连邦软件产业发展公司、北京市海淀区惠软计算机经营部立即停止复制、销售'95便携工具箱'软件;二、北京连邦软件产业发展公司、北京市海淀区惠软计算机经营部在《中国计算机报》上向北京市海淀区微宏电脑软件研究所公开致歉(致歉内容须经合议庭审核),判决生效后10日内执行;三、北京连邦软件产业发展公司、北京市海淀区惠软计算机经营部赔偿北京市海淀区微宏电脑软件研究所经济损失人民币一十四万七千八百一十三元,因诉讼支出合理费用五千元。判决生效后10日内执行;四、销毁现由法院封存的侵权软件'95便携工具箱'软件67套。鉴定费五千元,由北京连邦软件产业发展公司、北京市海淀区惠软计算机经营部负担(已交纳二千五百元),判决生效后10日内交纳。"

一审判决后,连邦公司不服,向北京市第一中级人民法院提起上诉。

北京市第一中级人民法院审理后认为,惠软经营部未经许可对微宏软件研究所享有著作权的Unpro25软件进行非法复制,侵犯了微宏软件研究所对该软件的著作权。惠软经营部又将该侵权产品投向市场,进行非法销售,挤占了微宏软件研究所的市场份额,造成了微宏软件研究所的经济损失。对此,惠软经营部应当承担侵权责任。连邦公司作为惠软经营部的代理销售商,因其销售了该侵权软件,对造成微宏研究所的经济损失,亦有一定责任。但是,对惠软经营部的非法复制行为,连邦公司并未参与,亦不知其有非法复制行为,连邦公司与惠软经营部对非法复制行为无主观上的意思联系,不能认定连邦公司与惠软经营部有共同过错。对惠软经营部的非法复制行为,连邦公司不承担连带责任。连邦公司与惠软经营部签订的销售代理协议是当事人之间的内部约定,连邦公司不得以此免责。但是,连邦公司应将其销售侵权产品所获利润返还给微宏软件研究所。对微宏软件研究所的经济损失本院根据惠软经营部复制侵权软件的数量与微宏研究所的销售价格来确定。惠软经营部经依法公告传唤未到庭应诉,本院对其依法缺席判决。原审法院对本案事实的认定是正确的,但在侵权责任的认定、责任的承担、赔偿数额的计算及对侵权产品的处理上欠妥。根据《民法通则》第92条、第134条第3款，《计算机软件保护条例》第30条第1款第6项和第7项，《民事诉讼法》第130条、第153条第1款第2项之规定作出〔1997〕一中知终字第23号民事判决，判决如下："一、撤销北京市海淀区人民法院〔1996〕海知初字第24号民事判决；二、自判决生效之日起，北京市海淀区惠软计算机经营部停止复制、销售，北京连邦软件产业发展公司停止销售'95便携工具箱'软件；三、判决生效后30日内北京市海淀区惠软计算机经营部在《中国计算机报》上向北京市海淀区微宏电脑软件研究所致歉；四、判决生效后30日内北京市海淀区惠软计算机经营部赔偿北京市海淀区微宏电脑软件研究所经济损失人民币一十四万七千八百一十三元，因诉讼支出人民币五千元；五、判决生效后7日内北京连邦软件产业发展公司返还北京市海淀区微宏电脑软件研究所人民币一千八百二十元。鉴定费五千元，由北京市海淀区惠软计算机经营部负担（已交纳二千五百元），余款于本判决生效后七日内交纳。"

判决生效后，连邦公司将1820元的销售侵权产品的利润支付给了微宏软件研究所。

【争议焦点】

连邦公司是否应当承担侵权赔偿责任？

【案件分析】

本案中，一审法院判决连邦公司与惠软经营部承担连带侵权责任，连邦公司不服进行上诉后，二审法院予以改判，判决连邦公司仅承担停止侵权和返还不当得利的责任。为什么会有这样的结果呢？

根据《民法通则》的规定，两人以上共同侵权造成他人损害的，应当承担连带责任。在本案中，涉及多项侵权行为，而这些侵权行为并非连邦公司与惠软经营部共同实施的。例如，对于惠软经营部非法复制Unpro25软件的行为，连邦公司并不知情，更没有参与，连邦公司与惠软经营部对非法复制行为无主观上的意思联系，因此，连邦公司对于惠软经营部的非法复制侵权行为不应承担连带责任。

连邦公司作为软件复制品的发行者，其销售的软件复制品是从惠软经营部进货的。惠软经营部作为一家依法登记注册的软件开发、制作单位，连邦公司作为一家依法登记注册的软件销售单位，两者签订软件销售合同，并无违法之处。并且连邦进货时，惠软经营部向连邦公司提供了发票。因此，连邦公司能够证明其发行的软件复制品有合法来源。

《计算机软件保护条例》第 28 条规定，软件复制品的出版者、制作者不能证明其出版、制作有合法授权的，或者软件复制品的发行者、出租者不能证明其发行、出租的复制品有合法来源的，应当承担法律责任。在本案中，连邦公司作为复制品的发行者，能够证明其发行的软件复制品的合法来源，因此，不应按照《计算机软件保护条例》第 24 条的规定承担侵权赔偿责任。但由于其发行行为确实侵害了软件著作权人的合法权利，发行者应该停止侵权，并将其销售所得的利润返还给著作权人。

【引以为鉴】

连邦公司与惠软经营部签订的销售代理协议是当事人之间的内部约定，连邦公司不得以此免责。但是，由于连邦公司并不存在销售侵权产品的主观故意，同时从技术和行业惯例上又无法审查“95 便携工具箱”是否抄袭了 Unpro25 软件，不存在过失，因此，连邦公司不应承担侵权赔偿责任。但从公平角度看，连邦公司对销售侵权产品所获利润应该返还给微宏软件研究所，该利润实际上构成了民法理论上的不当得利。《民法通则》第 92 条规定，没有合法根据，取得不当利益，造成他人损失的，应当将取得的不当利益返还受损失的人。因此，连邦公司应当将其销售侵权产品所获的利益返还给微宏软件研究所。

第二十九条 【因表达有限导致的软件相似不构成侵权】

软件开发者开发的软件，由于可供选用的表达方式有限而与已经存在的软件相似的，不构成对已经存在的软件的著作权的侵犯。

◆ **相关法律规定**

《计算机软件保护条例》

第六条　本条例对软件著作权的保护不延及开发软件所用的思想、处理过程、操作方法或者数学概念等。

◆ **知识精要**

本条规定了因表达方式有限造成后开发的软件与在先开发的软件相似不构成侵权。

本条的立法目的主要是考虑在软件编程过程中有很多约定俗成的东西，凡是编程都绕不过去的算法、函数，还有常量说明，这些程序可能会有著作权，但如果别人编写的程序与权利人的程序类似或者近似不构成侵权。不侵权的前提是：第一，使用方式有限，就是开发人在编这种程序的时候除了这种方式可能还有其他一两种，但是非常有限，不能说是唯一的，但不管哪种，开发者都跳不出这个圈子。第二，这种函数，唯一的表达或者有限的表达到底有没有著作权，从规定来看并没有排除，但是这种著作权从实际意义来说已经不大。

根据著作权法原理，著作权保护的是作品的表达方式，而不保护作品的思想。具体到计算机软件，就是本条例第 6 条规定的对软件著作权的保护不延及开发软件所用的思想、处理过程、操作方法或者数学概念等。这一原则被称为“构思/表达二分法原则”。按照这项原则，如果软件开发者在开发自己的软件时使用了他人软件的表达，就有可能构成对他人软件的侵权；如果在开发的计算机程序中仅使用了他人计算机程序的构思，则并没有侵犯他人的软件著作权。在构思/表达合并原则下有几个推论，第一个推论是构思/表达合并推论。如果一项构思的表达只有一种，这种表达同其所表达的构思已经合并在一起以致很难划分，则他人在表达这一构思时使用这一表达并不构成侵权行为。第二个推论是“表达选择有限”原则，该原则的含义是如果一项构思的表达只有极其有限的少数几种，则这种类型的表达不能享有版权保护。

本条是著作权原理中的“表达选择有限”原则在软件著作权中保护的具

体体现。这样规定也有利于鼓励科技进步，促进软件产业的保护发展，有利于社会公共利益。

◆ **经典案例** 32

美国英特尔公司诉深圳东进公司计算机软件著作权案

【案情简介】

SR5.1.1 是美国英特尔公司（以下简称英特尔）提供给其用户的应用软件开发工具包，支持和用于英特尔或其子公司生产的 DIALOGIC 产品，包括五大类几十种通讯板卡，包括语音卡、传真卡、会议资源卡等。英特尔产品必须在使用 SR5.1.1 并得到该软件的支持下才能为用户正常使用。用户也只有使用和依靠该 SR5.1.1 软件才能进行应用程序的开发以及正常发挥有关英特尔产品的各项功能。SR5.1.1 由多个软件和文件组成，包括但不限于驱动程序层（Driver）、动态链接库文件层（LibraryFiles）及主要由 INTEL 头文件定义的应用程序接口层（Application Programming Interface，简称 API）等。英特尔许可协议明确规定，用户只有在英特尔产品或包含了相关英特尔产品的用户产品上才能使用和运行 SR5.1.1（包括其组成部分，如 INTEL 头文件等）从而开发自己的应用软件。

在 SR5.1.1 的组成部分中 API 层的 INTEL 头文件对整套软件编程必须使用的函数及参数进行编排和定义，因而构成 SR5.1.1 的重要核心部分。动态链接库文件及驱动程序都必须不加改变地遵循和使用 INTEL 头文件的主要内容，才能正常运行和工作。而用户也必须不加改变地遵循和使用 INTEL 头文件的主要内容才能够进行自己的应用软件开发。由于 DIALOGIC 产品曾在市场上占有绝对的垄断地位，“头文件”中对有关函数的命名规则（类似于私有协议或用户接口）已变为该行业的事实标准。

深圳市东进通讯技术股份有限公司（以下简称东进公司）产品相关软件的编写参考了 DIALOGIC 产品相关软件（“DIALOGIC 软件”）源程序文件中的 .h 文件（INTEL 头文件，以下简称头文件）的有关内容，用户在安装东进产品、将其用户程序编译生成 .exe 文件的过程中，亦需使用头文件。头文件为互联网上公开并可自由下载的文档，但Intel同时声明：头文件并非公开出版物；东进产品虽与DIALOGIC产品功能相同（或相似）并兼容，但在芯片选用、电路设计、软件编写等方面均存在较大差异。2004年12月，英特尔向深圳市中级人民法院起诉，指控东进公司侵犯其计算机著作权，索赔6583万元。该案被称为“2005年国内IT界知识产权第一案”。英特尔诉称，东进公司未经其许可，擅自复制、发行以及通过信息网络传播原告的SR5.1.1软件中“intel头文件”，英特尔请求法院认定东进公司未经原告许可，复制、发行以及通过信息网络传播原告的软件“SR5.1.1”中的头文件行为构成对原告著作权侵权，索赔796万美元（折合人民币6583万元），后来英特尔公司又增加了“被告未经原告许可，翻译‘SR5.1.1’的相关技术文档”，以及“被告教唆及帮助用户对原告‘SR5.1.1’软件进行删除、修改等行为，构成了对原告著作权的侵权”的诉讼请求。庭审过程中，英特尔撤销了增加的诉讼请求。

2005年4月1日，东进公司向北京市第一中级人民法院提起诉讼，诉称英特尔公司的软件许可协议有技术垄断、妨碍技术进步之嫌。东进公司认为英特尔公司主张的intel头文件只能与英特尔的产品进行捆绑使用，实质上是禁止用户从其他渠道吸收更有竞争力的相关技术进行使用，这是一种明显违反中国合同法相关规定、损害用户利益并禁止同业竞争者与其进行公平竞争的非法技术垄断行为。这种旨在谋求非法技术垄断的主张缺乏相应的法律依据，不应得到法律保护。

2007年5月14日，英特尔与东进公司达成和解，双方撤回了各自的起诉。

【争议焦点】

东进公司复制使用英特尔头文件是否构成侵权？

【案件分析】

《计算机软件保护条例》第6条规定：本条例对软件著作权的保护不延及开发软件所用的思想、处理过程、操作方法或者数学概念等。第29条规定：软件开发者开发的软件，由于可供选用的表达方式有限而与已经存在的软件相似的，不构成对已经存在的软件的著作权的侵犯。

C语言头文件实际上是一个有关C程序里面的一些声明或者常量的定义，函数的声明，并没有可执行代码。为什么要写头文件呢？其目的是提供软件开发的一个接口。如果我们要开发一个软件，特别是要开发跟某些已经有的软件兼容的软件就涉及怎么应用这个头文件，这是一个行业惯例。头文件里面不包含任何函数的实现。和函数实现的代码不同，它只是函数的说明，函数的名字，函数的参数，它并没有函数具体的实现。

计算机软件与其他作品不同，是功能性的作品。世界上一致公认的，软件的功能是不受保护的。为了实现功能必要的过程、方法等都不是著作权保护的对象，它都是属于思想的范围内。此外，还有一个重要的著作权原则推论：对于属于思想范畴的东西，当它的表达或者表达形式，只有有限或者唯一表达方式的时候，为了使思想为公众所享有、所共用，这种表达也是不受保护的。

头文件不能不允许他人使用，接口规范实际上是唯一的表达思想、运算过程、功能的一种形式。如果离开了这种形式就不能实现软件兼容的话，就不能得到版权保护。因此，本案情况刚好符合《计算机软件保护条例》第29条的规定。

【引以为鉴】

关于软件兼容产生的版权侵权问题的探讨，经过长期讨论已经达成共识，即由于兼容的需要导致软件相同或者近似，不构成侵权。

世界上关于兼容性跟接口这个问题有几个案例。20世纪80年代发生过很大的一个案子：美国IBM公司诉日本富士通公司。最关键的问题是当时对接口兼容性版权保护问题没有定论，IBM也不清楚。这个案子没有到法院，是两家通过仲裁内部解决的。后来法律界都不再采用这个案子作为判例参考，因为这个案子各种因素太多，而且当时对接口的版权也不是很清楚，原告、被告都说不清楚。

美国1989年判决的SST公司诉SP公司的案例，是关于传真机中链接规程的版权性质的案子。审理法院认为“链接规程”中不存在版权，因为这种编码体现了不充分的表现方式，由于履行规程必须满足一个预先确定的标准，法院认为只有有限变化的表达不能成为版权保护的东西，原告的规程没有充分选择余地，因而不能成为版权保护客体。另外法官还提出为了使机器之间在功能上兼容，它里面IO数字字母必须相同，属于程序的功能，而程序功能是不能享有版权的。

欧共体在1991年5月14日颁布《欧洲共同体理事会关于计算机软件保护的指令》。按照这个指令，所有的欧洲共同体国家都要按照这个指令修改本国的有关法律。该指令的一个关键内容是解决软件兼容性的问题，在当时引起了美国部分人士的争议，但现在已被大家接受。该指令的前言部分明确阐明：鉴于程序中提供软件和硬件各部分之间相互连接和相互可操作性的部分，通常称为接口；鉴于这种功能性的、相互连接性和相互可操作性通常被称为兼容性；鉴于这种兼容性是可以交换信息和彼此使用交换的信息的能力；鉴于为避免争议，已明确只有计算机程序的表现是受保护的，程序中任何部分所内含的思想和原理，包括其接口所内含的思想和原理均不能根据本指令受版权保护。该指令第6条规定，“第四条A和B所指的代码的复制及其形式的翻译是为了获得一个独立创作的计算机程序与其他程序的兼容性所必需的信息（必需的信息就是兼容性信息，就是接口信息），则不需要得到权利所有者的授权”。欧共体指令甚至在第9条进一步规定，与第6条规定相抵触的合同条款是无效的。

值得注意的是，类似的内容和原则在1999年美国数字千年版权法（DCMA）中也已有体现［第120条第（f）款］。该法案规定，为了实现兼容性可以不受技术保护措施的限制，可以反向工程。

我国原来的《软件保护条例》第31条也规定了三种情况不构成侵权：第一是必须执行国家的有关政策、法律法规；第二是必须执行国家有关的一些标准；第三是可供选用的表现形式、种类有限的情况。现行修改后的条例删除前二种情况，仍保留了第三种情况，即《软件保护条例》第29条。该条规定，开发的软件，由于可供选用的表达方式有限，不构成对已经存在软件的著作权的侵害。

第三十条 【软件复制品的持有人的法律责任】

软件的复制品持有人不知道也没有合理理由应当知道该软件是侵权复制品的，不承担赔偿责任；但是，应当停止使用、销毁该侵权复制品。如果停止使用并销毁该侵权复制品将给复制品使用人造成重大损失的，复制品使用人可以在向软件著作权人支付合理费用后继续使用。

◆ **知识精要**

本条规定了软件复制品的持有人的法律责任。条例立法的目的是解决软件最终用户的法律责任问题。

直观理解，凡是拥有软件复制品的人均可称为软件复制品持有人，但是本条并不解决那些仅持有而不使用软件复制品的人的法律责任问题。结合本条的上下文可知，软件复制品持有人应该是指将软件复制品装入计算机等设备运行而使用软件功能的行为人，不包括仅持有软件复制品，未利用设备使用、运行该软件的行为人。

本条使用的软件复制品持有人与条例第16条的软件的合法复制品所有人有所不同，合法软件复制品所有人，应当是指向权利人或者其许可的经销商购买、接受权利人赠予、许可正版软件复制品的自然人、法人等民事主体。而软件复制品持有人含义显然要宽，在获得持有软件复制品的形式或情形上，软件复制品持有人有可能是善意取得软件复制品，取得过程也许合法，但是由于其没有得到真正软件权利人的授权，其取得的复制品仍是非法的，因此软件复制品持有人包括善意的非法复制品持有人。

对于善意的软件复制品的持有人，其应当承担的法律责任种类和划分根据其主观状态来确定。首先，法律确立了对软件著作权人的权利进行绝对保护的原则，即使善意的软件复制品的持有人不知道也没有合理理由应当知道该软件是侵权复制品的，也必须承担停止侵害的法律责任，只是在停止使用并销毁该侵权复制品将给复制品使用人造成重大损失的情况下，善意复制品使用人可以继续使用，但前提是必须首先向软件著作权人支付合理费用。其次，如果软件复制品持有人能够证明自己确实不知道并且也没有合理理由应当知道该软件是侵权复制品的，软件复制品持有人除承担停止侵害外，不承担赔偿责任。在这里，条例只是明确规定了不承担民事赔偿责任，那么善意的软件复制品所有人还承担赔礼道歉和消除影响的责任吗？我们认为，由于善意的软件复制品所有人不存在主观的故意，且影响范围仅限于软件复制品持有人本身，不会给软件权利人造成任何不良影响，因此，善意的软件复制品持有人不应再承担赔礼道歉和消除影响的法律责任。

相对于善意的软件复制品持有人，还存在知道软件是侵权品而使用运行的软件复制品持有人，这种持有人主观上应当属于故意，即明知故犯，不能援引本条进行抗辩；另外，有合理理由推论或者认定软件复制品持有人应当知道其对所使用运行的软件为侵权复制品，有的是故意而掩盖真相，有的是持有人主观上存有疏忽大意等的过失，未尽谨慎行事的义务而使用运行了侵权复制品的持有人，也不能援引此条进行抗辩。

作为善意的软件复制品持有人一旦知道了所使用的软件为侵权复制品时，应当履行停止使用、销毁该软件的法律义务。不履行该义务，软件著作权人可以诉请法院判决强制停止使用并销毁该侵权软件。如果善意的软件复制品持有人在知道是非法复制品后继续使用给权利人造成损失的，应该承担赔偿责任。

◆ **经典案例 33**

香港太平洋优利达有限公司、北京京延电子有限公司诉广州雅芳化妆品有限公司软件侵权案

【案情简介】

1984 年，中国留学生岳×等人在美国创立了 Unidata 公司（以下简称 UI），历经 5 年，开发了一种大型数据库系统管理软件——Unidata。1992 年，岳×等将 UI 公司转让给新股东，转而在香港成立了 Pacific Unidata 公司（香港太平洋优利达公司，以下简称 PU）。关于 Unidata 软件的版权问题，美国 UI 公司与 PU 公司签订了《授权总协议》，规定 PU 公司拥有在中国大陆、香

港和台湾地区的一切知识产权，其他地域的知识产权归美国 UI 公司。PU 公司后来将软件的部分权利：独家代理、经营、开发、汉化和销售的权利转让给了北京京延电子有限公司（以下简称京延公司）。

1995 年，广州雅芳化妆品有限公司（以下简称雅芳公司）支付 1.5 万美元从美国 UI 公司的销售代理商 Jenkon 公司处购买了 Unidata（版本号：3.1.5B）软件，安装在公司电脑网络中使用。1996 年 6 月，PU 公司发现了上述情况，于是向中国国家版权局投诉，指控被告侵犯了其拥有的 Unidata 软件版权。1997 年 5 月 26 日，国家版权局作出了《关于对广州雅芳有限公司侵权行为给予行政处罚的决定》：认定被告未经合法授权，不得再使用该软件，并罚款人民币 49 万元。

1997 年 8 月，香港太平洋优利达公司和京延公司以雅芳在版权拥有者 PU 公司（已在中国软件中心登记）未授权的情况下侵犯其计算机软件版权为由，向广东省高院起诉被告以及出售 Unidata 软件给被告的美国 Jenkon 公司，并索赔 3000 万美元。1997 年 8 月 27 日，Jenkon 公司在美国宣布注销。两原告撤销对 Jenkon 公司的起诉，转而要求雅芳公司承担全部赔偿责任。

第一原告香港太平洋优利达公司认为，根据美国 UI 公司与其签订的《授权总协议》，本案诉争的 Unidata 软件在中国地区的版权，属于其合法拥有。而且，美国 UI 公司在美国登记为 Unidata 软件的合法版权人，香港 PU 公司在中国登记为 Unidata 软件的合法版权人。本案被告从无权在中国销售 Unidata 软件的美国 Jenkon 公司那里购买了软件，并进行了安装和复制，而且没有按照中国《计算机软件保护条例》的规定签订书面的授权协议，严重地侵犯了原告的版权和在中国的独家销售权。

被告雅芳公司辩称：首先，第一原告在中国登记的是 Unidata 软件的汉化版本，而雅芳公司购买和使用的是原始著作权人的英文版本，因此并无侵犯原告版权。其次，被告按照中国计算机软件保护条例，取得了美国版权人的合法授权，已经尽到了“合理注意”的义务，对软件的使用和备份是合理的，并未超越许可使用的范围，更没有以营利为目的进行复制和销售。由于在购买 Unidata 软件时，被告根本不可能知道还有第二版权人，因此被告最大的责任范围不过是停止使用该软件而已。实际上，在原告向法院起诉前，雅芳公司已经停止使用并将争议软件退还给了美国 Jenkon 公司。所以，请求法院驳回原告的诉讼请求。

1998 年 6 月 18 日，广东省高级人民法院依据“复制、使用软件的时间和程度，利用该软件经营的规模和效益，因侵权行为导致京延公司与凯利公司协议被终止履行所带来的经济损失等”，判令雅芳公司停止使用 Unidata 软件，向 PU 和京延公司支付赔偿金 1200 万美元，部分负担诉讼费 75 万元人民币。雅芳公司不服，向最高人民法院提出上诉。

1999 年 2 月 2 日，最高人民法院开庭审理。后经审判委员会讨论认为原判决部分事实认定不清，可能影响案件正确判决，依照《民事诉讼法》第 153 条第 1 款第 3 项的规定，于 1999 年 9 月 26 日作出民事裁定如下：“一、撤销广东省高级人民法院〔1997〕粤知初字第 1 号民事判决；二、发回广东省高级人民法院重审。”

2000 年 10 月 10 日，广东省高级人民法院开庭重审，裁定追加 Ardent 公司（本案诉争软件美国版权人 UI 公司的权利义务继承人）和软件销售商美国 Jenkon 公司为第三人。开庭后，两原告提出变更诉讼请求，要求判决 Ardent 公司与雅芳立即停止侵权行为并公开道歉；Ardent 公司与雅芳作为共同侵权者共同向京延公司赔偿 2600 万美元；雅芳向 PU 赔偿 400 美元。由于原告临时变更诉讼请求，被告与第三人都要求休庭以进行诉讼准备工作和办理委托代理手续。法庭同意另行开庭审理。最终，本案以双方当事人庭外和解，法院准许当事人撤回起诉了结。

【争议焦点】

1. 原告的版权是否延及被告所购买的版本？

2. 被告是否属于善意的软件复制品持有人，是否应承担赔偿责任？

3. 原告索赔金额 3000 万美元是否合理？

【案件分析】

1. 原告的版权是否延及被告所购买的版本？

原告认为，早在 1994 年 9 月，该公司就已从美国 UI 公司处取得在中国

（含香港地区、台湾地区）独家经销该软件的2和3系列的版本的权利以及相关的知识产权，而雅芳从美国购买并使用的是Unidata3.1.5B的版本，显然侵犯了PU公司的独家经销权。

被告认为：PU公司取得著作权的软件版本是2.3.2，与被告购买的3.1.5B并非同一版本，两者在内容、功能、发表时间、著作权人上都不相同。

原告的版权是否延及被告购买的软件，需要看两者是否存在代码相同或者部分相同的情况。由于PU公司的2.3.2版本软件来源于美国UI公司，被告购买的3.1.5B软件也是美国UI公司在2.3.2版本软件升级开发的，两者的软件程序具有一致性或者相似性，其中大部分代码是相同的，因此可以认定两者属于相同或者相似的软件。同时，PU公司与美国UI公司有明确的协议约定，PU公司从美国UI公司处取得在中国（含香港地区、台湾地区）独家经销该软件的2和3系列的版本的权利以及相关的知识产权，因此，原告的版权延及被告购买的软件。

2. 被告是否属于善意的软件复制品持有人，是否应承担赔偿责任？

原告认为：早在1995年1月12日，美国UI公司总裁David Brunel曾致函PU公司董事长岳明，告知其属下的代理商之一Jenkon公司，获知被告想安装Unidata软件。当时美国UI公司已经回复客户：他必须向第一原告购买，但可从Jenkon公司获得技术支持。当时美国UI公司与第一原告有过协商，探讨是否可以自行将软件卖给被告。但协商尚未达成一致，软件已从Jenkon公司卖出，最后Jenkon公司也并未与第一原告签订许可使用协议。由此，原告认为被告存在明知故犯。

被告则认为，它从经销商Jenkon处购买正版软件Unidata，该软件有合法的发票；有UI公司的商标标识、版本号和许可号；而且在软件程序的“启动界面”上还有UI公司的版权声明。如果雅芳公司所买软件是不合法的，UI公司和Jenkon公司为何还会派员工上门安装调试，并帮助培训呢？至于UI与PU、京延之间的关系，作为软件复制品的善意持有人的被告事前不可能获悉，因此也不应承担责任。

根据《计算机软件保护条例》第30条的规定，软件的复制品持有人不知道也没有合理理由应当知道该软件是侵权复制品的，不承担赔偿责任；但是，应当停止使用、销毁该侵权复制品。如果停止使用并销毁该侵权复制品将给复制品使用人造成重大损失的，复制品使用人可以在向软件著作权人支付合理费用后继续使用。

判断被告是否属于善意的软件复制品持有人，需要查明被告在购买前是否知道 Jenkon 公司销售给被告的软件是否取得授权。本案中，雅芳公司作为软件的复制品持有人，雅芳公司从经销商 Jenkon 处购买正版软件 Unidata，该软件有合法的发票；有 UI 公司的商标标识、版本号和许可号；而且在软件程序的“启动界面”上还有 UI 公司的版权声明。同时，作为 Unidata 软件原有版权人的 UI 公司和合法代理商 Jenkon 公司还派员工上门提供了安装调试、培训服务。以上事实可以证明，雅芳公司不知道也没有合理理由应当知道其购买的软件是侵权复制品，依据《计算机软件保护条例》第 30 条的规定，不承担赔偿责任。至于 UI 与 PU、京延之间的关系，作为最终用户的雅芳公司事前不可能获悉，因此也不应承担责任。

虽然雅芳公司作为软件复制品的持有人因不知情而不承担赔偿责任，但应该承担停止使用、销毁复制品的责任。雅芳公司在原告向法院起诉前，已经停止使用并将争议软件退还给了美国 Jenkon 公司。因此，雅芳公司认为应该驳回原告的起诉。

3. 原告索赔金额3000 万美元赔偿是否合理?

原告认为，第一原告已经把自己在中国登记的 Unidata 软件的独家代理、经营、开发、汉化和销售的权利转让于第二原告，第二原告又以 5000 万美元的价格将其中国地区内的独家使用权卖给中国凯利公司。由于雅芳公司未经版权人许可在中国境内使用 Unidata 软件，致使京延公司的 5000 万美元的合同不能履行。因此，损失额即赔偿额以该 5000 万美元为基准。

被告认为，第二原告与凯利公司的协议是不真实的。5000 万美元超过 4 亿元人民币，而 Unidata 软件在美国花几万美元就可以买到，凯利公司没有任何合理的解释为什么要花如此大笔的“冤枉钱”去购买这样一套办公软件的“独家使用权”。

我们认为，原告的主张3000 万美元损失赔偿有失合理性和真实性。法院应该审查独家授权使用协议的真实性和合法性。应该审查第二原告与中国凯利公司的独家使用权授权协议是否履行，如果已经履行，应该提供付款凭证和发票。如果没有履行，则应考虑该协议是否真实存在？是否为诉讼需要而签订。这需要考虑该软件的使用价值是否值5000万美元，这种交易价格是否符合市场标准。被告质疑，5000万美元超过4亿元人民币，而Unidata软件在美国花几万美元就可以买到，凯利公司没有任何合理的解释为什么要花如此大笔的“冤枉钱”去购买这样一套办公软件的“独家使用权”。

【引以为鉴】

一般情况下，如果不是一个生产性很强的软件，一般用户不会花巨额资金购买软件的独家使用权，除非这种独家使用能给用户带来垄断性收入和利润。本案中，Unidata只是一个大型数据库系统管理软件，是提升用户管理能力和水平的软件工具，一般授权使用和独家授权使用对于用户来说没有实质的区别，中国凯利公司独家使用该软件不会给其带来垄断性的收入和利润，因此，其花巨额资金购买中国境内独家使用权缺乏合理性。因此，原告依据软件独家授权使用合同提出的巨额索赔和索赔依据都是难以令人信服的。

第三十一条　【软件著作权纠纷处理途径】

软件著作权侵权纠纷可以调解。

软件著作权合同纠纷可以依据合同中的仲裁条款或者事后达成的书面仲裁协议，向仲裁机构申请仲裁。

当事人没有在合同中订立仲裁条款，事后又没有书面仲裁协议的，可以直接向人民法院提起诉讼。

◆ 相关法律规定

《中华人民共和国著作权法》（2010年修正）

第五十五条　著作权纠纷可以调解，也可以根据当事人达成的书面仲裁协议或者著作权合同中的仲裁条款，向仲裁机构申请仲裁。

当事人没有书面仲裁协议，也没有在著作权合同中订立仲裁条款的，可以直接向人民法院起诉。

◆ **知识精要**

本条规定了软件著作权纠纷的调解、仲裁和起诉途径。

一、软件著作权侵权纠纷的调解

软件著作权侵权纠纷虽然可以受到行政处罚和追究刑事责任，但是软件著作权属于私权范畴，首先保护权利人的个体权利。对于软件著作权，权利人可以自由处分，因此，软件著作权侵权纠纷允许当事人通过调解自行协调。在这里，调解是指经过第三者的排解疏导，说服教育，促使发生侵权纠纷的双方当事人依法自愿达成协议，解决纠纷。在我国，调解制度已形成了一个调解体系，主要的有人民调解、法院调解、行政调解和仲裁调解。

1. 人民调解。

即民间调解，是人民调解委员会对民间纠纷的调解，属于诉讼外调解。目前规范人民调解工作的法律依据，主要是《宪法》《民事诉讼法》《人民调解委员会组织条例》以及《人民调解工作若干规定》等法律法规。

人民调解委员会是调解民间纠纷的群众性组织。它可以采用下列形式设立：（1）农村村民委员会、城市（社区）居民委员会设立的人民调解委员会；（2）乡镇、街道设立的人民调解委员会；（3）企业事业单位根据需要设立的人民调解委员会；（4）根据需要设立的区域性、行业性的人民调解委员会。

人民调解员是经群众选举或者接受聘任，在人民调解委员会领导下，从事人民调解工作的人员。人民调解委员会委员、调解员，统称人民调解员。人民调解委员会由委员三人以上组成，设主任一人，必要时可以设副主任。

人民调解委员会调解民间纠纷，应当遵守下列原则：（1）依据法律、法规、规章和政策进行调解，法律、法规、规章和政策没有明确规定的，依据社会主义道德进行调解；（2）在双方当事人自愿平等的基础上进行调解；（3）尊重当事人的诉讼权利，不得因未经调解或者调解不成而阻止当事人向人民法院起诉。

人民调解委员会调解的民间纠纷，包括发生在公民与公民之间、公民与法人和其他社会组织之间涉及民事权利义务争议的各种纠纷。人民调解委员会不得受理调解下列纠纷：（1）法律、法规规定只能由专门机关管辖处理的，或者法律、法规禁止采用民间调解方式解决的；（2）人民法院、公安机关或者其他行政机关已经受理或者解决的。

人民调解委员会可以根据纠纷当事人的申请，受理调解纠纷；当事人没有申请的，也可以主动调解，但当事人表示异议的除外。人民调解委员会调解民间纠纷不收费。

在人民调解活动中，纠纷当事人享有下列权利：（1）自主决定接受、不接受或者终止调解；（2）要求有关调解人员回避；（3）不受压制强迫，表达真实意愿，提出合理要求；（4）自愿达成调解协议。

经人民调解委员会调解解决的纠纷，有民事权利义务内容的，或者当事人要求制作书面调解协议的，应当制作书面调解协议。调解协议没有强制执行力，当事人不履行调解协议或者达成协议后又反悔的，人民调解委员会应当按照不同的情形，分别采取督促当事人履行，再次调解变更原协议内容或者撤销原协议，告知当事人请求基层人民政府处理以及就调解协议的履行、变更、撤销向人民法院起诉等处理方法。根据《最高人民法院关于审理涉及人民调解协议的民事案件的若干规定》，经人民调解委员会调解达成的、有民事权利义务内容，并由双方当事人签字或者盖章的调解协议，具有民事合同性质。当事人应当按照约定履行自己的义务，不得擅自变更或者解除调解协议。

2. 法院调解。

这是人民法院对受理的民事案件、经济纠纷案件和轻微刑事案件进行的调解，是诉讼内调解。对于婚姻案件，诉讼内调解是必经的程序。至于其他民事案件是否进行调解，取决于当事人的自愿，调解不是必经程序。法院调解书与判决书有同等效力。对于调解不成的情况，《民事诉讼法》第 91 条规定，“调解未达成协议或者调解书送达前一方反悔的，人民法院应当及时判决”。

3. 行政调解。

它分为两种：一是基层人民政府，即乡、镇人民政府对一般民间纠纷的调解，这是诉讼外调解；二是国家行政机关依照法律规定对某些特定民事纠纷或经济纠纷或劳动纠纷等进行的调解，这些都是诉讼外调解。在软件著作权侵权纠纷处理中，著作权行政管理部门可以进行调解。

4. 仲裁调解。

即仲裁机构对受理的仲裁案件进行的调解，调解不成即行裁决，这也是诉讼外调解。

需要说明的是，调解不是处理软件著作权侵权纠纷的必经程序，条例只是允许当事人可以通过调解的方式解决纠纷，而不是必须首先通过调解解决纠纷。软件著作权人可以不经过调解直接进行诉讼。

二、软件著作权合同纠纷的仲裁解决途径

本条明确规定软件著作权合同纠纷可以依据合同中的仲裁条款或者事后达成的书面仲裁协议，向仲裁机构申请仲裁。当事人没有在合同中订立仲裁条款，事后又没有书面仲裁协议的，可以直接向人民法院提起诉讼。

软件著作权合同签订后，在履行过程中，双方当事人可能会发生争议，发生争议后，一般会通过协商进行解决，但是如果协商不成该怎么处理？本条明确规定可以向仲裁机构申请仲裁。

仲裁，是指争议双方当事人在争议发生前或争议发生后达成协议，自愿将他们之间的争议提交给双方所同意的第三者进行裁决，当事人双方有义务执行裁决的一种解决争议的方法。仲裁是解决民事经济纠纷的重要方式之一。

当事人采用仲裁方式解决纠纷，应当双方自愿，达成仲裁协议。没有仲裁协议，一方申请仲裁的，仲裁委员会不予受理。当事人达成仲裁协议，一方向人民法院起诉的，人民法院不予受理，但仲裁协议无效的除外。仲裁实行一裁终局的制度。裁决作出后，当事人就同一纠纷再申请仲裁或者向人民法院起诉的，仲裁委员会或者人民法院不予受理。裁决被人民法院依法裁定撤销或者不予执行的，当事人就该纠纷可以根据双方重新达成的仲裁协议申请仲裁，也可以向人民法院起诉。

根据《仲裁法》的规定，仲裁协议包括合同中订立的仲裁条款和以其他书面方式在纠纷发生前或者纠纷发生后达成的请求仲裁的协议。仲裁协议应当具有下列内容：（1）请求仲裁的意思表示；（2）仲裁事项；（3）选定的仲裁委员会。

当事人申请仲裁，应当向仲裁委员会递交仲裁协议、仲裁申请书及副本。仲裁申请书应当载明下列事项：（1）当事人的姓名、性别、年龄、职业、工作单位和住所，法人或者其他组织的名称、住所和法定代表人或者主要负责人的姓名、职务；（2）仲裁请求和所根据的事实、理由；（3）证据和证据来源、证人姓名和住所。

仲裁委员会收到仲裁申请书之日起五日内，认为符合受理条件的，应当受理，并通知当事人；认为不符合受理条件的，应当书面通知当事人不予受理，并说明理由。仲裁委员会受理仲裁申请后，应当在仲裁规则规定的期限内将仲裁规则和仲裁员名册送达申请人，并将仲裁申请书副本和仲裁规则、仲裁员名册送达被申请人。被申请人收到仲裁申请书副本后，应当在仲裁规则规定的期限内向仲裁委员会提交答辩书。仲裁委员会收到答辩书后，应当在仲裁规则规定的期限内将答辩书副本送达申请人。被申请人未提交答辩书的，不影响仲裁程序的进行。

仲裁庭可以由三名仲裁员或者一名仲裁员组成。由三名仲裁员组成的，设首席仲裁员。当事人约定由三名仲裁员组成仲裁庭的，应当各自选定或者各自委托仲裁委员会主任指定一名仲裁员，第三名仲裁员由当事人共同选定或者共同委托仲裁委员会主任指定。第三名仲裁员是首席仲裁员。当事人约定由一名仲裁员成立仲裁庭的，应当由当事人共同选定或者共同委托仲裁委员会主任指定仲裁员。当事人没有在仲裁规则规定的期限内约定仲裁庭的组成方式或者选定仲裁员的，由仲裁委员会主任指定。

仲裁员有下列情形之一的，必须回避，当事人也有权提出回避申请：（1）是本案当事人或者当事人、代理人的近亲属；（2）与本案有利害关系；（3）与本案当事人、代理人有其他关系，可能影响公正仲裁的；（4）私自会见当事人、代理人，或者接受当事人、代理人的请客送礼的。

当事人提出回避申请，应当说明理由，在首次开庭前提出。回避事由在首次开庭后知道的，可以在最后一次开庭终结前提出。仲裁员是否回避，由仲裁委员会主任决定；仲裁委员会主任担任仲裁员时，由仲裁委员会集体决定。仲裁员因回避或者其他原因不能履行职责的，应当依照《仲裁法》规定重新选定或者指定仲裁员。因回避而重新选定或者指定仲裁员后，当事人可以请求已进行的仲裁程序重新进行，是否准许，由仲裁庭决定；仲裁庭也可以自行决定已进行的仲裁程序是否重新进行。

仲裁应当开庭进行。当事人协议不开庭的，仲裁庭可以根据仲裁申请书、答辩书以及其他材料作出裁决。仲裁不公开进行。当事人协议公开的，可以公开进行，但涉及国家秘密的除外。仲裁委员会应当在仲裁规则规定的期限内将开庭日期通知双方当事人。当事人有正当理由的，可以在仲裁规则规定的期限内请求延期开庭。是否延期，由仲裁庭决定。

申请人经书面通知，无正当理由不到庭或者未经仲裁庭许可中途退庭的，可以视为撤回仲裁申请。被申请人经书面通知，无正当理由不到庭或者未经仲裁庭许可中途退庭的，可以缺席裁决。

当事人应当对自己的主张提供证据。仲裁庭认为有必要收集的证据，可以自行收集。仲裁庭对专门性问题认为需要鉴定的，可以交由当事人约定的鉴定部门鉴定，也可以由仲裁庭指定的鉴定部门鉴定。根据当事人的请求或者仲裁庭的要求，鉴定部门应当派鉴定人参加开庭。当事人经仲裁庭许可，可以向鉴定人提问。证据应当在开庭时出示，当事人可以质证。在证据可能灭失或者以后难以取得的情况下，当事人可以申请证据保全。当事人申请证据保全的，仲裁委员会应当将当事人的申请提交证据所在地的基层人民法院。

当事人在仲裁过程中有权进行辩论。辩论终结时，首席仲裁员或者独任仲裁员应当征询当事人的最后意见。

仲裁庭应当将开庭情况记入笔录。当事人和其他仲裁参与人认为对自己陈述的记录有遗漏或者差错的，有权申请补正。如果不予补正，应当记录该申请。笔录由仲裁员、记录人员、当事人和其他仲裁参与人签名或者盖章。

当事人申请仲裁后，可以自行和解。达成和解协议的，可以请求仲裁庭根据和解协议作出裁决书，也可以撤回仲裁申请。当事人达成和解协议，撤回仲裁申请后反悔的，可以根据仲裁协议申请仲裁。仲裁庭在作出裁决前，可以先行调解。当事人自愿调解的，仲裁庭应当调解。调解不成的，应当及时作出裁决。调解达成协议的，仲裁庭应当制作调解书或者根据协议的结果制作裁决书。调解书与裁决书具有同等法律效力。

调解书应当写明仲裁请求和当事人协议的结果。调解书由仲裁员签名，加盖仲裁委员会印章，送达双方当事人。调解书经双方当事人签收后，即发生法律效力。在调解书签收前当事人反悔的，仲裁庭应当及时作出裁决。

裁决应当按照多数仲裁员的意见作出，少数仲裁员的不同意见可以记入笔录。仲裁庭不能形成多数意见时，裁决应当按照首席仲裁员的意见作出。裁决书应当写明仲裁请求、争议事实、裁决理由、裁决结果、仲裁费用的负担和裁决日期。当事人协议不愿写明争议事实和裁决理由的，可以不写。裁决书由仲裁员签名，加盖仲裁委员会印章。对裁决持不同意见的仲裁员，可以签名，也可以不签名。裁决书自作出之日起发生法律效力。

三、软件著作权纠纷的诉讼解决途径

无论是软件著作权侵权纠纷还是软件著作权合同纠纷，均可以通过诉讼的方式进行解决。

根据《民事诉讼法》的规定，民事诉讼的程序包括：起诉和受理、审理前准备、开庭审理、诉讼中止和终结、判决和裁定、上诉、执行等程序。下面逐一介绍：

1. 起诉和受理。

（1）在进行民事诉讼之前，必须做好起诉准备工作。起诉必须符合下列条件：①原告是与本案有直接利害关系的公民、法人和其他组织；②有明确的被告；③有具体的诉讼请求和事实、理由；④属于人民法院受理民事诉讼的范围和受诉人民法院管辖；⑤在诉讼时效内。根据《民法通则》的规定，提起诉讼的时效为二年，自软件著作权人或者利害关系人得知或者应当得知侵权行为之日起算。

（2）起诉应当向人民法院递交起诉状，并按照被告人数提出副本。起诉状应当记明下列事项：①当事人的姓名、性别、年龄、民族、职业、工作单位和住所，法人或者其他组织的名称、住所和法定代表人或者主要负责人的姓名、职务；②诉讼请求和所根据的事实与理由；③证据和证据来源，证人姓名和住所。

（3）人民法院收到起诉状，经审查，认为符合起诉条件的，应当在七日内立案，并通知当事人；认为不符合起诉条件的，应当在七日内裁定不予受理；原告对裁定不服的，可以提起上诉。

2. 审理前的准备。

人民法院应当在立案之日起五日内将起诉状副本发送被告，被告在收到之日起十五日内提出答辩状。被告提出答辩状的，人民法院应当在收到之日起五日内将答辩状副本发送原告。被告不提出答辩状的，不影响人民法院审理。

人民法院对决定受理的案件，应当在受理案件通知书和应诉通知书中向当事人告知有关的诉讼权利义务，或者口头告知。合议庭组成人员确定后，应当在三日内告知当事人。人民法院在开庭前可以组织原被告双方进行证据交换和进行质证。

3. 开庭审理。

（1）人民法院审理民事案件，除涉及国家秘密、个人隐私或者法律另有规定的以外，应当公开进行。涉及商业秘密的案件，当事人申请不公开审理的，可以不公开审理。在专利纠纷诉讼中，涉及专利申请权纠纷的，由于专利技术还没有公开，属于技术秘密，当事人可以申请不公开审理。

（2）人民法院审理民事案件，应当在开庭三日前通知当事人和其他诉讼参与人。公开审理的，应当公告当事人姓名、案由和开庭的时间、地点。

（3）开庭审理按照如下程序进行：①书记员查明当事人和其他诉讼参与人是否到庭，宣布法庭纪律。②审判长核对当事人，宣布案由，宣布审判人员、书记员名单，告知当事人有关的诉讼权利义务，询问当事人是否提出回避申请。③法庭按照下列顺序进行调查：a. 当事人陈述；b. 告知证人的权利义务，证人作证，宣读未到庭的证人证言；c. 出示书证、物证和视听资料；d. 宣读鉴定结论；e. 宣读勘验笔录。④法庭辩论按照下列顺序进行：a. 原告及其诉讼代理人发言；b. 被告及其诉讼代理人答辩；c. 第三人及其诉讼代理人发言或者答辩；d. 互相辩论。⑤法庭辩论终结，由审判长按照原告、被告、第三人的先后顺序征询各方最后意见。

4. 诉讼终结。

有下列情形之一的，可导致诉讼终结：（1）原告死亡，没有继承人，或者继承人放弃诉讼权利的；（2）被告死亡，没有遗产，也没有应当承担义务的人的。

5. 判决和裁定。

（1）开庭审理法庭辩论终结，应当依法作出判决。判决前能够调解的，还可以进行调解；调解不成的，应当及时判决。判决书由审判人员、书记员署名，加盖人民法院印章。

（2）对于终结诉讼的案件，可以裁定书方式作出。裁定书由审判人员、书记员署名，加盖人民法院印章。当事人接到一审判决书或者裁定书后，可以提出上诉。

（3）人民法院适用普通程序审理的案件，应当在立案之日起六个月内审结。有特殊情况需要延长的，由本院院长批准，可以延长六个月；还需要延长的，报请上级人民法院批准。

6. 上诉。

（1）当事人不服人民法院第一审判决的，有权在判决书送达之日起 15 日内向上一级人民法院提起上诉。不服人民法院第一审裁定的，有权在裁定书送达之日起 10 日内向上一级人民法院提起上诉。最高人民法院的判决、裁定，以及依法不准上诉或者超过上诉期没有上诉的判决、裁定，是发生法律效力的判决、裁定。

（2）上诉应当递交上诉状。上诉状的内容，应当包括当事人的姓名，法人的名称及其法定代表人的姓名或者其他组织的名称及其主要负责人的姓名；原审人民法院名称、案件的编号和案由；上诉的请求和理由。

（3）上诉状应当通过原审人民法院提出，并按照对方当事人或者代表人的人数提出副本。当事人直接向第二审人民法院上诉的，第二审人民法院应当在 5 日内将上诉状移交原审人民法院。

（4）原审人民法院收到上诉状，应当在 5 日内将上诉状副本送达对方当事人，对方当事人在收到之日起 15 日内提出答辩状。人民法院应当在收到答辩状之日起 5 日内将副本送达上诉人。对方当事人不提出答辩状的，不影响人民法院审理。

（5）原审人民法院收到上诉状、答辩状，应当在 5 日内连同全部案卷和证据，报送第二审人民法院。

7. 二审审理。

（1）第二审人民法院应当对上诉请求的有关事实和适用法律进行审查。第二审人民法院对上诉案件，应当组成合议庭，开庭审理。经过阅卷和调查，询问当事人，在事实核对清楚后，合议庭认为不需要开庭审理的，也可以径行判决、裁定。

（2）第二审人民法院对上诉案件，经过审理，按照下列情形，分别处理：①原判决认定事实清楚，适用法律正确的，判决驳回上诉，维持原判决；②原判决适用法律错误的，依法改判；③原判决认定事实错误，或者原判决认定事实不清，证据不足，裁定撤销原判决，发回原审人民法院重审，或者查清事实后改判；④原判决违反法定程序，可能影响案件正确判决的，裁定撤销原判决，发回原审人民法院重审。当事人对重审案件的判决、裁定，可以上诉。

（3）第二审人民法院审理上诉案件，可以进行调解。调解达成协议，应当制作调解书，由审判人员、书记员署名，加盖人民法院印章。调解书送达后，原审人民法院的判决即视为撤销。

（4）第二审人民法院的判决、裁定，是终审的判决、裁定。人民法院审理对判决的上诉案件，应当在第二审立案之日起三个月内审结。有特殊情况需要延长的，由本院院长批准。人民法院审理对裁定的上诉案件，应当在第二审立案之日起30日内作出终审裁定。

8. 执行。

（1）发生法律效力的民事判决、裁定，当事人必须履行。一方拒绝履行的，对方当事人可以向人民法院申请执行，也可以由审判员移送执行员执行。发生法律效力的民事判决、裁定，以及刑事判决、裁定中的财产部分，由第一审人民法院或者与第一审人民法院同级的被执行的财产所在地人民法院执行。法律规定由人民法院执行的其他法律文书，由被执行人住所地或者被执行的财产所在地人民法院执行。

（2）申请执行的期间为二年。申请执行时效的中止、中断，适用法律有关诉讼时效中止、中断的规定。

前款规定的期间，从法律文书规定履行期间的最后一日起计算；法律文书规定分期履行的，从规定的每次履行期间的最后一日起计算；法律文书未规定履行期间的，从法律文书生效之日起计算。

◆ **经典案例** 34

Autodesk 股份有限公司与聚友传媒投资有限责任公司侵犯计算机软件著作权纠纷案

【案情简介】

原告 Autodesk 股份有限公司（以下简称 Autodesk 公司）诉称：原告是计算机软件 Edit6. 0 和 Combustion2. 0 的版权所有人。2002 年 7 月，原告在北京的委托经销商北京贝尔科技发展有限公司在被告聚友传媒投资有限责任公司（以下简称聚友公司）处进行设备维修时，发现聚友公司办公室的电脑中安装、使用了十多套 Edit6. 0 和 Combustion2. 0 软件，用于对该公司的产品的开发设计和制作。2002 年 12 月 8 日，北京市版权局执法处（以下简称版权执法处）依法对被告进行了版权执法检查。在检查中，发现被告安装并使用了原告 Autodesk 公司的 Edit6. 0 软件三套（序列号均为 730 – 151198105）和 Combustion2. 0 软件三套（序列号均为 006 – 04654657）。被告系一家经营有线电视及计算机网络的技术开发和服务的传媒公司，其未经原告授权许可，以商业目的使用原告享有著作权的 Edit6. 0 和 Combustion2. 0 软件的行为，违反了《著作权法》和《计算机软件保护条例》。其行为给原告造成了巨大的经济损失。为维护原告的合法权益，请求法院判令被告：（1）立即停止对原告享有著作权的计算机软件 Edit6. 0 和 Combustion2. 0 的侵害；（2）在《世界广播电视》和《北京青年报》中缝以外的非广告版面上向原告公开赔礼道歉；（3）赔偿原告经济损失人民币 551 000 元；（4）赔偿原告所支付的调查费用、翻译费及律师费等共计人民币元 50 000 元；（5）承担本案诉讼费用。

被告聚友公司辩称：（1）2001 年 5 月，被告与北京市威锐华科技发展有限公司（以下简称威锐华公司）签订了购销合同，并按照正常的市场价格支付了货款，购买了 edit 非线性编辑设备。该设备中所含有的软件均为威锐华公司随设备一同提供。从被告的购买过程及所支付价格可知，其行为并无违法之处。(2) 为查清设备质量是否存在问题，被告曾主动委托国家广播电视产品质量监督检验中心进行质量检验，在得知检测结果与合同中约定的供货不符后，封存了设备，并立即向公安机关报案。在版权局检查并认定被告使用了原告的软件后，被告积极采取措施，并主动与原告联系要求正版化。据此，被告已经尽到了一个普通用户的义务，不应再承担侵权责任。(3) 被告已删除了设备中的软件，侵权事实已经不存在，原告滥用诉权，恶意诉讼，严重侵犯了被告的合法权益，故请求人民法院依法驳回原告的诉讼请求。

根据双方当事人的诉辩主张、举证及质证，北京市第一中级人民法院查明以下事实：

(1) 被告的主体资格。2002 年 5 月 22 日，北京优特视讯文化传播有限公司经北京市工商行政管理局核准变更为聚友传媒投资有限公司。其经营范围为电影、电视节目策划、影视平面广告设计、制作，……计算机网络技术开发、技术转让、技术咨询、技术培训、计算机及外部设备。

(2) 原告的著作权证明。原告提交了 Edit6. 0 软件作品注册证明书、公证认证书及 Edit6. 0 软件产品一套。同时，原告还提交了 Combustion2. 0 软件产品一套，该软件上显示：copyright 2001 autodesk inc. all rights reserved。

(3) 被告使用原告两个软件的情况。2002 年 7 月，贝尔科技集团字幕机事业部经理张彬出具了证人证言，并出庭做证，证明其在被告公司维修设备时，发现被告非法安装和使用了原告的 Edit6. 0 和 Combustion2. 0 软件。2002 年 12 月 6 日，版权执法处在执法检查中发现聚友公司在其办公室的计算机内分别安装了序列号同为 730 – 151198105 的 Edit6. 0 软件三套，序列号同为 006 – 04654657 的 Combustion2. 0 软件三套。2002 年 12 月 10 日，版权执法处出具的检查统计情况统计表中载明：聚友公司使用相同序列号 Edit6. 0 软件 3 套，Combustion2. 0 软件 3 套。

(4) 被告提供了 2001 年 5 月 18 日其与威锐华公司签订的购销合同，该合同证明被告购买了 Edit 非线性编辑系统。该系统由供货商负责安装、调试、培训和保修，在该购销合同中包括了 Edit6. 0plus 软件。被告根据该购销合同支付了合同价款。在版权执法处确认其使用的 Edit6. 0 和 Combustion2. 0 软件为非正版软件后，被告曾与原告联系购买正版软件事宜。

本案在审理过程中，经本院主持调解，双方当事人于2003年10月13日达成和解协议，双方当事人自愿达成如下协议："一、被告聚友传媒投资有限责任公司保证不再使用未经原告Autodesk股份有限公司授权的计算机软件；二、自本调解书生效之日起一个月内，被告聚友传媒投资有限责任公司对未经原告Autodesk股份有限公司许可使用其享有著作权的Edit6.0和Combustion2.0计算机软件的行为给原告造成的影响，在《北京青年报》上公开发表致歉声明。致歉声明内容以双方合意提交法庭的内容为准。三、被告聚友传媒投资有限责任公司一次性向原告Autodesk股份有限公司支付本案相关费用共计人民币31.12万元（已执行）。"

上述协议，符合有关法律规定，本院予以确认。本调解书一经双方当事人签收，即具有法律效力。

【案件分析】

根据《计算机软件保护条例》第31条，软件著作权侵权纠纷可以调解。本案中，经过举证、质证和辩论，当事人双方对于案情以及是非曲直有了基本的认识和了解。对于案件的判决结果有了预期和判断，在这种情况下，法院主持调解是非常容易成功的。

通常情况下，当事人双方在调解过程中都会尽可能争取更大的利益，这种利益可能是判决所不能支持的；同时在调解时，也需要当事人作出适当的让步，否则如果原告一味地坚持诉讼请求不让步、被告坚决要求驳回诉讼都是不可能达成和解的，不存在达成和解的基础。

之所以能够达成和解，通常情况下，原告是为了尽快结案和尽快地获得赔偿。一般情况下，和解结案当事人可以立即取得有效的法律文书甚至能够立即获得赔偿。如果通过判决结案，对方可以提起上诉来拖延判决的执行。对于被告来说，和解在多数情况下意味着被告可以少支付赔偿费用，同时也可以尽快了结案件，减少时间和精力的耗费。

【引以为鉴】

本案又是一起软件最终用户侵权案件。作为最终用户的聚友公司由于其在购买Edit设备时，未能仔细审查供货商提供的软件产品和文档，对于供货商提供的软件使用手册是复印件的情况没有给出足够的重视，因此其对于购买的软件未尽合理的审查义务，聚友公司虽无主观故意，但确实存在过失行为。因此，聚友公司有可能要承担赔偿责任。

本案中，对于聚友公司另一个不利的事实是，威锐华公司向聚友公司供货后不久就被吊销营业执照，案件审理时已经找不到该公司，这无疑造成了聚友公司非常被动，无法向法院讲情事实，无法追究威锐华的责任。

正是基于以上的情况，聚友公司才不得不接受和解方案。

本案提醒用户在采购软件以及含有软件的设备时，一定要向软件的合法代理商进行采购，并且保留采购的全部合同、凭证，同时应该与软件标识的权利人核实软件的合法性。否则，软件用户很有可能被不法分子所坑害，最终还要承担侵权责任。

第五章　附　　则

第三十二条　【条例不溯及既往】

本条例施行前发生的侵权行为，依照侵权行为发生时的国家有关规定处理。

◆ 相关法律规定

《最高人民法院关于审理著作权民事纠纷案件适用法律若干问题的解释》（法释〔2002〕31 号）

第三十一条　除本解释另行规定外，2001 年 10 月 27 日以后人民法院受理的著作权民事纠纷案件，涉及 2001 年 10 月 27 日前发生的民事行为的，适用修改前著作权法的规定；涉及该日期以后发生的民事行为的，适用修改后著作权法的规定；涉及该日期前发生，持续到该日期后的民事行为的，适用修改后著作权法的规定。

◆ 知识精要

本条规定了 2002 年 1 月 1 日施行的《计算机软件保护条例》不具有溯及既往效力的问题。

本条规定，在本条例施行前发生的侵权行为，依照侵权行为发生时的国家有关规定处理。这里明确表明本条例不具有溯及力，即对于过去的侵权行为，不按照本条例来处理。即在 2002 年 1 月 1 日前发生的侵权行为，在 2002 年 1 月 1 日后进行处理时，虽然本条例已经开始施行，但是由于其行为是发生在本条例施行前的，依据本条规定，在处理侵权行为时仍应适用 1991 年 6 月 4 日颁布的《计算机软件保护条例》以及当时施行《著作权法》和《著作权法实施条例》的规定以及其他国家及有关部门的文件和规定。

由于在《计算机软件保护条例》重新颁布前，《著作权法》也进行了修改，因此，对于著作权法也有修订前后如何适用的问题。最高人民法院通过司法解释解决了这一问题。《最高人民法院关于审理著作权民事纠纷案件适用法律若干问题的解释》第 31 条规定，除本解释另有规定外，2001 年 10 月 27 日以后人民法院受理的著作权民事纠纷案件，涉及 2001 年 10 月 27 日前发生的民事行为的，适用修改前著作权法的规定；涉及该日期以后发生的民事行为的，适用修改后著作权法的规定；涉及该日期前发生，持续到该日期后的民事行为的，适用修改后著作权法的规定。该解释中的 2001 年 10 月 27 日是全国人民代表大会常务委员会《关于修改〈中华人民共和国著作权法〉的决定》的公布日期，修改决定自公布之日起施行。

◆ **经典案例 35**

北京汉王科技有限公司与（台湾）精品科技股份有限公司侵犯计算机软件著作权纠纷案

【案情简介】

原告北京汉王科技有限公司（以下简称汉王公司）诉称：汉王公司早在 1984 年就致力于联机手写汉字识别输入技术的研究与开发。1998 年 6 月，汉王公司研发成功了“汉王 WinCE 联机手写汉字识别核心软件 V1.0”，并于当年 12 月将该软件授权给微软（中国）有限公司使用。该软件彻底解决了汉字识别笔顺受限以及形变连笔识别难等汉字输入功能的世界性难题。2000 年 5 月，我公司发现（台湾）精品科技股份有限公司（以下简称精品公司）在对上述软件反汇编的基础上，除进行局部范围的改头换面外，从整体上进行了全面抄袭和复制，并将抄袭、复制的软件以精品公司的名义，通过精品公司及台湾掌龙网站进行公开的大肆宣传、网上下载许可和网上销售活动；同时将侵权软件以精品公司的名义与大陆各 PDA 厂商进行接洽、演示和推销。精品公司的上述行为侵犯了我公司的计算机软件著作权，给我公司造成了巨大经济损失，故依据《著作权法》以及《计算机软件保护条例》提起诉讼，请求人民法院判令精品公司：(1) 停止生产、销售、宣传其侵权软件，并在相关的宣传和销售网站上以及香港、台湾、大陆的权威性报纸上公开赔礼道歉、消除影响；(2) 赔偿我方经济损失人民币500万元；(3) 赔偿我方为本案诉讼而支出的合理费用；(4) 赔偿我方为本案支出的律师费20万元；(5) 承担本案的全部诉讼费用。

被告精品公司辩称：精品公司成立于1989年，起源于台湾交通大学。精品公司拥有独立研究开发手写辨识系统的技术力量，20世纪90年代初期，我公司投入大量人力、物力，经长期研究开发，自行研制出了“精品手写辨识系统”软件，并于1993年6月推出了第一代产品。汉王公司指控我公司在对其软件进行反汇编的基础上，从整体上抄袭、复制了其软件，没有事实依据，也缺乏证据支持。我公司与汉王公司均是生产、销售具有手写汉字辨识功能软件的厂商，汉王公司状告我方侵权，目的在于排挤、打击竞争对手，是不正当竞争行为，请求驳回汉王公司的诉讼请求。

经北京市高级人民法院审理查明：汉王公司成立于1998年9月11日，主要从事联机手写汉字识别输入技术的研究与开发。1998年11月，汉王公司将其拥有知识产权的“汉王 WinCE 联机手写汉字识别核心软件 V1.0”许可微软（中国）有限公司使用，许可价格为每份产品0.1美元，最高限额为58.8888万美元。1999年7月，汉王公司又与北京恒基伟业电子产品有限公司就上述软件签订许可协议，许可费为每年人民币400万元。1999年11月，汉王公司与香港权智公司就上述软件签订许可协议，许可费为每月人民币100万元。此后的2000年4月至2001年3月，汉王公司又与广东步步高电子工业有限公司等多家单位就上述软件签订了许可协议。2000年1月27日，汉王公司就其上述计算机软件向国家版权局软件登记中心申请著作权登记。2000年7月21日，国家版权局向其颁发第0005400号软件著作权登记证书，著作权人为汉王公司，推定自1998年12月8日对上述软件享有著作权。

2000年6月20日，长安公证处出具〔2000〕长证内经字第1306号公证书，该公证书表明，2000年6月9日在精品网站（http：//www. fineart. com. tw）可自由下载“精品汉笔（GoGoPen for Palm）V1.01 + 掌龙中文

V2.1”软件的30天试用版。若继续使用，则需到掌龙网站（http://www.Palmaster.com.tw）完成注册手续。2000年6月20日，长安公证处还出具〔2000〕长证内经字第1246号公证书，该公证书表明，2000年6月9日在掌龙网站（http://www.palmaster.com.tw）可自由下载掌龙中文系统Ver2.1T软件的30天试用版，若继续使用，则需完成注册手续。2000年8月3日，长安公证处又出具〔2000〕长证内经字第1307号公证书，该公证书表明，在掌龙网站完成注册手续并支付30美元后，可得到“汉笔精品V1.01+掌龙中文V2.1”软件。

案件审理中，根据汉王公司的申请，本院于2002年10月18日委托科学技术部知识产权事务中心就其主张权利的手写识别软件与精品公司的“精品汉笔软件”之间的相同或近似情况进行鉴定。2003年9月26日，该中心出具国科知鉴字〔2003〕26号技术鉴定报告书。该技术鉴定报告书认定，精品汉笔软件与汉王手写识别软件在识别字典上存在规律性函数对应关系，精品汉笔软件识别字典的特征模板变换矩阵可以由汉王手写识别软件的特征模板变换矩阵推算得出；精品汉笔软件与汉王手写识别软件的识别程序在某些关键特征点属性上存在相同或相似之处，但识别程序整体是否相同或实质是否相似难以作出判定。

精品公司成立于1989年，自1990年开始研究开发汉字手写识别软件，1993年6月推出了“精品手写辨识系统”软件的第一代产品，1995年9月“精品手写辨识系统”更名为“精品汉笔”。另查明，1997年12月10日，精品公司与名人精工株式会社（香港）有限公司（以下简称香港名人公司）签订合约书，精品公司将独立研发的中文手写辨识软件许可香港名人公司（或其经销商、客户及指定人）应用于其所开发之以Z-80为基础的CPU系列之掌上型电子产品，期限自1998年1月1日至2002年12月31日。香港名人公司的关联公司中山名人电脑开发有限公司（以下简称中山名人公司）于2000年5月推出了中山名人掌上电脑“一指连笔王”MR-160型产品，中山名人公司主张该产品所用汉字手写识别软件来自精品公司的授权使用，精品公司对此予以认可。

本院认为，第九届全国人民代表大会常务委员会于2001年10月27日通过了《关于修改〈中华人民共和国著作权法〉的决定》，2002 年 1 月 1 日起施行的《计算机软件保护条例》第 32 条规定，本条例施行前发生的侵权行为，依照侵权行为发生时的有关规定处理。汉王公司于 2000 年 9 月 28 日向本院起诉，指控精品公司于 2000 年 6 月实施了侵权行为，故本案审理应当适用修改前的《著作权法》及《计算机软件条例》。

“汉王 WinCE 联机手写汉字识别核心软件”包括识别程序和识别字典。识别程序确定了汉字手写识别的详细流程、实现方式以及各种特征定义和函数，并以计算机代码的形式予以体现。识别字典则是根据识别程序中的流程、特征定义和函数等技术要求，通过对采集的原始汉字样本的数字化处理，形成相应的数值和排列。识别字典中的数据并非取自于公知领域，也不是对已有数据进行简单变换或集合，而是根据特定的原始汉字手写样本，通过特定的流程、特征定义和函数等技术处理，形成独有的、与识别程序密不可分的数据集合。识别程序和识别字典共同构成了汉王手写识别软件的有机组成部分，并在软件运行过程中通过识别程序对识别字典中数据的调用，共同来完成手写识别过程。汉王手写识别软件中的识别程序和识别字典均是汉王公司经过独创性劳动而形成的一种结构化的文字，符合《著作权法》及《计算机软件条例》关于作品构成的规定，应受法律保护。

技术鉴定报告书表明，精品汉笔软件与汉王手写识别软件在识别程序的某些关键特征点属性上存在相同或近似之处，但识别程序整体是否相同或实质相似难以作出判定。《著作权法》和《计算机软件保护条例》所保护的正是计算机程序及其文档，汉王手写识别软件中识别程序的关键特征点属于技术方案的范畴，不属于《著作权法》及《计算机软件保护条例》的保护对象，故汉王公司关于精品公司侵害其“汉王 WinCE 联机手写汉字识别核心软件 V1.0”识别程序的主张不予支持。技术鉴定报告书同时表明，精品汉笔软件与汉王手写识别软件在识别字典上存在规律性函数对应关系，精品汉笔软件识别字典的特征模板变换矩阵可以由汉王手写识别软件的特征模板变换矩阵推算得出。识别字典中的特征模板变换矩阵是对所采集的原始手写汉字样本进行数字化处理后所形成的数据集合，其数值和排列包含了所采集的原始手写汉字样本的数字化信息，是识别字典的核心原创部分。按照本技术领域中的正常情形，由于不同厂商，特别是来自中文简体字环境的汉王公司与来自于中文繁体字环境的精品公司之间，在编程方法、代码撰写、样本采集、特征提取方面具有极大的自由选择空间和偶然性，因此不同的手写输入识别软件在识别程序和识别字典上必然存在较大差异，不可能在识别字典方面存在规律性函数对应关系。另外，汉王公司早在1998年12月即许可微软（中国）有限公司使用其手写识别软件（使用了该软件的产品公开销售后，该软件即视为公开发表），此后又许可多家公司使用，而精品公司虽然在1997年12月便与香港名人公司签订了许可协议，但中山名人公司直至2000年5月才正式推出使用简体中文手写识别软件的“一指连笔王”MR－160产品，并且在本案审理中，精品公司亦未提交其开发简体中文汉字手写输入识别软件的任何原始直接证据。在此情况下，符合常理和正常逻辑的唯一解释是精品公司利用了汉王公司的识别字典，并在此基础上变换了表达形式。故本院认为，精品汉笔软件识别字典的特征模板变换矩阵系在未经许可的情况下，由汉王手写识别软件特征模板变换矩阵经数值和排列上的规律性变换得来，构成了对汉王公司“汉王 WinCE 联机手写汉字识别核心软件 V1.0”识别字典开发者身份权、使用权、使用许可权和获得报酬权的侵犯，精品公司均应承担相应的法律责任。由于汉王公司未提供证据证明其因侵权行为所遭受的损失，亦未提供证据证明精品公司因侵权行为获利的情况，故本院综合考虑精品公司侵权的性质、时间和情节等因素，酌情确定精品公司赔偿汉王公司经济损失30万元。精品公司的行为并未损害汉王公司的商业信誉，汉王公司关于公开赔礼道歉、消除影响的请求不予支持；汉王公司未就其为本案诉讼而支出的合理费用进行举证，汉王公司关于赔偿合理费用的请求亦不予支持。综上，依照2001年10月27日修改前的《著作权法》第53条，1991年10月1日起施行的《计算机软件保护条例》第30条第2项、第5项、第6项、第7项、第8项之规定，判决如下：“一、（台湾）精品科技股份有限公司于本判决生效之日起立即停止销售侵权软件‘精品汉笔软件’；二、（台湾）精品科技股份有限公司于本判决生效之日起十日内赔偿北京汉王科技有限公司经济损失人民币30万元；三、驳回北京汉王科技有限公司的其他诉讼请求。”

【案件分析】

本案的判决日期是2005年2月4日，判决之时，《计算机软件保护条例》已经实施了三年，但判决书中为什么引用的仍是1991年《计算机软件保护条例》的内容呢？因为，根据2001年12月20日颁布的《计算机软件保护条例》第32条的规定，本条例施行前发生的侵权行为，依照侵权行为发生时的国家有关规定处理。本案中，汉王公司于2000年9月28日向法院起诉，指控精品公司于2000年6月实施了侵权行为。第九届全国人民代表大会常务委员会于2001年10月27日通过了《关于修改〈中华人民共和国著作权法〉的决定》，2002年1月1日施行新的《计算机软件保护条例》。

鉴于侵权行为发生在《著作权法》修改之前和1991年《计算机软件保护条例》施行期间，因此，依据2001年《计算机软件保护条例》第32条的规定，本案审理应当适用修改前的《著作权法》及《计算机软件条例》。法院最终依据2001年10月27日修改前的《著作权法》第53条，1991年10月1日起施行的《计算机软件保护条例》第30条第2项、第5项、第6项、第7项、第8项之规定作出了判决。

【引以为鉴】

在法律修改之后或者新的法规颁布的一段时间之内，一定要重视法律的溯及力和适用问题，严格执行有关新旧法律的适用问题，如果适用不当，很有可能造成审判的错误。例如，根据1991年的《计算机软件保护条例》第22条规定，因课堂教学、科学研究、国家机关执行公务等非商业性目的的需要对软件进行少量的复制，可以不经软件著作权人或者其合法受让者的同意，不向其支付报酬。但使用时应当说明该软件的名称、开发者，并且不得侵犯著作权人或者其合法受让者依本条例所享有的其他各项权利。该复制品使用完毕后应当妥善保管、收回或者销毁，不得用于其他目的或者向他人提供。但是，同样的问题，在2001年的《计算机软件保护条例》作出了重大修改，该条例第17条规定，为了学习和研究软件内含的设计思想和原理，通过安装、显示、传输或者存储软件等方式使用软件的，可以不经软件著作权人许可，不向其支付报酬。比较两个法条，我们会发现，前者赋予用户更多的权利，后者限制了用户的合理使用。碰到此类案件，如果法院适用1991年的软件保护条例，则用户可能不侵权，如果适用2001的软件保护条例，用户有可能构成侵权。因此，审判机关应该严格按照法规适用法律的要求判案，否则会出现适用法律错误。

第三十三条 【施行时间】

本条例自2002年1月1日起施行。1991年6月4日国务院发布的《计算机软件保护条例》同时废止。

◆ **知识精要**

本条明确规定了条例的施行时间和与原来的《计算机软件保护条例》的衔接问题。

对于一项法规的颁布，生效时间是至关重要的。有的法规自颁布之日起生效，有的法规则在颁布之后的某个日期生效。本条例是2001年12月20日由时任国务院总理朱镕基签署国务院令（第339号）进行公布的，国务院令中明确宣布自2002年1月1日起施行。

本条规定还明确规定了1991年6月4日国务院发布的《计算机软件保护条例》在条例生效后同时废止。1991年6月4日颁布的《计算机软件保护条例》是1991年10月1日开始生效的，在2002年1月1日失效。

需要说明的是，本条例在2013年进行了修订。2013年1月16日，国务院第231次常务会议通过《国务院关于修改〈计算机软件保护条例〉的决定》，对《计算机软件保护条例》第24条第2款修改为："有前款第一项或者第二项行为的，可以并处每件100元或者货值金额1倍以上5倍以下的罚款；有前款第三项、第四项或者第五项行为的，可以并处20万元以下的罚款。"修改后的部分自2013年3月1日起施行，其余部分仍然是自2002年1月1日起施行。

◆ **经典案例 36**

北京图行天下信息咨询有限责任公司等与金启元科技发展（北京）有限公司计算机软件著作权纠纷案

【案情简介】

上诉人北京图行天下信息咨询有限责任公司（以下简称图行天下公司）、新图行天下软件（北京）有限公司（以下简称新图行天下公司）因与被上诉人金启元科技发展（北京）有限公司（以下简称金启元公司）、武汉精伦电子股份有限公司（以下简称精伦公司）计算机软件著作权侵权纠纷一案，不服北京市朝阳区人民法院于 2004 年 12 月 3 日作出的〔2004〕朝民初字第 14809 号民事判决书，向北京市第二中级人民法院提起上诉。

上诉人图行天下公司和新图行天下公司一审共同诉称：新图行天下公司斥巨资历数年开发出“Go2Map – Mapping Information Platform 天下 – 地图信息平台系统 V6.0（以下简称 Go2Map – MIP）”软件，于 2002 年 5 月 26 日首次发表，2003 年 4 月 18 日取得了计算机软件著作权登记证书。2003 年 5 月 20 日，新图行天下公司授予图行天下公司对该软件产品在中国大陆地区的独家使用权。2004 年 2 月 18 日，两公司发现精伦公司未经许可，在其生产和销售的多业务公用 IC 电话机上使用 Go2Map – MIP 软件产品并通过网站对该产品进行宣传。精伦公司提出其所用软件系从金启元公司购得，而金启元公司的三个股东均系原告两公司的离职人员。因此两公司认为精伦公司与金启元公司共同侵犯了其软件著作权，应承担连带赔偿责任。故诉至原审法院，请求判令金启元公司和精伦公司停止侵权、公开赔礼道歉并赔偿经济损失 668 308.35元。

被上诉人金启元公司和精伦公司一审共同辩称：精伦公司所用软件是金启元公司独立开发并享有著作权的“通用地图系统 Java 版 V3.0（以下简称 GS – GMS for Java）”软件，并未侵犯新图行天下公司的著作权，且没有证据证明图行天下公司有权利提起诉讼，故不同意其诉讼请求。

北京市朝阳区人民法院一审查明：新图行天下公司是 Go2Map – MIP 软件的著作权人，该软件于 2002 年 5 月 26 日首次发表。2003 年 5 月 20 日，新图行天下公司作为甲方与乙方图行天下公司签订关于该软件的著作权许可使用合同。合同约定：甲方许可乙方在中国大陆地区以销售、出租等方式使用该软件，乙方享有对该软件的专有使用和再许可权，甲方保留自己使用该软件的权利；甲方授权乙方在许可范围内就第三方的侵权行为代甲方行使著作权人的权利，即有权代表甲方直接采取救济措施，包括使用诉讼、仲裁等法律手段；合同有效期暂定为两年等内容。诉讼中，新图行天下公司和图行天下公司一致表示，只有两公司享有对该软件的使用权和再许可权。

2004 年 3 月 19 日，长安公证处根据图行天下公司的申请对北京百盛购物中心前 IC 电话亭“精伦信息公话”的使用情况进行了公证。公证书载明，精伦公司提供的 IC 卡终端信息服务具有宾馆饭店的电子地图查询等功能。

新图行天下公司和图行天下公司主张实现上述功能系使用 Go2Map – MIP 软件的结果。金启元公司则提出是以 GS – GMS for Java 软件作为底层平台来实现精伦公司所提需求的，并未使用 Go2Map – MIP 软件。

在原审法院主持下，双方对涉案软件进行了现场演示与比对。结果如下：(1) 运行 GS – GMS for Java 软件处理相应数据，能够再现公证书记载的功能。(2) GS – GMS for Java 与 Go2Map – MIP 使用完全不同的开发语言，源程序不同，运行环境也不同。(3) Go2Map – MIP 的文档包括《Go2Map – MIP 应用开发指南》《数据规范说明书》《Go2Map – MIP 高级开发指南》《Go2Map – MIP 安装及配置用户指南》和《地图服务（WMSP）参考手册》，该五本文档均落款新图行天下公司。GS – GMS for Java 的文档包括《应用开发指南》《地图服务器运行环境》《安装配置手册》《矢量地图数据规范》，均为电子版，每页均标有金启元公司的名称。其中，两个软件的《应用开发指南》均由“概述”“术语”“地图应用系统模型”“WMSP/1.1 规范”“WMSP/1.1 地图服务参考手册”五章顺序排列组成，后者删减了前者部分章节的部分内容，替换了软件名称和参数，其他表达完全照搬。(4) 在金启元公司向法庭提供的载有 GS – GMS for Java 程序的光盘中发现了 Go2Map – MIP 中的三个功能模块（动态连接库文件，属生成代码），但这三个功能模块独立存在，与运行 GS – GMS for Java 软件无关。金启元公司提出该模块系从图行天下公司的网站上下载获得，由操作人员误拷入。新图行天下公司和图行天下公司承认其网站上有该模块，但提出网站地址及存放文件的目录从未对外公开，也未授权任何人下载、分发这些文件。其未就诉讼中发现的金启元公司上述下载行为提出具体的诉讼请求。

图行天下公司曾以在 IE 地址栏内输入“mip6/mapProcess_ go2map. asp”等字符的形式，登录到精伦公司能够实现地图查询功能的网页，并据此认为精伦公司服务器上安装了 Go2Map - MIP。精伦公司对此不予认可，提出图行天下公司并非正常登录其网站，地址栏内的字符可随意设置。

另查明，金启元公司成立于 2002 年 8 月 5 日，其股东雷忠英、张虓钢、金仲河曾分别在图行天下公司任栏目制作、业务部销售员、业务总监，并先后于 2001 年 12 月、2002 年 11 月、2003 年 4 月被解聘。

2004 年 6 月 15 日，金启元公司获得了 GS - GMS for Java 计算机软件著作权登记证书，证书中记载该软件首次发表日期为 2003 年 8 月 8 日。金启元公司提出该软件可提供给精伦公司以外的其他客户使用。

根据精伦公司的需求及设计要求，图行天下公司曾于 2001 年 12 月，以新图行天下公司享有著作权的另一软件 G2MEngine（Mapping Application Developing Platform）V5.0（以下简称 G2MEngine）为其提供了为期一年的公用多业务 IC 卡终端地理信息服务。期满后，双方未续约。

原审法院认为：新图行天下公司是 Go2Map - MIP 软件的著作权人，图行天下公司通过与新图行天下公司签订合同，获得了对涉案软件的排他性使用权，据此也有权对发生在其使用范围内的侵权行为提起诉讼。就程序而言，鉴于金启元公司提供的 GS - GMS for Java 源程序与 Go2Map - MIP 源程序完全不同，且运行 GS - GMS for Java 程序对相应数据进行处理，能够重现公证书中记载的各项功能。新图行天下公司也未就“精伦信息公话”服务所使用软件的程序内容提供其他证据，因此现有证据不足以认定精伦公司提供信息公话服务时使用新图形天下公司享有著作权的 Go2Map - MIP 程序。仅凭图行天下公司自行在 IE 地址栏内输入的部分字符“mip6/mapProcess go2map. asp”与 Go2Map - MIP 软件的名称相似，不能得出有关程序相同的结论。现有证据不足以认定精伦公司服务器中安装了 Go2Map - MIP 软件的程序。因此，新图行天下公司和图行天下公司主张精伦公司和金启元公司侵犯其对 Go2Map - MIP 程序所享有的著作权，依据不足。

虽然诉讼中发现金启元公司有下载复制 Go2Map - MIP 软件中三个功能模块的行为，但该行为与其将 GS - GMS for Java 提供给精伦公司用于信息公话服务没有关联，同时新图行天下公司和图行天下公司并未明确就此提出诉讼请求，故对此不予处理。

程序的有关文档也受我国著作权法保护。Go2Map - MIP 软件的著作权人是新图行天下公司，该软件的文档《Go2Map - MIP 应用开发指南》上也明确标注了新图行天下公司的名称，在没有其他相反证据的情况下，可以认定新图行天下公司是该软件文档的著作权人。金启元公司删减新图行天下公司该软件文档的部分内容，简单替换软件名称和参数等文字，照搬其他表达，然后将其当作自己软件的文档，侵犯了新图行天下公司对该软件文档所享有的著作权，应当就此承担停止侵权、赔礼道歉、赔偿损失的民事责任。赔偿数额，综合考虑金启元公司的侵权情节、侵权文字数量、国家有关稿酬规定等酌情确定。

鉴于 GS - GMS for Java 软件的著作权人是金启元公司，上述侵权文档由该公司制作并署有其名称。精伦公司只是经许可使用该软件，没有证据证明精伦公司对上述侵犯新图行天下公司文档著作权的行为存在过错。因此新图行天下公司要求其承担侵权责任，不予支持。金启元公司上述侵犯文档《Go2Map - MIP 应用开发指南》著作权的行为并没有侵犯图行天下公司依据合同获得的对 Go2Map - MIP 软件的使用权，因此对图行天下公司的相关诉讼请求，亦不予支持。

综上，原审法院依据《著作权法》第 46 条第 5 项、第 47 条第 1 项、第 48 条第 1 款之规定，判决："一、金启元科技发展（北京）有限公司立即停止使用侵犯新图行天下软件（北京）有限公司《Go2Map - MIP 应用开发指南》著作权的'通用地图系统 Java 版 V3.0'《应用开发指南》文档；二、金启元科技发展（北京）有限公司于本判决生效之日起 30 日内在一家北京市出版的全国发行的报刊上公开向新图行天下软件（北京）有限公司赔礼道歉[致歉内容须经本院审核，逾期不执行，本院将依法公开本判决的主要内容，相关费用由金启元科技发展（北京）有限公司负担]；三、金启元科技发展（北京）有限公司于本判决生效之日起十日内赔偿新图行天下软件（北京）有限公司经济损失一千二百元；四、驳回新图行天下软件（北京）有限公司的其他诉讼请求；五、驳回北京图行天下信息咨询有限责任公司的诉讼请求。”

上诉人图行天下公司和新图行天下公司不服原审判决，向北京市第二中级人民法院提起上诉，请求撤销原判，支持其原审诉讼请求。其上诉理由为：金启元公司原审提交的软件程序与“精伦信息公话”服务所使用的软件程序并不一致，是为应付诉讼而临时编制的仅能实现部分功能的不完整的程序，原审根据涉案部分程序的演示情况认定两者一致，证据不足；金启元公司原审提交的软件光盘中包括三个与上诉人软件中的模块完全相同的功能模块，原审判决以上诉人未就此提出请求为由，对此不予处理是错误的，其原审诉讼请求涉及涉案 Go2Map - MIP 软件的全部权利；上诉人原审提交的经公证的精伦公司的网址及页面显示表明，精伦公司网站后台使用了涉案 Go2Map - MIP 软件，原审以证据不足以认定精伦公司服务器中安装了涉案软件为由驳回上诉人原审相应请求属于认定事实不清。

被上诉人金启元公司、精伦公司共同辩称：金启元公司的 GS - GMS for Java 软件是其自行开发的产品，与上诉人涉案软件的开发语言、基础平台和运行平台完全不同。上诉人原审审理期间未对金启元公司提交的软件与“精伦信息公话”服务所使用软件程序的一致性提出异议，其相应上诉理由缺乏事实依据；涉案三个功能模块是金启元公司的工作人员失误拷入的，并非金启元公司涉案软件源程序的组成部分，上诉人也未就此提出明确的请求，原审对此处理是正确的；精伦公司所使用的是金启元公司提供的 GS - GMS for Java 软件，并未使用上诉人的涉案软件。

二审法院经审理查明：在本案二审审理过程中，图行天下公司与新图行天下公司向法院提出鉴定申请，请求对金启元公司原审提交的 GS - GMS for Java 软件源程序与“精伦信息公话”服务所使用的软件程序的一致性进行对比，并对该源程序与 Go2Map - MIP 软件源程序是否相同、相近似进行对比。

经查，原审审理期间在法院主持下比对双方软件程序后，图行天下公司与新图行天下公司明确演示过程系用金启元公司提交的源程序现场编译生成程序后进行的，两者使用的开发语言完全不同，因此没有必要进行鉴定。

【争议焦点】

1. 关于被上诉人金启元公司原审提交的 GS - GMS for Java 软件源程序与“精伦信息公话”服务所使用的软件程序是否一致问题。

2. 关于 GS - GMS for Java 软件的程序和相关文档与 Go2Map - MIP 软件的相应程序及文档是否同一，被上诉人金启元公司和精伦公司是否应就其涉案行为承担相应的法律责任问题。

3. 关于被上诉人金启元公司原审提交的涉案软件源程序光盘中所包括的三个功能模块是否侵犯了上诉人对涉案软件所享有的著作权问题。

4. 关于被上诉人精伦公司是否未经许可使用了涉案 Go2Map - MIP 软件，是否应承担相应的法律责任问题。

【案件分析】

本案二审审理期间，双方当事人争议的焦点问题是被上诉人金启元公司原审提交的 GS - GMS for Java 软件源程序与“精伦信息公话”服务所使用的软件程序是否一致，该源程序与上诉人主张权利的 Go2Map - MIP 软件源程序是否同一；GS - GMS for Java 软件的程序和相关文档与 Go2Map - MIP 软件的相应程序及文档是否同一，被上诉人金启元公司和精伦公司是否应承担相应的法律责任；被上诉人金启元公司原审提交的涉案软件源程序光盘中所包括的三个功能模块是否侵犯了上诉人的相关著作权；被上诉人精伦公司是否未经许可使用了 Go2Map - MIP 软件，是否应承担相应的法律责任问题。

1. 关于被上诉人金启元公司原审提交的 GS - GMS for Java 软件源程序与“精伦信息公话”服务所使用的软件程序是否一致问题。

根据原审法院组织双方当事人现场勘验的情况，运行被上诉人金启元公司提交的涉案软件源程序对相应数据进行处理，能够重现公证书中所记载的各项功能。虽然现场勘验并未涉及公证书记载的功能之外的部分，但上诉人用以指控侵权的公证书中所涉及的“精伦信息公话”服务的相关功能都得到了重现，据此不能得出该源程序与“精伦信息公话”服务所使用的软件程序不相一致的结论，且上诉人也未就“精伦信息公话”服务所使用软件的程序提供其他证据。因此，被上诉人金启元公司原审提交的 GS - GMS for Java 软件源程序与“精伦信息公话”服务所使用的软件程序应具有一致性。上诉人提出该源程序系为应对本案诉讼而临时编制的主张，依据不足，二审法院不予采信。

2. 关于 GS - GMS for Java 软件的程序和相关文档与 Go2Map - MIP 软件的相应程序及文档是否同一，被上诉人金启元公司和精伦公司是否应就其涉案行为承担相应的法律责任问题。

根据本案已查明的事实，被上诉人金启元公司涉案软件的源程序与上诉人主张权利的 Go2Map - MIP 软件源程序的开发语言并不相同，显然二者相应的程序并不同一，上诉人主张金启元公司侵犯了其涉案软件程序的著作权，依据不足，本院对此不予支持。鉴于上诉人在原审审理期间已经明确由于开发语言不同，对二者是否同一没有进行鉴定的必要，其提出的金启元公司原审提交的源程序与“精伦信息公话”服务所使用的软件不具有一致性的主张也缺乏相应的证据予以证明，因此，二审法院对其二审审理期间提出的鉴定申请不予准许。

关于被上诉人金启元公司的 GS - GMS for Java 软件的相关文档与上诉人的 Go2Map - MIP 软件的相应文档是否同一问题，根据本案现有证据，上诉人新图行天下公司系 Go2Map - MIP 软件相应文档的著作权人，被上诉人金启元公司的涉案软件文档中的《应用开发指南》与上诉人涉案软件文档中的《Go2Map - MIP 应用开发指南》的部分内容基本相同，除删减部分内容并替换软件名称和参数等部分文字外，其文字表达基本相同。虽然金启元公司主张由于两软件功能相同才导致相关文档的有关定义等内容的相近，但其并未举证证明其主张，二审法院对此不予采纳。因此，被上诉人金启元公司侵犯了上诉人新图行天下公司对涉案软件文档中的《Go2Map - MIP 应用开发指南》所享有的著作权，应当承担停止侵权、赔礼道歉和赔偿损失的民事责任。

关于赔偿数额问题，原审法院综合考虑金启元公司的侵权情节、侵权文字数量、国家有关稿酬规定等因素酌情确定，并无不当。鉴于涉案 GS - GMS for Java 软件的著作权人为金启元公司，被上诉人精伦公司作为该软件的用户，不应对其中的侵权文档承担法律责任，上诉人提出请求判令精伦公司承担相应法律责任的诉讼主张缺乏依据，二审法院不予支持。

上诉人图行天下公司作为涉案软件 Go2Map - MIP 的专有使用权人，有权对其专有使用权范围内的侵权行为主张权利。图行天下公司在其授权范围内有权禁止他人未经许可使用与涉案软件 Go2Map - MIP（包括程序及文档）相同或实质相同的软件。被上诉人金启元公司的涉案软件文档中的《应用开发指南》与上诉人涉案软件文档中的《Go2Map - MIP 应用开发指南》基本相同，而上诉人的涉案软件文档包括《Go2Map - MIP 应用开发指南》在内的五册文档，上述文档内容尚未构成涉案软件 Go2Map - MIP 文档的实质部分，故被上诉人金启元公司的涉案行为并未侵犯涉案软件文档的专有使用权，上诉人图行天下公司的相应诉讼主张缺乏依据，本院不予支持。

3. 关于被上诉人金启元公司原审提交的涉案软件源程序光盘中所包括的三个功能模块是否侵犯了上诉人对涉案软件所享有的著作权问题。

虽然金启元公司原审提交的涉案软件源程序光盘中包含 Go2Map - MIP 软件中的三个功能模块，且金启元公司认可上述功能模块是自网上下载取得的，但原审法院进行的现场勘验表明，该功能模块并非金启元公司涉案软件的组成部分，与该软件的运行无关，也与上诉人原审指控的金启元公司将涉案软件提供给精伦公司用于“精伦信息公话”服务缺乏关联，因此，原审法院以新图行天下公司与图行天下公司未明确就此提出诉讼请求而不予处理是正确的。上诉人新图行天下公司和图行天下公司提出上述功能模块作为其软件的组成部分，其原审指控被上诉人的侵权行为应包括涉及功能模块的部分，其已就此提出明确请求的主张，缺乏依据，二审法院对其相应的上诉请求不予支持。

4. 关于被上诉人精伦公司是否未经许可使用了涉案 Go2Map - MIP 软件，是否应承担相应的法律责任问题。

虽然上诉人图行天下公司通过在 IE 地址栏内输入“mip6/mapProcess

go2map. asp”等字符的形式，能够登录到被上诉人精伦公司实现地图查询功能的网页，但仅仅根据键入字符与上诉人涉案软件名称的近似，并不能表明精伦公司所使用的程序与上诉人涉案软件程序相同或相近似，无法得出精伦公司安装使用上诉人涉案软件程序的结论，故现有证据不足以认定精伦公司未经许可使用该软件提供“精伦信息公话服务”。因此，上诉人新图行天下公司和图行天下公司就此主张被上诉人精伦公司侵犯了其对涉案软件所享有的著作权，缺乏依据，二审法院不予支持。

综上，上诉人新图行天下公司请求判令被上诉人金启元公司就侵犯其对涉案软件文档所享有的著作权的行为承担停止侵权、赔礼道歉和赔偿损失的法律责任的诉讼主张，理由正当，二审法院予以支持。但上诉人图行天下公司和新图行天下公司所提上诉理由不能成立，原审判决认定事实基本清楚，处理结果并无不当，应予维持。二审法院依照《著作权法》第 48 条第 1 款、第 58 条、《计算机软件保护条例》第 8 条第 2 项、第 4 项、第 5 项、第 24 条第 1 项、第 25 条、《民事诉讼法》第 153 条第 1 款第 1 项之规定，判决如下：驳回上诉，维持原判。本判决为终审判决。

【法律讲解】

本案中，二审法院依照《计算机软件保护条例》第 8 条第 2 项、第 4 项、第 5 项、第 24 条第 1 项、第 25 条应该指的是 2002 年 1 月 1 日施行的《计算机软件条例》。因为，根据《计算机软件保护条例》第 33 条的规定，2001 年 12 月 20 日颁布的《计算机软件保护条例》自 2002 年 1 月 1 日开始施行，1991 年 6 月 4 日发布的《计算机软件保护条例》同时废止。本案中所称的侵权行为均发生在 2004 年，在 2002 年 1 月 1 日之后，因此，本案不应再适用 1991 年 6 月 4 日颁布的《计算机软件保护条例》，而应直接适用 2001 年 12 月 20 日颁布的《计算机软件保护条例》。判决书中无须指明即可知道适用的现行的《计算机软件保护条例》。

【引以为鉴】

根据我国相关法律规定，计算机软件是指计算机程序及其有关文档，计算机软件著作权人对相关程序及文档所享有的著作权应当受到相关法律的保护。新图行天下公司作为涉案 Go2Map - MIP 软件的著作权人，其所享有的著作权应当受到我国法律的保护；新图行天下公司授权图行天下公司对该软件享有专有使用权，图行天下公司有权对发生在其专有使用权范围内的侵权行为提起诉讼。但是本案中，由于法院最终确认金启元公司并未侵犯新图行天下公司 Go2Map - MIP 软件的程序的著作权，也未侵犯涉案软件文档的专有使用权，因此，法院不支持图行天下公司的诉讼请求。

图书在版编目（CIP）数据

案说计算机软件保护条例／邹忭，孙彦主编．—北京：知识产权出版社，2017.10（2024.1重印）

（案说知识产权法丛书）

ISBN 978－7－5130－4683－1

Ⅰ.①案… Ⅱ.①邹…②孙… Ⅲ.①软件—知识产权法—案例—分析—中国 Ⅳ.①D923.405

中国版本图书馆CIP数据核字（2016）第321348号

策划编辑：王润贵　　**责任校对：**王　岩

责任编辑：齐梓伊　雷春丽　　**责任出版：**卢运霞

案说知识产权法丛书

案说计算机软件保护条例

邹忭　孙彦　主编

出版发行：知识产权出版社有限责任公司　　**网　　址：**http://www.ipph.cn

社　　址：北京市海淀区气象路50号院　　**邮　　编：**100081

责编电话：010－82000860转8176　　**责编邮箱：**qiziyi2004@qq.com

发行电话：010－82000860转8101/8102　　**发行传真：**010－82000893/82005070/82000270

印　　刷：北京建宏印刷有限公司　　**经　　销：**各大网上书店、新华书店及相关专业书店

开　　本：720mm×1000mm　1/16　　**印　　张：**15.5

版　　次：2017年10月第1版　　**印　　次：**2024年1月第2次印刷

字　　数：240千字　　**定　　价：**48.00元

ISBN 978－7－5130－4683－1